话说世界

TALKING ABOUT THE WORLD

罗马时代

Rome Age

魏 静 胡伟达 ◎著

主 编：陈晓律 颜玉强

人民出版社

主　　编：陈晓律　颜玉强
作　　者：魏　静（罗马部分）
胡伟达（中亚部分）

编　　委：

高　岱
北京大学世界史教授

梅雪芹
清华大学世界史教授

秦海波
中国社会科学院世界历史研究所
研究员

黄昭宇
中国现代国际关系研究院研究员
《现代国际关系》副主编

任灵兰
中国社会科学院世界历史研究所
《世界历史》编审

姜守明
南京师范大学世界史教授

孙　庆
南京晓庄学院外国语学院
世界史副教授

策　　划：杨松岩
特邀编审：鲁　静
杨美艳
陆丽云
刘可扬

图片提供：
中国图库
广州集成图像有限公司
视觉中国

《话说世界》目录

《话说世界》出版说明

希望与探索

为广大读者编一部普及世界历史的文化长卷

今日世界植根在历史这块最深厚文化土壤中。要了解世界首先要从学习世界历史开始。学习世界历史不仅有助于我们借鉴外国历史上的成败得失，使我们在发展的道路上少走弯路；而且还有助于我们养成全球视野，自觉承担起作为大国对人类的责任；同时还有助于我们更深入地理解和贯彻构建人类命运共同体理念。人类文明发展5000多年来，各地区和各民族国家的文明差异性很大，都有自己独特的发展轨迹和文化，在交往日益密切的今日世界，我们更要努力学习世界历史与文化。因此我们策划出版这套《话说世界》。

世界史方面的读物出版了不少，但一般教科书可读性不足，专题类知识读物则不够系统全面，因此我们在编撰这套《话说世界》时，主要考虑普及性，在借鉴目前已有的世界历史读物的基础上，进行了新的尝试：

首先，史实准确。由著名世界史专业教授和研究员组成的编委会保证学术性，由世界史专业教授和博士为主的创作队伍保证史实的准确性。

其次，贯通古今。从史前一直到2018年12月，目前国内外尚没有时间跨度如此之大的历史读物。本套书内容丰富，传奇人物、探险故事、艺术巨作以及新思潮、新发明等，无所不包，以独创的构架，从政治、经济、文史、宗教、思想、艺术、科学、生活等多维度地切入历史，从浩瀚庞杂的史料中，梳理出扼要明晰的脉络，以达到普及世界史知识的作用。

再次，图文并茂。采用新颖的编排手法，将近万张彩图与文字形成了有机组合。版面简洁大方，不失活泼，整体编排流畅和谐，赏心悦目。

最后，通俗易懂。作者秉持中肯的观点，采取史学界主流看法，立论中肯、持平、客观，文字深入浅出，绝不艰涩枯燥，流畅易懂。

这套书总计20卷，各卷书名分别为：《古典时代》《罗马时代》《王国时代》《封建时代》《宗教时代》《发现时代》《扩张时代》《启蒙时代》《革命时代》《民族时代》《工业时代》《劳工时代》《帝国时代》《一战时代》《主义时代》《危机时代》《二战时代》《冷战时代》《独立时代》《全球时代》。

十几年前，上海锦绣文章出版社出版的《话说中国》，以身体作为比喻说还缺少半边身子，缺失世界历史的半边，因此《话说世界》的策划项目在七年前孕育而生。经过近七年的努力，这套图文并茂的普及性世界史《话说世界》（20卷）陆续出版。今年又适逢新中国成立70周年，这套书被列入国家出版基金资助项目，作为一个从事36年出版工作的出版人感到由衷的喜悦。

在本套书行将付梓之际，特别感谢陈晓律、颜玉强、秦海波、刘立群、黄昭宇、任灵兰、鲁静、杨美艳、陆丽云、刘可扬等十几位世界史专家的辛勤劳作，感谢所有参与《话说世界》（20卷）本书的作者、专家、学者、编辑、校对为此作出的贡献。最后，谨以两位世界史专家对本套书的点评作为结束：

> 徐蓝（中国史学会副会长）：首先要说这套书使得我眼睛一亮。这不是我们通常说的以政治经济为全部内容的世界历史，而是多维度的世界历史解读，其内容涵盖了政治、经济、文史、宗教、思想、艺术、科学、生活等，使世界历史更加充盈饱满相生相成。特别是将其每卷书的类别单独合在一起，相当于一部部专题史。这在国内世界历史读物中是仅见的，具有很高的出版价值。《话说世界》又是一套通俗读物。全套书5000篇左右的文章，通过人文地理、重回历史现场、特写、广角、知识链接等拓宽了内容的容量，增强了趣味性。可以说这是一套具有“广谱”特性的世界历史普及读物。这套书的社会效

益不仅会普及国民的世界历史知识，也拓宽了国际视野，将世界历史作为基础知识之一，才能具备大国的胸怀和责任担当。

吴必康（中国社会科学院世界史所，国家二级研究员）：历史题材类的通俗读物一向是热门读物，富有意义。但其出版物主要是中国史，世界历史通俗读物出版甚少。而且，这些不多的世界历史出版物也多为受众少的教科书式作品。《话说世界》可以说弥补了这方面的缺憾。今天，中国正处民族复兴之时，作为世界第二大经济体，其世界影响越来越大，责任也更大，广泛了解世界，具有国际视野成为大势所趋。广大人民需要了解世界，知晓世界历史，已是必不可少之举。世界历史虽然内容浩如烟海，但作为文明历程有规律可循，有经验教训可资借鉴。《话说世界》的专业作者梳理千古，深入浅出，从容不迫地娓娓道来，使世界历史清晰明了，趣味盎然。这套丛书应该说是一套全民读物也不为过，可谓老少咸宜，可谓雅俗共赏。尤其是其文体具有故事性，很适合青少年。也望通过这套书能激发青少年阅读世界历史的广泛兴趣，兴起热潮，为我国的各类国际人才打下知识基础，更好地立足祖国走遍世界。知晓天下，方可通行天下。

人民出版社编审　杨松岩

2019 年 8 月 27 日

《话说世界》序一

读史使人明智

在世界历史的洪流中寻找人类的智慧

不知不觉，现在已经是2019年了。在人类几千年有文字记载的历史中，这个时间点或许并没有什么特别之处，但对于处于改革开放进程中的中国而言，这样一个年代显然具有不同寻常的意义。那就是，历经磨难成立新中国以后，中华民族在对外开放的过程中，重新找到了一个与自己国力吻合的位置。

中国是一个历史悠久的国度，创造了十分丰富的物质与精神的财富。尤其是在东亚这一范围，中国几乎就是文明的代名词。然而，在近代以来，中国却被自己过长的衣服绊倒了，结果从鸦片战争开始，中华民族经历了一段屈辱的历史，不仅使天朝上国的心态遭受沉重打击，也迫使我们重新认识外部世界。

从历史的角度看，中国人如何看世界，并不是什么新问题。古代中国人对周边“蛮夷”的看法千奇百怪，但无论是否属实，对自己的生活似乎影响不大。不过近代以来情况有所变化，自1840年始，中国人想闭眼不看世界也难。然而，看似简单的中国人应该如何睁眼看待外部世界，尤其是西方国家，却并不简单，因为它涉及“华夷”之间的重新定位，必然产生重大的观念与思想碰撞，所以它经历了一个几起几落的变化。

从传统的中国视角考察，以中国为天下中心的历史观一直在我国的史学领域占主导地位。因此，在1840年以前，中国还没有今天意义上的世界史，有的只是《镜花缘》一类的异域风情书，或是一些出访周边国家的记录，严肃的史书则只在中国史的范畴内。鸦片战争之后，中国被迫接受中国之外还存在一个世界这一事实。但对外部世界，主要是西方的研究是以急功近利的原则为出发点，缺少系统的基础研究。直到新中国成立前夕，我国的高校中，世界史都还不能算是能与中国史相提并论的学科，一些十分有名望的老先生，也必须有中国史的论文和教中国史的课程才能得到承认。这一事实反映出一种复杂的民族心态和文化背景。人总是从自己已有的知识基础上去发现和分析外部世界的，没有对外部世界知识的系统了解，要正确地看世界的确不易。

实际上，早在100多年以前，张之洞就认为，向西方学习应该是学习西艺、西政和西史。但是如何以我为主做到这一点，则是至今尚需继续解决的问题。

在一个开放的时代，任何一个试图加入现代发展行列的国家都必须尽量地了解他国的情况，而了解他国最主要和最基本的途径，除开语言外，就是学习该国的历史。就笔者所接触的几所学校看，美国一些著名大学的历史系往往都是文科最大的系，而听课的学生也以外系的学生居多。我的体会是，出现这样的现象无非两点原因：通识教育的普及性与本科教育的多样性，以及学生的一种渴望了解和掌控外部世界的潜意识。相比西方，我们的教育课程设置显然还有许多需要完善的地方。

按北大罗荣渠老师的看法，中国在向西方学习的过程中经历了三次大的起伏。一次是鸦片战争前后，中国是在战争的威胁中开始了解西方的，这种了解带有表面的、实用主义的性质，对西方的了解和介绍都十分片面，社会的大部分人对此漠不关心，甚至国家的若干重要成员对此也十分冷漠。与此相反，日本却密切地关注着中国的情况，关注着中国在受到西方冲击后所作出的反应，以致一些中国介绍西方的书籍，比如《海国图志》，在中国本身尚未受到人们重视时，日本已在仔细地阅读和研究了。尽管如此，第一次学习还是在中国掀起了洋务运动。

由于甲午战争的失败，中国开始了第二次向西方的学习，即体用两方面都要学。但不想全面改革而只想部分变革的戊戌变法因各种原因失败了，最终是以辛亥革命作了一次总结。从此以后，中国的政治实践大体上是在全面学西方，但是又由于历史的机遇不好，中国的这种学习，最终也未成功。尽管我们不能完全说它是失败的，但要成为一个强国的愿望却始终未能实现。

新中国成立以后由于西方的封锁和我们自己的一些政策，使中国经历了一个主动和被动地反对向西方学习的过程。直到改革开放以后，我们才再次开始了向世界强国——主要是西方国家学习的第三次高潮。而这次持续的时间显然要长得多，其内涵也要丰富得多。其中一个最重要的标志也许是，在沉默了几十年以后，中国的学术界终于开始出版一批又一批的世界史教材和专著，各种翻译的世界史著作也随处可见。这是一个令人欢欣鼓舞的现象。在这个意义上，中国人重新全方位看世界是改革开放的产物。

从中国人看世界的心态而言，也先后经历了三种变化：最初是盲目自大式的看世界，因为中国为中央之国，我们从来是当周围“蛮夷”的老师，尽管有时老师完全打不过学生，但在文化上老师终归是老师，我们从未丧失自信心。所以，对这些红毛番或什么其他番，有些“奇技淫巧”我们并没有真正放在心上。然后面临被列强瓜分的危机，我们的心态第二次变化，却是以一种仰视的方式看世界——当然主要是看西方国家，这种格局直到新中国成立后才开始逐渐改变。而改革开放后，中国重回世界舞台中心，成为 GDP 第二大国，自信心再次回归，看世界的态度又一次发生了变化——中国人终于可以平视外部世界了。

心平气和地看外部世界，需要的是一种从容和淡定，而这种心态，当然与自己的底气有关。随着物质生活的丰富和对外交流的日渐频繁，国人已经意识到，外国人既不是番鬼，也不是天使，他们是与我们一样，生活在这个地球上的人类。当然，由于历史、文化、地域、宗教乃至建国的历程各不相同，差异也是明显的，甚至是巨大的。如何客观地认识外部世界，对有着重新成为世界大国抱负的国人而言，已经具有了某种紧迫性。而互联网时代的信息爆炸，对较为靠谱的学理性知识的需求，也超过了任何一个时代。因此，无论于公于私，构建一个起码的对外部世界认识的合理框架，都成为一门必修课而非选修课了。

应该说，国内学界为此做了大量的工作，从学术论文到厚重的专著，从普及型的读物到各类期刊，乃至各种影视作品，有关西方的介绍都随处可见，一些过去不常见的国家和地区的研究成果也开始出现。同时，为了增进国人对这些问题的了解，国内出版界也做了很好的工作，出版了很多相关的著作。

大体上看，这些著作可分为以下几类：第一类是关于西方国家、政府等有关政治机构的常识性问题。这些现象我们虽然十分熟悉，但并不等于我们已经从理论上了解了它们。因此很多国内的著作对一些概念性的东西进行了提纲挈领的解析，有深有浅，大致可以满足不同人群的需求。第二类是关于各个国家的地理旅游的书籍，这类书籍种类繁多，且多数图文并茂，对渴望了解国外情况的人群，读读这些书显然不无裨益。第三类是各国的历史著作，这些著作大多具有厚实的学术根基，信息量大，但由于篇幅原因，或许精读的读者不会太多。最后一类则是对各种国际组织和机构的介绍，包括各国概况一类的手册，写作的格式往往是一条一款，分门别类，脉络清晰，这类知识对于我们了解外部世界尤其是西方世界应该也很有帮助。

然而，总体上看，在我国历史学教育中，严格意义上的“世界历史”还是属于小众范畴，由此这个领域的普及出版物相对较少，这与现在日新月异的我国国情和日益全球化的国际形势很不契合。

对于这种不合拍的情况，原因很多，但学界未能及时提供合适的历史读物，尤其是世界史读物，难免是一种遗憾。这不是说目前没有世界史普及读物，而是说我们的学者和出版界未能完全跟上时代对世界史知识的需求，尤其是广大普通民众对世界史知识的需求。随着我国经济实力的不断增强，出国求学和旅游对普通中国民众而言已经不是一种可望而不可及的事情。而踏出国门，中国人通常会有一个共同的感受：在各种聚会或是宴请的活动中，只要有“老外”在，哪怕是一个人，气氛就很难避免那种浓厚的“正式”味道；而一旦没有“老外”，都是华人，气氛会一下轻松起来，无论是吃喝还是交谈，人们的心态转瞬之间就已经完全不同。我常与一些朋友讨论这一现象，大家的基本看法是，中外之间，的确有一种文化上的隔膜。这种隔膜十分微妙，甚至并非是相互不能沟通的问题，而只是一种“心态”。

这种心态往往是只可意会，却难以言传。其难以言传的根源在于，人是生活在一个由文化构筑起来的历史环境中的，这种长期浸润，会不知不觉地对一个人的行为方式、心态产生巨大的、具有强烈惯性的影响，这种影响往往也不是通过一两本学术著作而能轻易加以归纳的东西。

因此，要体验这种微妙的文化隔膜，最好的方式就是对世界的历史文化有一种“全景式”的了解，除开去所在国进行深度体验外（当然，这对很多人而言有些奢侈），读一些带有知识性、系统性和趣味性的世界史读物，应该也是一种不错的选择。而这类读物恰好是我们过去的短板，有必要尽快地将其补上。

为了满足国人这类迫切需求，本套丛书的策划编辑团队怀着强烈的家国情怀和对中华民族特有的忧患意识，一直在积极地筹编这样一套能满足时代需求的世界史读物。他们虽然是在筹编一套普及性读物，却志存高远，力图要将这样的一套读物做成精品，那就是不仅要使普通读者喜欢，还要经得起学界的检验。历经数年，颜玉强主编总算在全国的世界史学界找到了合乎他们要求的作者团队。这些作者当中，既有早已成名的学术大家，也有领军一方的中青年学者，更有留学归国的青年博士群体。而尤为重要的是，这些学者，都长期在我国的高校从事世界史的教学和科研工作，他们对我国学子乃至一般民众对世界史知识的需求有着更深的感受，因此，由这样的一支作者队伍来完成这样的一部大型作品，显然是再合适不过了。

历经数年的讨论和磨合，几易其稿，现在《话说世界》总算问世了。以我的一管之见，我觉得这套书有这样一些特点值得关注。

首先是体例方面的创新。历史当然是某种程度上按照时间顺序发展的，但作为一种世界历史的视野，人们的眼光当然不可能横视全球，而是自然地落在一些关键性的区域和事件上。这样，聚焦和分类就是一个基础性的工作。作者对历史的分类不仅显示出作者的学术功力，也会凸显作者的智慧。本套丛书的特点是将“时代”作为历史发展的主轴，比如古典时代、罗马时代等等。这样的编排，读者自应一目了然。然而，作者的匠心就此展现：因为一些东西并不仅仅是纵向而是横向的，所以，王国时代、宗教时代、民族时代、主义时代这样的专题出现了。

这样的安排十分精巧，既照顾了历史的时代顺序，又兼顾了全球性的横向视野。相对于一般教科书的编排，比如在人类起源部分，从两河文明到尼罗河文明，再到希伯来、印度和中国文明，然后再到古典时代的希腊罗马文明、希腊化文明，固然十分系统，但对于非专业的读者恐怕也有点过于正规，索然无味。所以，丛书的安排看似随意，却有着精心的考虑和布局，在目前的类似书籍中，应该是不可多得，别具一格。

而对有着更多需求的读者，《话说世界》则又是一种趣味盎然的教科书，因为它将各个时代的内容分门别类，纵向来读，可以说是类别的世界通史。比如可以将政治、经济、文化等串联下来的就是该类别的世界通史，这样读者能够全景式地看到每个历史切面，还能了解整个历史线索和前因后果。

其次是《话说世界》为了达到可读性强的效果而采取了图文并茂和趣味性强的杂志书编撰方式，适合以各种休闲的方式阅读。《话说世界》的图片不仅与文章内容结合紧密，还有延伸文字内容的特点，特别是每本书都有数张跨页大图呈现了历史节点的宏大场面或艺术作品的强烈感染力。这样的布局，显然能使读者印象深刻。实际上，国外的历史教科书，往往也是图文并茂，对学生有着很强的吸引力，使学生即便不是上课也愿意翻阅。我们目前的教科书尚达不到这一水准，但《话说世界》能够开此先河，应该是功德一件。

第三则是强烈的现场感，这是为了增进读者真正理解国外历史文化所做的一次有价值的尝试。从这套丛书的内容看，其涉及面很广，并不单单是教科书式的历史，而是一部全景式乃至百科全书式的历史：从不同文明区域之间的人员交往到风俗习性，从军事远征到兵器工艺，从历史事件到地标和教堂，从帝国争霸心态到现代宣传套路，从意识形态到主义之争，可以说林林总总，斑驳杂陈，十分丰富，具有很强的可读性。一个也许对编辑并不十分重要，但对读者而言却十分重要的事实是，这些读本的作者都是“亲临视察”了所写的对象的，所以除去知性之外，还多了难得的感悟。因为这套丛书的作者，都是亲临所在对象的国家和地区进行过求学乃至工作的。他们对这些对象的了解，或许还做不到完全学理意义上的深刻，但显然已经早就超越纸上谈兵的阶段了。因此，在这个意义上，他们是真正的“中国人看世界”。这种价值，在短期内或许并不明显，但随着时光的流逝，它肯定会越来越闪烁出学术之外的瑰丽光芒。

值得指出的是，今天移动互联的势不可挡，知识碎片化也日益严重，需要学者和出版社联袂积极面对，克服互联网内容的不准确性，做到价值恒定性；克服互联网知识的碎片性，做到整体性。《话说世界》于上述的三个特点，显然是学者和出版社共同合作的成功范例。

如果你是一个依然保持着好奇心，对问题喜欢打破砂锅问到底的人，那么，请阅读这套匠心独具的丛书吧！它既能增加你的知识，又能丰富你的生活，也或许能在紧张的工作与生活中给你带来一丝和煦的清风。

当你拿到这套书，翻开第一页的时候，我们衷心地希望你能够从头至尾地读下去，因为这是在一个全球化时代，使你从知识结构上告别梦幻童年、进入一个绚丽多彩的成人世界的第一步——读史使人明智。

愿诸君在阅读中获得顿悟与灵感。

南京大学历史学院教授、
博士生导师　陈晓律
2019 年 2 月 15 日

《话说世界》序二

立足学术　面向大众

献给广大读者的具有国际视野的世界历史全景图书

2019年我国的经济总量腾飞为世界第二大经济体，社会经济文化都日益成为地球村重要的一部分，了解世界成为必要。正如出版说明所言，了解世界首先要从世界历史开始，我们不仅可以从外国历史的成败得失中得到借鉴，而且还能从中培养国际视野，从而承担起作为大国对人类的责任。人类文明发展5000多年来，各地区和各民族国家的文化差异性很大，都有自己独特的发展轨迹，在日益融为一体的今日世界，我们在世界历史知识方面也亟须补课。

我国史学界编撰世界史类图书内容有不包括中国史的惯例，加之上海锦绣文章出版社已经在2005年出版了取得空前成功的20卷《话说中国》，所以我们这套《话说世界》就基本不包括中国史的内容，稍有涉及的只有为数几篇中国与外国交集的内容。

《话说世界》共20卷，分别是20个时代，时间跨度从史前一直到2018年。基本囊括了各个时代的政治、经济、文史、思想、宗教、艺术、科学和生活娱乐等。

参与《话说世界》编写的作者有教授和博士共30多人，都是名校或研究所的世界史专业学者。学有专攻的作者是《话说世界》质量的保证。我们还邀请了一些世界史的著名专家教授作为编委，确保内容的准确性。

今天读者阅读的趣味和习惯都有变化，业界称为“读图时代”。所以我们在文章的写法和结构都采取海外流行的“杂志书”（MOOK）样式。我曾经为台湾地区的出版社主编过300本杂志书，深得杂志书编撰要领。杂志书的要素之一是图片，《话说世界》以每章配置 3—4 幅图的美观标准，共计配置了 10000 张左右的图片，有古代的历史图片，也有当今的精美图片。在内容的维度上也进行拓展，引入地理内容，增加了历史的空间感；每本书基本都有“重回历史现场”，以增强阅读的现场感；同时每篇文章都有知识链接，介绍诸如人物、事件、术语、书籍和悬案等，丰富了文章内容，使文章更流畅、可读性更强。

当然，不能说《话说世界》就十全十美，但是不断完善是我们的追求。

启动编撰《话说世界》工程之时，我们就抱定了让《话说世界》成为既有学术含量又有故事可读性这个目标，使世界史知识满足大时代的需要。

结笔之际，感蛰居七年，SOHO 生活，家人扶助，终成书结卷。这里要感谢各位作者的辛勤笔耕，特别感谢人民出版社通识分社社长杨松岩慧眼识珠以及编辑们兢兢业业、精雕细刻的工作。“幸甚至哉”！

资深出版人　颜玉强

2019 年 10 月 28 日

《罗马时代》简介

从公元前753年至7世纪后期，罗马在将近1500年的历史中可谓跌宕起伏。它先从一个蕞尔小邦在公元前1世纪末一跃发展成为一个横跨欧亚非三洲的大帝国，继而在人民起义和蛮族入侵的共同打击下于476年彻底失去它的西半部分——西罗马。不过，在之后的日子里，它的东半部分即拜占庭不但未覆亡，反而旭日东升。至7世纪后期，拜占庭的封建制已经初步形成。

在这将近1500年的时间里，罗马的政体由王政时代的军事民主制进入共和时代由元老院统辖之下的共和制。屋大维上台后，一改往昔的共和制，确立了元首制。哈德良时期，罗马开始向君主制过渡。284年，戴克里先成为帝国唯一元首。自此，罗马元首制寿终正寝，君主专制制度最终确立。

在罗马成为地域帝国之前，其经济闭塞落后。公元前3世纪至公元前2世纪，伴随着罗马的大扩张，其奴隶制从之前的家内奴隶制发展到“以生产剩余价值为目的”的发达奴隶制。随着奴隶制的发展，

罗马大土地所有制快速增长，与市场的联系日益紧密，商品经济属性日益明显。公元前 2 世纪后，随着罗马的海外扩张，其商业贸易亦得到发展。1—2 世纪，罗马奴隶制经济得到进一步发展，社会经济呈现繁荣局面。但任何事物都会盛极而衰，罗马的奴隶制经济也不例外。就在该时期，奴隶制经济的危机征兆已初现端倪，促使隶农制应运而生并逐渐在罗马帝国盛行。至 3 世纪，罗马奴隶制经济进一步衰落，从根本上导致了 3 世纪危机的全面爆发。一个多世纪后，罗马帝国衰亡，只剩下东边的拜占庭帝国。7 世纪后期，在人民起义和蛮族入侵的双重打击下，拜占庭从之前的奴隶制经济过渡至封建制经济。

罗马的伟大不仅体现在它横扫宇内的气魄和横跨欧亚非的辽阔版图，更体现在它以开阔的胸襟对帝国境内各种文化的博采众长，尤其是古希腊文化，以及在承袭基础上取得的新突破。正是在这些基础上，古罗马文明才得以绽放魅力，并成为西方文化的源头活水。

目录

战争贯始终，专制终形成

意大利是古罗马的发祥地。上古时代就有多个部落居民定居。公元前753年，罗慕路斯建立罗马城，由此进入王政时代。王政时代后期，第六王塞尔维乌斯的改革标志着罗马国家的产生。

进入共和时代，罗马历史围绕两条主线发展：其一是在平民与贵族的一再斗争下，共和国内部进行的改革和立法活动，其中最主要的是《十二铜表法》的制定；其二是在本土和海外进行的一系列大扩张，经过三次维爱战争和三次萨莫奈战争，罗马统一了意大利半岛。之后，它通过三次布匿战争征服了西地中海区域，通过四次马其顿战争基本控制了东地中海地区。至此，一个横跨欧亚非三大洲的罗马霸国已经形成。

公元前3—前2世纪，格拉古兄弟联合平民进行了一场土地改革运动，但由于元老贵族的阻挠未能成功。此后，马略以募兵制代替公民兵制。马略改革后，先后发生苏拉独裁与恺撒独裁，共和制度摇摇欲坠。屋大维上台后，一改往昔的共和制为元首制，罗马也由此从共和时代进入帝国时代。284年，戴克里先成为帝国唯一元首，君主专制制度最终确立。3世纪，不仅发生了多次皇位争夺战，还伴随蛮族的大批入侵。正是在它们的不断冲击下，西罗马帝国于476年灭亡。西罗马衰亡后，拜占庭仍自保了下来。查士丁尼在位时期，基本上恢复了古罗马帝国的版图。

欧洲文明的摇篮

古代意大利

在地图上，意大利半岛就像一个伸入地中海的“靴子”。远古时期，它自然环境优美，吸引了多个部落的移民前往居住。

古代的意大利不仅孕育出盛极一时的罗马帝国和灿烂的罗马文化，还是欧洲文明的摇篮。众所周知且具有世界意义的中世纪文艺复兴运动，其发源地就是意大利。

优越的自然环境

意大利是一个伸入地中海的大靴型半岛，因亚平宁山脉纵贯全境，故又称亚平宁半岛。它三面环海：东临亚得里亚海，南濒爱奥尼亚海，西接第勒尼安海。北面高高屹立的阿尔卑斯山，形成意大利和欧洲大陆的天然屏障。

意大利发展农业和畜牧业的条件非常优越。亚平宁山脉将意大利分为几个颇具特色的区域：东部的狭长地带是发展畜牧业的好地方，不但有供养牛群的优良牧地，也可在橡树林里放牧大群的猪。西部主要有伊达拉里亚、拉丁姆以及坎帕尼亚三大适合农业种植的平原。南部的沿海地区，也是发展农业的理想之地。而且，以生产谷物著名的西西里则与意大利半岛的南端隔水相望。北部的波河流域是肥沃的冲积平原，也非常适宜农耕。意大利大部分地区属于典型的亚热带地中海型气候，气候温和，雨量充沛。意大利本土的两条重要河流——波河和台伯河的水量也很充沛。最后，意大利的土地肥沃，可种植多种植物，如小麦、二粒小麦、豌豆、燕麦以及葡萄、橄榄、果树。

这座青铜制的夫妻人像，是生活在西西里岛东部的西库尔人制作的。

意大利本土的自然资源也非常丰富。许多地区藏有丰富的铁、黄铜、锡等金属，出产供建筑用的优良石种和大理石。由于意大利本土资源丰富，大多能自给，故而对外界的需求较少。

不过，意大利本土缺少发展航海的岛屿和优良港湾。在亚平宁半岛的东岸地区，很少有能够停泊船只的港湾，而且，岸边还都是浅

意大利半岛北起波河流域，南至地中海的中心，整个亚平宁山脉横贯其中。因其是大靴形半岛，素有靴子之称。其东、南、西三面环海，北面的阿尔卑斯山是其天然屏障。

这是一个伊特拉斯坎人用来装骨灰的瓮，瓮的表面刻有图案，内容是一场宴会的部分细节。

滩。在半岛的西岸和南岸，比较优良的港湾也不多。再者，意大利周围也没有什么岛屿，因此航海业很难发展起来。

多部落的古代居民

早在旧石器时代，意大利就有人类居住。进入新石器时代，该地居民已有原始农业，驯养家畜，聚居于圆形屋组成的村落中。

公元前2000年年初，一部分原本属于印欧语系的部落从东北方越过阿尔卑斯山，进入意大利北部，创造了青铜文化（或称特拉玛拉文化）。罗马人的祖先拉丁人应该是这些部落中的一支。同时，在亚平宁山区中部和阿普利亚等地也发现有青铜文化，通常称之为亚平宁文化。

公元前10世纪，意大利进入铁器时代。从该时期开始至公元前5世纪，意大利内部部落庞杂，处于多民族交融期。在亚平宁半岛以北的波河流域，住有多个高卢部落。高卢人从阿尔卑斯山侵入波河流域，所占区域后被称为“阿尔卑斯山这一面的高卢”（内阿尔卑斯高卢），以此区别“阿尔卑斯山那一面的高卢”（外阿尔卑斯高卢）——即今日法国。再往南，在萨姆尼州和坎帕尼亚沿岸，住有意大利的一个大部落——萨莫奈人。东部意大利人住在山里和亚得里亚海沿岸。他们比较落后，长期保持着氏族生活的习惯，几乎没有城市。西部意大利人——拉丁人和坎帕尼亚的萨莫奈人是较开化的部落。他们居住的地方靠近第勒尼安海，第勒尼安海沿岸很早就有商业和城市。意大利南部住有希腊移民。在意大利中部的亚努河与台伯河之间的地区，活跃着伊达拉里亚人。后来，伊达拉里亚人又逐渐向外扩展势力范围。这些民族最初大多过着游牧生活，但在到达意大利一段时间之后，他们逐渐形成了以农耕为基础的生活方式。这种方式成为直至罗马文明衰落的罗马民众的主要生活方式。当然，这些部落并不是平衡发展的。这一时期，伊达拉里亚文明得到发展，日益变得显眼起来。但在公元前3世纪末期，罗马人占领了伊达拉里亚城，成为该地区文明的主导者。

知识链接：伊达拉里亚人

伊达拉里亚人主要来自小亚细亚的吕底亚，其文明程度远高于意大利其他部落。他们很早就过上城市公社生活，并时常与南意大利和西西里的希腊人以及北非的迦太基进行贸易。他们还使用希腊字母，后传给罗马人，由此产生了欧洲多种文字基础的拉丁字母。正是在伊达拉里亚人的影响下，罗马逐渐从一个杂乱的茅舍村落日益城市化，从野蛮走向文明。

美丽的神话传说
罗马建城始末

罗马早期的历史几乎被神话传说所笼罩，罗慕路斯和勒穆斯建立罗马城的故事更是生动有趣，深入人心。

在意大利罗马市中心的卡皮托山博物馆，里面收藏着一尊“卡皮托山母狼”的青铜塑像：一头母狼侧首而立，身下有两个正在吮奶的双胞胎男婴。这两个婴儿就是罗马建城神话故事中的主人公——罗慕路斯（Romulus）和勒穆斯（Remus）。

知识链接：罗马建成非一日之功

罗马城的建立大致经历了四个阶段：以帕拉丁为中心的“方形罗马”期（罗马小山村期）、“七丘联盟”期、“四区之域”期、公元前6世纪塞尔维乌斯城的出现。显然，罗马城的建立并非一日之功。后人将此事予以引申，说明一个人若想成功，必须日积月累。

阿姆利乌斯阴谋篡位

当希腊联军攻陷特洛伊城后，特洛伊城王子埃涅阿斯逃脱出来。经过长时间的跋涉，他来到了意大利，并娶了当地国王拉丁努斯之女为妻。埃涅阿斯在一次作战中被杀，他的儿子阿斯卡尼阿斯继位，并在拉丁姆地区建立了阿尔巴·隆伽城。从此，王位一代代地传下去。当传到国王努米托尔时，王位被他的弟弟阿姆利乌斯篡夺了。阿姆利乌斯得手之后，并不敢立即杀死曾经是国王的哥哥，而是先将努米托尔软禁起来。对于阿姆利乌斯的这种做法，他的大臣总是不太放心，害怕指不定哪一天他哥哥的后代就重夺了王位，于是劝说阿姆利乌斯杀死他哥哥的亲儿子。阿姆利乌斯听后觉得很有道理，于是一咬牙杀死了自己的侄子。

阿姆利乌斯，埃涅阿斯的后裔、阿尔巴·隆伽的国王。他夺取了哥哥努米托尔的王位，并强迫侄女西尔维亚做威斯塔的祭司。西尔维亚与战神马尔斯相爱生下双胞胎兄弟，即罗慕路斯和勒穆斯，两兄弟幸存下来，长大后杀死了阿姆利乌斯。

不过，哥哥努米托尔还有一个女儿西尔维亚。阿姆利乌斯为杜绝后患，便强迫他的侄女做了灶神的女祭司。他心里想着，西尔维亚一旦做了灶神的女祭司，就不能结婚生子了。但他万万料想不到的是，他的侄女竟然与战神马尔斯产生情愫，并生了两个双胞胎男孩！阿姆利乌斯不禁大惊失色，唯恐自己政权难保。于是，他立即命令逮捕侄女，并将两个婴儿抛入台伯河。

双胞胎兄弟建城

河水把婴儿冲到河岸上一颗无花果树的旁边。

奥斯蒂亚祭坛（现存在马西莫宫）。从中可以清晰地看到哺乳双胞胎兄弟的母狼、喂养他们的啄木鸟、暗中用神力保护他们的河神，以及将他们养大的牧羊人浮斯图卢斯等。

知识链接：年代记

年代记是由古罗马大祭司长编撰的最早文献资料，采用每年当选的首席长官或两位执政官的名字纪年，主要记载每年发生的重要事件。古罗马年代记约产生于公元前5世纪中叶，从该时期至公元前3世纪，年代记内容比较简单，此后，年代记日益详尽。但由于时间久远等原因，年代记的内容只有很少一部分流传至今。

可能是天赐神佑，双胞胎婴儿还活着。他们的哭声引来一只母狼。母狼不仅没有伤害他们，还用自己的乳汁哺养他们。之后，一位名叫浮斯图卢斯的牧羊人收养了这两个孩子，并给他们起了名字，哥哥叫罗慕路斯，弟弟叫勒穆斯。

两个婴儿在牧羊人的悉心照料下茁壮成长。他们不仅体格健壮，而且有着一股无所畏惧的勇气。当罗慕路斯和勒穆斯长大时，他们共同杀死了往日曾想害死他们的阿姆利乌斯，并夺得阿尔巴·隆伽城的王位。

随后，兄弟俩决定在台伯河岸，也就是他们曾被抛弃的地方建一座新城。他们刚着手建城，就在城址选择一事上发生了争论。罗慕路斯由于已经在帕拉丁建立了罗马广场，因此希望将罗马城也建立在此地，而勒穆斯却认为阿芬丁山上更适合建城。由于兄弟俩各不相让，最后挑起战争，哥哥罗慕路斯杀死了弟弟勒穆斯，成为新城市的最高统治者，并以自己的名字命名这座城市为“罗马”。据说这事发生在公元前753年4月21日，罗马人便以这一时间作为自己国家的纪元。

现在许多学者认为，罗马建城传说不足为信，因为至今也没有充分的证据证实这一传说，罗马最早的文献资料还是公元前5世纪产生的年代记。但是，罗马建城传说中的内容应不会空穴来风，其中可能隐含着人们对古罗马演进历程中的历史记忆。正因为如此，时至今日，在每年的4月21日，罗马人都要用十天以上的时间隆重庆祝“建城日”。在此期间，罗马市内各大博物馆不仅免费开放，相关的学术研讨会等一系列活动也会持续一周以上。另外，还有盛装游行、传统婚俗表演、广场音乐会等活动。2017年，罗马人如期参加了罗马建城2770年的庆祝游行。

母狼哺乳罗慕路斯和勒穆斯的雕像。阿姆利乌斯派去的杀手不忍杀害俩男婴，只将摇篮放到台伯河畔，摇篮随河水漂到河岸上一棵无花果树下，母狼循着他们的哭声而来并用乳汁抚养他们，后来牧羊人浮斯图卢斯发现了他们并将他们养大。

特写

罗马的中心
罗马古城

罗马的中心区域主要位于帕拉蒂诺、卡皮托利诺、埃斯奎利诺这三个山丘之间的谷地地带，这里坐落着举世闻名的罗马古城。

走进罗马古城，首先看到的是纵横笔直的大街，它们用切割下来的大块石板铺成，构成了罗马古城内的主干道。大街的两边，是比较狭窄的人行道，也用坚固的石板铺成。主干道和人行道的两边遍布各种商铺、酒馆、旅馆和住宅。商铺里面的商品琳琅满目，店主忙着招徕客人，提供服务。酒馆和旅馆主人的服务十分热情周到。有的时候，这些店主的女儿或妻子也帮助经营生意。她们推销商品、端茶倒水、收款结账、做出美味的饮品和饭菜供客人享用。除这些固定店面外，城内还有不少露天摊位。摊位租赁者需定期缴纳一笔费用，他们是中间商，购买商品后在市场开放日出售。罗马城市周边乡村腹地的农民，有时也会将自己的农产品如家禽、蛋类、奶制品、蔬菜、水果、熏肉等挎在篮子里或放在马背上，拿到市场上出售。

穿过繁华喧闹的商业区，走进居民区。令人惊讶的是，这些居民区多是三四层甚至五六层或更高的公寓楼。市政府建造这些公寓的目的，可能也是为了缓解罗马城市人口太过密集导致的住房压力。

城市中心建有罗马市民集会的广场，广场上遍布各种有着罗马特色的精美建筑。这些建筑气势宏大、自由奔放、装饰华丽，令人震撼。

首先映入我们眼帘的是科洛塞奥斗兽场。意大利语“科洛塞奥”为“高大”或“巨大”之意。科洛塞奥斗兽场的附近曾是罗马皇帝尼禄的御花园，建有120英尺高的尼禄镀金铜像，罗马人称之为巨大金像，因此人们将这个斗兽场称作“科洛塞奥斗兽场”。斗兽场依山坡顺势而建，外观气势雄伟，占地约2万平方米，周长527米，围墙用大理石建成，高57米，相当于现在19层楼房的高度。场内设有4层梯田式观众席，可容纳9万观众。第一层是皇帝和贵族的座席，第二

一块石制浮雕饰版，图中所绘是一个布商的店面，天花板的架子挂着一些织布和坐垫。

斗兽场复原图

层是罗马市民座席，第三层是一般平民座席，第四层是大阳台，场中无法容纳的观众可在这里观看竞技，但只能站着了。中间是角斗场地，呈椭圆形，长 86 米，宽 63 米。

斗兽场的旁边还建有以罗马皇帝名字命名的各个分广场，其中最大的是图拉真广场。广场上矗立着一根 40 米高的凯旋柱，柱上刻有螺旋形的浮雕，描绘了图拉真皇帝远征多瑙河流域的英勇事迹。由于此广场地理位置优越，吸引了众多商贾小贩前来，因此它曾一度成为罗马城内最主要的商品交易中心。

接着往前走，可看到赫赫有名的君士坦丁凯旋门。它是罗马古城中最大的一座凯旋门，类似法国巴黎凯旋门的三拱门建筑：中拱高而大，侧拱矮而小。凯旋门高 21 米，宽 25.7 米，门上有恢宏大气和精美绝伦的雕像和浅浮雕装饰。

与这些建筑齐名的还有罗马皇宫附近的万神庙。万神庙供奉奥林匹亚山上诸神，气势宏伟。它圆形圆顶，前有古典式柱廊，圆顶是“万拱之母”，其高度与直径基本相等。顶部开窗透入阳光，恰似神灵发出的神圣光芒，营造出殿堂祈祷者与神灵相同的神韵。

罗马城中还建有许多公共浴室。建造浴室的费用由罗马贵族和富裕市民承担，政府聘请专业工程师建造。他们建造这些浴室的目的不仅为改善罗马居民的卫生和提高他们的身体素质，同时希望能为他们提供一个社交中心。因此，澡堂里面不仅有宽敞明亮的浴室，还有布置讲究的健身房和运动室、会客厅、餐馆和商店、图书馆等。这些澡堂属于公益性质，收费很低，一般平民都可进入。由此，我们可窥见罗马人非常懂得享受生活，重视身体素质，喜欢交流，表达内心所想。

罗马居民不仅喜欢沐浴，还喜好在广场或宅院中建造大大小小的喷泉，更重要的是，因城市人口急剧增长，对生活用水的需求也大量增加。由于城内水质不佳，城外的泉水与河流湖泊就成为供罗马居民使用的主要水源。

这些水源通常先被贮存到城市周边两百个水库或池塘中，再利用落差和重力的原理，通过高架水槽向城市供水。

罗马人不仅修建了完备先进的供水系统，还修建了许多精美的石拱桥。在台伯河上，就建造了 8 座石拱桥。这些石拱桥多为半圆拱，跨径小于 25 米，墩很宽，约为拱跨的 1/3。罗马人在建造石拱桥时常采用的一个办法就是围堰施工法，即打木桩围堰，再将堰中的水排出去，开挖基坑，修建桥梁基础和桥墩。这种先进的造桥技术一直沿用至今。

法国朗格多克－鲁西荣的古罗马引水桥

深蓝的天空下，暖暖柔柔的阳光照着，微风徐来，置身罗马城中，恍如梦境。人间岁月沧桑，台伯河在罗马城边日夜流淌，任由四季变换交替，精彩上演。

罗马哈德良市场遗址

4 世纪罗马城的主要纪念建筑。像图片最右侧这样的石制喷水池，是一般罗马市民主要日常用水的来源。

罗马的纪念建筑一览表

1. 马塞鲁斯剧院	20. 阿波罗神庙
2. 霍利托里姆广场（物品市场）	21. 奥古斯都广场
3. 波利阿姆广场（牲畜市场）	22. 神圣尤利乌斯神庙
4. 朱庇特神庙	23. 韦帕芗广场
5. 雅努斯拱门	24. 马克森提巴西利卡
6. 朱诺神庙	25. 皇帝宫殿
7. 大竞技场	26. 奥古斯塔纳宅邸
8. 塔布拉里乌姆宫	27. 弗拉维宅邸
9. 神圣图拉真神庙	28. 维纳斯和罗马神庙
10. 协和神庙	29. 恺撒神庙
11. 塞维鲁凯旋门	30. 塞维鲁宫殿
12. 尤利亚长方形会堂	31. 七节楼
13. 图拉真广场	32. 克劳狄引水渠
14. 恺撒广场	33. 君士坦丁凯旋门
15. 库里亚	34. 尼禄巨像
16. 阿埃米利亚长方形会堂	35. 圆形大竞技场（斗兽场）
17. 卡斯托与波路斯神庙	36. 角斗士学校
18. 赛比利神庙	37. 神圣克劳狄神庙
19. 图拉真市场	38. 马其亚引水渠

罗马国家的产生

塞尔维乌斯改革

第六王塞尔维乌斯即位后，力行改革，罗马国家由此产生。

王政时代相继有七位国王统治罗马，诸王业绩各不相同。其中，第六王塞尔维乌斯（Servius Tullius，公元前578—前534年在位）以其改革而著称。塞尔维乌斯原是拉丁城一个被俘的贵妇之子，因受伊达拉里亚王朝建立者老塔克文夫妇的喜爱，从小被收养在宫中。老塔克文去世后，塞尔维乌斯即位为王。

改革措施

塞尔维乌斯即位后，为适应社会发展和对外扩张的需要，实行了一系列改革。

约公元前 535 年，罗马第六王塞尔维乌斯的女儿图利娅和丈夫“高傲者”塔克文一起谋划并实施了对塞尔维乌斯的谋杀，图利娅驾着马车从她父亲身上轧了过去，为她的丈夫夺取了王位。图利娅的这种行为使其成为古罗马历史中臭名昭著的人物。

他着手建立新的地域部落，代替原来按血缘关系组织起来的 3 个氏族部落。塞尔维乌斯将罗马分为 4 个城区部落和 15（或 16）个乡村部落，在新建部落中设置管理机构，负责公民登记、征兵、征税和摊派徭役。凡在地域部落登记入册的自由民都可获得公民权。于是，广大平民、大量外来移民和被释放的奴隶等，因被吸收进所在地域部落而加入罗马公社。这一措施打破了人种和血缘关系的藩篱，加快了公社内外自由民的融合。在此基础上，罗马氏族制度遭受打击，罗马公民的集体力量壮大。

他还设立了人民大会，公民能否参加这个大会，依能否服兵役而定。所有服兵役的男子，按其财产分为六个等级。六个等级的财产资格分别为

知识链接：库里亚大会

即大氏族会议，古罗马公民大会之一，盛行于公元前 11—前 6 世纪的王政时代。大会有决定战争、选举高级官员、通过或否决法律法令及审判重大案件等权力。当时罗马有 30 个库里亚，由勒克斯（即“王”）召集，通过决议时，30 个库里亚各有一票表决权。塞尔维乌斯改革时，森都利亚大会取代了库里亚大会的实权。

塞维安城墙（Servian Wall），公元前4世纪罗马建成的最古老的防御性石墙之一。到3世纪，该城墙为罗马最大的奥勒良长城所取代。据文献记载，塞维安城墙高10米，地基宽3.6米，长11千米，有16个门。

10万、7.5万、5万、2.5万、1.1万（或1.25万）、低于1.1万阿司。各等级提供数目不同的森都利亚（或称百人队）。第一等级出80个，第二、三、四等级各出20个，第五等级出30个森都利亚，第六等级为无产者，可出1个轻装兵百人队。第一等级中最富有者还组成18个骑兵森都利亚。另有5个非战斗性森都利亚，其中，工匠、乐师和号手各占2个，无产者只有1个森都利亚。各等级森都利亚自备武器装备。第一等级配备全套武装，第二和第三等级依次减少，第四等级为轻装步兵，第五等级只有投石器。

最重要的是他创设了森都利亚大会，作为新的公民大会。森都利亚大会实行集体投票制，每个森都利亚只有一票表决权。投票顺序先是骑兵，其他等级依次进行。第一等级公民拥有98个森都利亚，超过总数之半。若是他们投票一致，表决即告终止。因此，富有公民在居民中虽占少数，但在森都利亚大会中居于主导地位。

森都利亚大会是罗马王政时代第六王塞尔维乌斯·图里乌斯创设的新的公民大会，取代库里亚大会。森都利亚大会实行集体投票制，百人队内以多数票决定意见。

知识链接：森都利亚大会

罗马共和国国家机构的重要组成部分，有权决定战争和制定法律，可选举产生执政官、执法官和监察官，审理与公民相关的重大刑事案件。但森都利亚大会没有创议权，也不能在会上进行自由讨论，仅是就主持大会的高级官员所提议案举行表决。同时，由于投票以森都利亚为单位，富有公民掌握着多数票，因此，他们控制着大会。

罗马国家的产生

塞尔维乌斯改革标志着罗马国家的产生。罗马公民公社实际上是社会阶级和等级分化后有产者重新组合起来和实行统治的组织形式。塞尔维乌斯不仅以财产原则为基础建立起森都利亚大会代替库里亚大会成为国家权力机关，还改变了以氏族制度为基础的武装力量，在地域和财产原则的基础上创建公民兵，维护新生国家。这些措施相互关联，有机地结合在一起，使罗马社会组织制度发生了重大变化。

正如恩格斯所说："这样，在罗马也是在所谓王政被废除之前，以个人血缘关系为基础的古代社会制度就已经被破坏了，代之而起的是一个新的、以地区划分和财产差别为基础的真正的国家制度。"

罗马王政时代的终结者“高傲者”塔克文

“高傲者”塔克文是罗马王政时代的最后一位君主，他最后在一阵臭骂声中被驱逐，成为真正的“孤家寡人”。

卢修斯·塔克文·苏佩布（Lucius Tarquinius Superbus，公元前535—前509年在位）即罗马第七王小塔克文。有关小塔克文的现存资料并不多见，在仅有的一些文献中，他被说成是暴君和独裁者，当时的罗马人暗中称他为“高傲者”（拉丁文 Svberbvs）。

知识链接：王政时代

根据罗马历史传统说法，从公元前753年罗慕路斯建城至公元前509年“高傲者”塔克文被推翻为止，先后有七个王统治罗马，该时期被称为罗马王政时代。传说中的七王即罗慕路斯（在一段时间里，罗慕路斯与塔提乌斯共治）、努玛、图鲁斯、安库斯、老塔克文、塞尔维乌斯、“高傲者”塔克文。

弑王夺位

关于“高傲者”塔克文的暴力夺权，很多记载都要从他的婚姻说起。第六王塞尔维乌斯有两个女儿，一个争强好胜，一个文静温顺。老塔克文有两个儿子，一个充满野心，一个稳重安分。塞尔维乌斯将好胜的图利娅嫁给了稳重的王子，将文静的女儿嫁给了野心家小塔克文，希望他们的性格可以互补。但图利娅看不起她的丈夫，却诱惑小塔克文，两人很快结了婚，而性格温和的那两人却突然不明不白地死了。婚后，图利娅的野心暴露无遗，她鼓动小塔克文夺取王位。小塔克文也是有野心的人，便听取了建议，并制定了篡夺王位的计划。

Lucius Tarquinius Superbus

卢修斯·塔克文，又称小塔克文、“高傲者”塔克文，罗马王政时代的第七任君主。塔克文被描述成暴君和独裁者，后在农民起义中被推翻。

小塔克文先是给在罗马的埃特鲁里亚人一些好处，拉拢他们，同时争取到一些在塞尔维乌斯制定的政策中丧失利益的元老。随后，小塔克文带着武装卫队前往元老院，发表了对塞尔维乌斯的非难演说，指责塞尔维乌斯身世不明，让他登上王位是罗马人的耻辱。元老院既没赞同他的演说，也没将他赶出元老院。塞尔维乌斯闻变，赶赴元老院。小塔克文不等塞尔维乌斯开口，就将他拦腰抱起，走出大门，从元老院的台阶上抛了下去。图利娅则驾着马车从她父亲身上轧了过

图为小塔克文将塞尔维乌斯从元老院的台阶上抛下去的情景

知识链接：罗马共和国时期的政治体制

罗马共和国在政治上由元老院、执政官和部族会议三权分立。三权分立是古罗马共和国的基本政治体系，也被后人认为是古代最经典的政治体系之一。这种政体是一种集君主政治、贵族政治和民主政治于一身的混合政体，为罗马的称霸提供了保障，但也存在着隐患。

去。随后，小塔克文在未经元老院和人民大会同意的情况下做了罗马国王，而图利娅也如愿以偿地成了王后。

暴力执政

小塔克文当权后，禁止为塞尔维乌斯发丧，又将元老院内塞尔维乌斯派的元老或是残忍斩杀，或是通过诬告、抄家、放逐等方式将其消灭。随后，他剥夺了元老院的权力，遇事独断专行，或只与自己的家人商议。小塔克文对平民更是厉行苛政，采取镇压手段。他改变塞尔维乌斯的税制，要求贫富一律交纳，并迫使平民服各种劳役。为防止平民反抗，他禁止大规模集会，并经常派特务四处侦查。

小塔克文在位期间不断侵犯邻国，吞并了附近很多城镇，并首次建立了罗马的殖民地。他与厄魁人和埃特鲁里亚人签订和约，并征服了当时先进的埃特鲁里亚南部的一些地方。小塔克文还将战火烧到了拉丁平原的南部，获胜后抢劫了大量金钱，然后用这笔钱在卡庇托林山修建朱庇特神庙。

小塔克文的暴行使元老贵族和平民都已无法忍受。被激怒的人们在几个与王家有亲戚的高官贵族的领导下联合起来，计划采取行动推翻小塔克文的统治。据说起事之时，小塔克文正在出征途中，听说罗马城反叛，便急忙带兵回城。但无奈势单力孤，无法反抗。公元前509年，元老院召集会议，宣布推翻小塔克文，改为从贵族中另选两人为执政官。公元前508年，小塔克文与他的两个儿子投奔埃特鲁里亚的凯勒城。延续了将近250年的王政至此结束，罗马进入了一个新的历史时期即罗马共和国时期。

瓦尔奇神庙的伊特拉斯坎样式。罗马人复制伊特拉斯坎人的设计作为自己神庙的造型。

拯救罗马的鹅叫声

高卢进攻罗马的失败

罗马几近亡城之日，白鹅拯救了罗马。

每年的固定时间，罗马人都会给白鹅颈上戴上华丽的项圈，披挂上彩带，抬着它们游行。行人见到白鹅，都会向它们欢呼致敬。在罗马，白鹅为何受到如此重视？这还要从古罗马历史上的一场战争谈起。

罗马人隐退山上

公元前390年7月18日，日渐强大的罗马人遭到高卢人的重创，为铭记历史，罗马人将这一天称为“国耻日”。

“国耻日”之后，高卢人乘胜向罗马城进攻，从未遭遇失败的罗马人毫无办法抵挡敌人的进攻，执政官曼里决定将一部分居民从别的城门撤离到城外，一部分军队和年轻的元老决定撤到城后的卡庇托林山上，固守等待援兵。大约有近百名年长的元老不愿避到山上去，他们换上盛装，来到广场中心准备以身殉国。

罗马的城门未关，高卢人以为是罗马人设下的圈套，第一天不敢轻举妄动。探子侦察后报告高卢人的首领布伦努斯（Brennus）说城里城外毫无动静，布伦努斯终于纵身冲进罗马。

当他们来到中心广场时，见到这些手执圣杖，凝坐不动的老头儿，感到很奇怪。这些老头儿并不因敌人来到面前而站起来，甚至脸色也不变。高卢人以为他们是雕塑。一个高卢人拉了一位元老的花白胡子，这位元老愤怒地用圣杖打了他的头。这时，高卢人才相信他们是活的，于是用乱剑将长老们杀死。顿时，血流遍地，广场被染得通红。

高卢人寻找罗马的军队和百姓，但连影子都看不见。一个探子告诉布伦努斯，他们在卡庇托林山。这座山冈虽然只有50多米高，但却是罗马七丘中最高的，而且它陡峭险峻，悬崖绝壁，易守难攻。高卢人进攻了许多次，也未能成功。布伦努斯决定改变策略，实行长期围困，用饥饿、缺水来迫使罗马人投降。

白鹅拯救了罗马

日子一天天地过去，卡庇托林山虽被围困，但并不见罗马人有什么被困迹象，山上每天还传出阵阵拜神的颂音。高卢人十分奇怪，难道罗马人当真有神灵保佑？

经过侦察，高卢人发现罗马人从崖上艰难地攀上山，以此保持同外界的

布伦努斯，高卢部落首领。公元前390年7月18日，他率领高卢部落重创罗马城，罗马被洗劫一空，剩余的罗马部队撤退至罗马城外的卡庇托林山上防守，双方拉锯长达7个月，最后双方和解，布伦努斯向罗马索取大量黄金后返回。

位于罗马的图拉真柱，细节部分显示军团正在建筑军营。

知识链接：罗马国耻日

罗马建国不久，高卢人不肯承认罗马的统治，准备进攻罗马的盟国克鲁新城。公元前390年，高卢首领布伦努斯亲率7万大军与罗马军队激战。骁勇的高卢人奋不顾身，猛烈冲锋。罗马军队抵挡不住，溃不成军，只有小部分人得以逃生。罗马军队在此之前从未遇到过这样的惨败。这一天是公元前390年7月18日，罗马将其定为“国耻日”。

联系。发现这个秘密之后，高卢人异常兴奋，遂决定趁着黑夜沿着罗马人的路线向上攀爬。

风高月黑的晚上，只有几点星光闪烁，高卢人静悄悄地向崖顶移动，罗马士兵都已睡着。正当他们快要接近山顶之时，突然，“嘎、嘎”的鹅叫声刺破万籁俱寂的夜空。这些鹅本是罗马人献给山上神庙的。尽管山上食品不足，但人们还养着它们，只不过它们吃不饱。但也正因为如此，这些鹅变得敏感而不安静。听到高卢人逼近的声音，这些鹅便惊叫起来。

执政官曼里在睡梦中惊醒，他马上意识到什么，立即操剑冲向悬崖，用盾牌将第一个上山的黑影推向悬崖，又挥剑刺中第二个高卢人的胸膛。倒下去的高卢人坠落时又砸到几个人。这样赢得了时间，罗马士兵纷纷赶来，他们一鼓作气，用石块、长矛、投枪把高卢人打下悬崖。这次胜利，鼓舞了罗马人的士气，他们更加警惕地保卫山，保卫罗马。

经过7个月的拉锯战，高卢人仍攻克不下这座山，最后只好同罗马人议和，索取了一笔钱作为赎金，撤出了罗马城。罗马人和高卢人之间的这次战争终于结束了。

多亏白鹅的叫声，才使卡庇托林山没有失陷。为感谢白鹅，每年罗马人都给白鹅戴上华丽的项圈，庄严地抬着它们游行，并尊称为“圣鹅”。街上的人们见到白鹅，都向它们欢呼表示敬意。

高卢人的领袖布伦努斯把剑放在天平上的情景。公元前390年，高卢人占领了罗马城，当罗马人为赎回罗马城支付金条时，高卢人不肯公正地称量，布伦努斯把剑放在天平上，从而获得了大量黄金。

罗马的第二次大扩张

三次萨莫奈战争

罗马在意大利进行的三次萨莫奈战争是它的第二次大扩张。

罗马共和国初期，仅是一个以罗马城为核心的小邦，周边还有强敌环伺。北有强大的伊达拉里亚虎视眈眈，向南则有生性好战的萨莫奈人。公元前343—前290年，罗马通过三次萨莫奈战争，打败萨莫奈人，取得意大利半岛的霸权。

第一次萨莫奈战争

萨莫奈人生活在今意大利半岛中部。这一地区缺乏肥沃的耕地，多为荒凉的山谷与积雪的高山。恶劣的生存环境磨砺了萨莫奈人勇武善战的天性，同时，寻找和占据更适于生存的土地也成为他们的理想。

公元前343年，萨莫奈人向富足的坎帕尼亚奔袭而来，围困卡普亚城。坐困孤城的坎帕尼亚前往罗马求援。为吸引罗马援军，坎帕尼亚提供了极为优厚的回报，允诺罗马人一旦赶走萨莫奈人，卡普亚的所有领地、财产、人民都归罗马所有。罗马元老贵族接受了这一请求，派兵进入坎帕尼亚。

坎帕尼亚平原是意大利西南部平原，土壤肥沃，雨水充沛，适宜农耕，物产丰富，在古罗马时期是富庶之地。

罗马军队兵分三路，第一路由一位执政官率西路军驰援坎帕尼亚，第二路另一位执政官率东路军直趋萨莫奈人的老巢，意图围魏救赵。第三路军由罗马的拉丁同盟组建，负责截断萨莫奈人的退路。战斗一开始进行得异常顺利，西路军抵达卡普亚城下，与城内军民共同夹击萨莫奈人。东路军在萨莫奈人的山区老巢里摸索前进，并顺利摧毁了敌军一个居民点。很快进入了冬天，依作战惯例，双方需要休战。罗马留下一部分军队驻防，其他军队撤回罗马城。孰料，罗马军队竟发生哗变。惊魂未定的元老院紧急行动，勉强平息了这次兵变，随后被迫与萨莫奈人约定停战。

罗马向南扩张的步伐受到萨莫奈人的阻击，于是避开山地，转往南部海岸发展。与意大利半岛隔爱琴海相望的巴尔干半岛上，希腊诸城邦擅于发展海洋贸易，视沿海贸易口岸为自己的势力范围。罗马的南扩引起希腊人的极大不安，他们联系与罗马关系紧张的近邻萨莫奈人，展开对罗马的联合作战。公元前327年，位于那不勒斯的希腊人发动对罗马殖民城邦卡普亚的进攻，挑起

卡普亚是意大利坎帕尼亚卡塞塔省的一个城市，面积约30平方公里，建于公元前6世纪，古罗马时期是坎帕尼亚地区的大城邦，后来为对抗萨莫奈人的不断骚扰和渗透，坎帕尼亚地区的城邦结成了同盟，盟主就是卡普亚城。

第二次萨莫奈战争。

第二次和第三次萨莫奈战争

罗马军队由于装备精良，训练有素，阵法战法得当，在平原阵地战中几乎无往不胜，很快，希腊人与萨莫奈人的据点那不勒斯便被罗马军队攻陷。萨莫奈人于是重整旗鼓，改变战法，尽量避免与罗马军队在平原上直接对抗，将部队分成若干小股，利用山地地形，对罗马军队采取侵袭战、游击战等。无从寻找对手主力的罗马军队像是无头苍蝇，处处被动，处处挨打。公元前321年，萨莫奈人利用假情报将罗马军队诱入卡普亚城与阿普利亚城之间的峡谷地带，待罗马人完全进入以后迅速封堵出口，居高临下，乱箭、滚石齐发，罗马军队伤亡惨重，残军向萨莫奈人投降。罗马元老院以割让土地的方式向萨莫奈人求和。

一再的战争失利促使罗马进行军队改革，军队机动性得以加强，更加适应山地作战。公元前298年，被萨莫奈人侵略的卢卡尼亚向罗马求援，罗马与萨莫奈人之间的第三次战争爆发。这次罗马方面派出名将费边与小德西乌斯统御全军。战争初期，罗马与萨莫奈人不分胜负。公元前295年，双方在亚平宁山脉东侧集结，展开大决战。在阵地战方面，萨莫奈人根本不是罗马军团的对手，在罗马骑兵与重装步兵的一再冲击之下，萨莫奈军队纷纷溃败。公元前290年，大势已去的萨莫奈人向罗马求和，并割让了土地。于是，萨莫奈遂成为罗马统治下的殖民地。

知识链接：拉丁同盟

意大利半岛拉丁姆地区约30个小城结成的同盟。同盟的缔结始于公元前7世纪，旨在保护加盟者的利益并与邻近部落作战。公元前6—前5世纪，其中的罗马逐渐得势。公元前340—前338年，拉丁同盟群起反抗罗马，以争取更多权利。结果，罗马得胜，拉丁同盟随之解散。

通过三次萨莫奈战争，罗马击败了强大的萨莫奈人，控制了意大利大部分地区，为日后统一全意大利打下了坚实的基础。

萨莫奈人生长在意大利半岛中部，土地贫瘠，山谷纵横。因此，萨莫奈士兵从一出生就在恶劣的环境中长大，从小培养了英勇善战的品性，战斗力强。图为公元前4世纪萨莫奈士兵像，是坎帕尼亚诺拉一个墓葬出土的陪葬物。

罗马成为强国的转折点 布匿战争

经过三次布匿战争，新兴的奴隶制强国罗马最终彻底打败了老牌奴隶制强国迦太基，成为当时世界顶级强国。

公元前3世纪初，罗马统一意大利半岛，一跃成为地中海强国。其后，罗马向西地中海扩张。扩张过程中，罗马不得不面对另一个强大国家——迦太基。

知识链接：第一次布匿战争

战争伊始，罗马挫败了迦太基。迦太基则以其强大海军封锁西西里和意大利南岸。罗马遂扩建海军，在舰首安装“乌鸦”接舷吊桥，变海战为陆战，取得米雷海战的胜利。最后，迦太基求和。

罗马控制了西地中海

公元前264—前146年，两个同为先进奴隶制国家的罗马和迦太基，为争夺地中海西部霸权进行了三次大规模战争，即布匿战争（Punic Wars）。如此称呼，是因罗马人称迦太基为Punici（“布匿”）。值得注意的是，和古代一些长时段战争一样，这三次战争前后持续百余年，可谓世纪之战，但三次战争并非前后相继，持续进行，而是中间有所间断和切割。

第一次布匿战争发生于公元前264—前241年，这次战争首先在盛产谷物的西西里岛展开，其后在地中海上展开激战。战争伊始，罗马取得了不小的胜利，但仅限于陆地上。在海上，迦太基占据上风，不断取得胜利。因在海上，迦太基是有名的海洋强国，而罗马海上力量较弱。但罗马军队很擅长模仿和创新，经过不断对迦太基战舰的研究，最终也有了强大海军，夺得了战争的最终胜利。而迦太基元气大伤，被迫求和，割地赔款（将西西里及其附近利帕里群岛让给罗马，赔款3200塔兰特，10年偿清）。

公元前260年，罗马舰队(113艘战船)在米雷附近的海战中首次战胜迦太基舰队(140艘战船)。

想当初，迦太基是周边艳羡的强国，自身也有一股傲气，此次失败，它甚觉耻辱。第一次布匿战争后，迦太基卧薪尝胆，努力发展本国经济，壮大自身军事实力，待有朝一日完胜罗马，褪去昔日耻辱，重获来日荣光。正是在这样的环境中，天才统帅汉尼拔脱颖而出，接手了这一艰巨而又光荣的任务。

第二次布匿战争发生于公元前218—前201年，此次最为著名。这次战争中，迦太基主动出击，打破了罗马远征北非和西班牙的计划。公元前218年，汉尼拔在不拥有制海权的情况下，率6万大军

公元前219年，汉尼拔率迦太基军队包围与罗马结盟的西班牙城市萨贡托(Saguntum)，围困8个月，占领该城。

从陆上翻越陡峭的阿尔卑斯山，突入意大利。长途奔波之后，经过休整和补充，在与罗马军队的较量中，他率部众取得胜利。随后汉尼拔即刻率军南下，罗马形势危急。公元前216年，罗马军队与迦太基军队会战于坎尼。汉尼拔采用两翼包抄战术，重创罗马军队，意大利南部不少城市归顺汉尼拔。汉尼拔在战争初期取得的胜利充分反映了他高超的兵家谋略。如战争开始，迦太基出击速度最快，占据主动权，也因此赢得时间和空间，进而取得战争胜利。这正如《孙子兵法·虚实篇》所言："兵之情主速。"但是，战事拖延愈久，形势对罗马愈有利。汉尼拔身处他国，补给困难。

或许是历史的偶然，也是历史的必然，罗马注定要完胜迦太基，缔造伟大帝国和辉煌。就在此时，迦太基国内发生矛盾，汉尼拔班师回府。于是，罗马乘机将迦太基之前占领的城市全部夺回。随后，它进一步攻入迦太基本土。公元前202年，双方在迦太基城西南的扎马决战，汉尼拔惨败。公元前201年，迦太基被迫与罗马签约，放弃北非以外的一切属地，交出舰队（仅保留10艘巡逻舰）和战象，50年内赔款1万塔兰特，非经罗马允许不得与其他国家交战。由此，迦太基丧失了全部海外领地以及军事和外交自主权，罗马成为西地中海霸主。

强大的罗马欺凌弱小的迦太基

第三次布匿战争发生于公元前149—前146年，时间进一步缩短。这场战争可以说是强大的罗马欺凌弱小的迦太基的一次侵略战争。迦太基战败后，在政治上一蹶不振，但在农业和工商业发展以及财富累积上，到公元前2世纪时迅速复兴，招致罗马忌恨，决心消灭迦太基。公元前150年，努米底亚进犯迦太基，后者被迫自卫。次年，罗马借口迦太基破坏和约，向其宣战，第三次布匿战争开始。罗马在北非登陆后，迦太基求和，答应交出人质和武器。但罗马提出非常苛刻的条件：拆毁迦太基城，居民迁至距海至少15公里的内地等。迦太基愤然拒绝，誓死抵抗。迦太基此时实力已衰，似乎不可能战胜更加强大的罗马了。而就在这时，迦太基发生饥荒，疾病流行。最终，罗马军以强大兵力破城而入，迦太基城被夷为平地，民众被屠戮或俘虏。其曾经繁衍生息的土地，如今成为罗马一个省份——阿非利加行省。至此，独立的迦太基国家不复存在。

学界多认为，布匿战争的重要性远超萨莫奈战争和马其顿战争，因为通过布匿战争，罗马才确立了它在地中海西部的霸权，成为地中海的霸主。

公元前146年春，罗马军队向迦太基城发起总攻，迦太基市民进过六天六夜的浴血奋战后投降。

迦太基英雄

天才统帅汉尼拔

汉尼拔是与亚历山大、恺撒、拿破仑齐名的欧洲四大名将之一，被西方人誉为“战略之父”。汉尼拔的军事思想至今仍闪耀着令人称赞的智慧之光。

公元前3世纪前期，北非突尼斯地区出现了一个非常强大的奴隶制国家——迦太基。迦太基出了一位著名的军事统帅——汉尼拔。汉尼拔足智多谋，颇具军事才能，他抱着一份爱国之心为迦太基争得了诸多荣誉。

天将降大任于斯人也

汉尼拔（Hannibal，公元前247—前183年）的父亲是第一次布匿战争时迦太基的将领。汉尼拔童年时代正处在迦太基与罗马为争夺地中海霸权进行战争的年代。9岁时，父亲命他跪在祭坛前发誓：长大成人后，一定要成为与罗马势不两立的人。

由于从小就被父亲认真培养，加之多年军营生活的磨炼，随着年岁增长，汉尼拔不仅具备了坚韧不拔的毅力和吃苦耐劳的精神，而且非常善于用兵。25岁时，汉尼拔被任命为驻西班牙的军事统帅，以西班牙为基地进攻罗马。因罗马人称腓尼基人为“布匿人”，而迦太基起初曾是腓尼基的一个殖民地，因此，这场战争又被称为“布匿战争”。

汉尼拔上任伊始，就着手筹划对罗马的战争。他不仅制定了周密的作战计划，还通过拉拢疏远和憎恨罗马的那些希腊城邦站到自己这边，加强对抗罗马的反对力量。这些准备完成，汉尼拔向罗马的西班牙同盟者，即富足的萨贡托城宣战。

汉尼拔，北非古国迦太基英雄，汉尼拔从小接受严苛的军事训练，长大后成为著名将军，被誉为“战略之父”。在其统帅下，军队经常以少胜多，特别是第二次布匿战争，堪称经典。

公元前3世纪发现于南意大利的一个盘子，上面画着迦太基人的战象。

第二次布匿战争

萨贡托城遭遇突袭后，迅即向罗马求援。罗马先向汉尼拔发出警告。汉尼拔非但没有听从警告，反而指责罗马当局干涉萨贡托城的内政。公元前218年，罗马向迦太基宣战。汉尼拔闻讯，远征罗马，第二次“布匿战争”正式开始。

罗马原本计划分兵两路，一路从西西里进攻迦太基，另一路从西班牙登陆，牵制汉尼拔的军队。但出乎意料的是，汉尼拔以惊人的智慧巧妙地避开了罗马军队主力，冒着极大的生命危险，从小道翻越了人迹罕至的阿尔卑斯山，出其不意地攻入意大利本土。公元前217年6月，汉尼拔通过迂回战术，在意大利中部地区的特拉西美诺湖畔设下埋伏，将罗马军队引进三面环山、一面临湖的峡谷中，激战不到3个小时，汉尼拔几乎全歼了罗马的3万军队。公元前216年，坎尼战争爆发。当时罗马有步兵8万、骑兵6000，而汉尼拔只有步兵4万、骑兵1.4万。汉尼拔采用两翼包抄战术，经过12小时激战，汉尼拔取得胜利。这次战争中，汉尼拔仅损失6000人，而罗马损失7万余人。公元前211年，汉尼拔抵达罗马城下，罗马人大为惊恐。公元前204年，罗马将领斯奇比奥率军在北非登陆，迦太基受到威胁，汉尼拔被召回。公元前202年，斯奇比奥和汉尼拔在扎玛决战，汉尼拔被打败，最后迦太基被迫与罗马订立了屈辱性和约。

公元前196年，汉尼拔当选为迦太基最高行政官，实行改革，以图振兴。汉尼拔的改革引起罗马忌恨，罗马要求迦太基交出汉尼拔。汉尼拔迅即逃往叙利亚。公元前191年，汉尼拔前往小亚的比提尼亚。但罗马使节很快来到这里。公元前183年的一天，汉尼拔的住处被包围，汉尼拔在异国他乡服毒自杀。

知识链接：第三次布匿战争

公元前149年，罗马借口迦太基破坏合约，挑起第三次布匿战争。战争初期，迦太基人顽强抵抗，罗马围城两年，一无所得。公元前146年，迦太基最终被罗马攻陷。罗马将迦太基夷为平地，又将幸存的5万余人卖为奴隶。之后，罗马在迦太基的废墟上设置了一个新行省“阿非利加”。

第二次布匿战争中，汉尼拔率领军队绕小道翻过阿尔卑斯山的情景。翻越过程中，不少人因路途艰辛和环境恶劣而丧命，他们所骑乘的大象和马匹也被饿死、累死或掉入谷底摔死。

罗马对东地中海的征服

四次马其顿战争

经过四次马其顿战争，罗马最终成功地控制了马其顿，完成了它的东进目标。由此，罗马已经建立起一个地跨欧亚非三洲的大帝国。

罗马战胜西地中海强国迦太基后，开始向东地中海扩展势力。当时，东地中海地区处于混乱状态，不仅各国内部矛盾重重，各国之间也是时有战争。罗马灵活运用外交手段和军事实力，于公元前215—前146年的半个多世纪内，对马其顿发动了四次战争。

马其顿国王腓力五世（公元前221—前179年），德米特里二世之子。在位期间为恢复马其顿昔日的霸权，长期卷入东地中海的战争，最后于公元前197年在库诺斯克法莱战役中大败，马其顿在地中海的势力尽失，腓力五世郁郁而终。

第一次马其顿战争

马其顿位于巴尔干半岛北部，与古希腊文明关系紧密。国王亚历山大曾率希腊—马其顿联军发动了著名的亚历山大东征，建立了地跨欧亚非三洲的亚历山大帝国。可惜亚历山大英年早逝，部将因继承人展开争执，导致帝国一分为三（托勒密王国、塞琉古王国、马其顿王国）。

腓力五世的军队洗劫埃托利亚同盟一个小镇的遗址，埃托利亚城邦联盟起初不过是一个松散联盟，后在与罗马共同反抗马其顿中不断壮大，成为希腊重要军事力量。公元前167年，罗马解散该同盟，它丧失了领土、权力和独立。

第二次布匿战争期间，迦太基著名将领汉尼拔率军翻越阿尔卑斯山，直捣罗马共和国统治中心，罗马军团连战连败。马其顿国王腓力五世野心勃勃，觊觎罗马的伊利里亚地区，他趁罗马陷于苦战，先与王国反对势力埃托利亚人缔结和约，随之与迦太基缔结攻守同盟，全力对抗罗马。腓力五世率领马其顿舰队迅速挺进亚得里亚海，第一次马其顿战争爆发。

罗马面对迦太基和马其顿两方势力的夹击，从容应对。罗马派出名将费边与汉尼拔军队展开周旋的同时，另派大将拉维努斯负责抵御自东而来的马其顿军队。同时，罗马元老院迅速做出决议，与马其

第二次马其顿战争，公元前200—前197年，马其顿帝国与罗马帝国之间的一场战争。随着希腊脱离马其顿转投罗马，罗马也已打败迦太基，罗马和希腊联合打败了马其顿国王腓力五世的军队，马其顿从希腊撤出，罗马取代了马其顿的地位。

知识链接：意大利的希腊城邦

公元前8—前6世纪罗马在意大利南部建立的殖民城邦。这些城邦主要经营农牧业，辅之以商业和手工业。它们与希腊母邦保持联系，但在政治上是独立的。若以广阔视野来看，这些城邦的建立，有利于扩大希腊和意大利的经贸往来，促进希腊先进的农业技术、手工业技术以及先进文化在意大利的传播。

顿的敌人，即埃托利亚人结盟，并允诺罗马将会提供海军支持，战利品与征服的土地主要归埃托利亚。马其顿虽然拥有强大的陆上实力，却因缺乏海军力量而致横渡亚得里亚海的战略目标受挫，与罗马陷入战略相持。长久的劳师远征使得双方疲惫不堪，同时罗马此时的战略重点乃在于对迦太基的征服。因此，罗马主动提出与马其顿媾和，并接受了对自己极其不利的停战条件。第一次马其顿战争结束。

第二次和第三次马其顿战争

公元前200年，野心勃勃的腓力五世裹挟着其控制下的希腊诸城邦对塞琉古王朝展开战争。希腊诸城邦不堪旷日持久的战争之扰，转而联合反对腓力五世，并迅速在罗德岛击败了腓力舰队。此时的罗马已经彻底战胜了西地中海强国——迦太基，可以腾出手来迅速对陷入战争困局的腓力五世作战。罗马打出“拯救希腊”的旗帜，得到了希腊诸城邦的热烈响应。公元前197年，罗马—希腊盟军与精疲力竭的马其顿军队在库诺斯克法莱战役展开决战，骁勇的罗马军团大败不可一世的马其顿方阵。翌年双方缔结和约：马其顿缩编军队，仅保持5000人维持国内治安，放弃与第三国交战权利；马其顿势力从希腊全部撤出，保持希腊城邦的自由独立；马其顿向罗马支付巨额战争赔款。

一生希冀恢复亚历山大帝国历史荣光的腓力五世屡战屡败，郁郁而终。其子佩尔修斯后继其位，他在巴尔干半岛及亚平宁半岛积极培育反罗马势力，在希腊城邦煽动反罗马情绪，在国内撕毁和约，重建马其顿方阵。佩尔修斯的一系列行动引起罗马极大不满，元老院派出两个军团渡过亚得里亚海再次征伐马其顿。公元前168年，在彼得那战役中罗马军团生擒佩尔修斯，将其押解狱中直至死亡。随后，罗马将马其顿故土分为四个自治共和国，它们彼此分立，不得来往。

第四次马其顿战争

由于罗马四个自治共和国之间的不断争斗在马其顿引起一片混乱，马其顿人对罗马的统治日益不满。公元前152年，马其顿公开反叛罗马，遂被罗马军队击败，罗马吞并马其顿，将其作为罗马的一个行省。

至此，马其顿彻底沦为罗马控制下的属地，罗马基本完成了对东地中海地区的征服，一个地跨欧亚非三洲的大帝国形成了。

古罗马军事制度的显明特色
军团编制

罗马人是掌握了战神的某种奥秘，才组成了他们的军团的。

——维吉秀

随着时代的发展，古罗马的军事制度也不断发生着变化。从王政时代的公民兵制度到共和后期的募兵制，再到帝国后期大量吸纳蛮族雇佣军。罗马军事体制虽屡经改革，但总体来看，军团仍然是古罗马的主要作战单位，军团编制是古罗马军事制度的显明特色。

现代人模拟的古罗马军团，队伍最前面的就是每个军团必备的罗马鹰旗，后面的旗帜表示的是由 10 个小队（80 人左右）组成的百人方阵。

军团组织

古罗马的基础作战单位是军团。军团一般由 4500 人组成，下辖 3000 人的重装步兵、1200 人的轻装步兵和 300 人的骑兵。重装步兵是军团主力。一个军团下辖 30 个中队，一个中队约 150 人。一个中队下辖两个百人队，一个百人队约 75 人。

罗马重装步兵头戴金属头盔，身披胸铠与胫甲。铠甲由一个个呈圆片状的铁片构织而成，兼具灵活性与防护性。罗马战盾为半圆筒形凸面体，高约 1.2 米，宽约 0.6 米，足以保护战士整个身体不受伤害。盾牌为木质，外表覆有一层兽皮，周边再嵌上一圈金属条，防止木盾震裂。武器方面配备投枪、短剑、战盾。罗马短剑由精钢煅制，质量较重。其剑长约 61 厘米，宽 5 厘米，短巧灵便，前端十分锐利，堪称近战格斗利器。罗马投枪总长约为 2 米，金属杆体，枪尖锋利，据后世学者估计投射距离可在 18 米左右，其易于投掷且穿透力强大。

按照士兵的年龄和作战经验，古罗马人巧妙地安排着作战队形。通常情况下，中队分为三类：由青年人组成的中队、由成年人组成的中队、由年老

罗马帝国时期军队作战的一个战术。一个军团一般为 4500 人，以重装步兵为主，轻步兵和骑兵为辅，在作战中轻步兵在前构成散兵线，骑兵分布两翼负责防守，重步兵在后分成三层依次进攻。作战时还可根据战况调整密度。

者组成的中队。其中青年人中队与成年人中队皆配备 120 名重装步兵，而年老者中队则只配备 60 名重装步兵。战斗时，轻装步兵配置于军团前方，骑兵居于两翼保护主力，同时也便于对敌方快速迂回包围。主力阵营中，青年人中队居前，处于第一作战序列，唤作枪兵。他们正值壮年，孔武有力，朝气蓬勃，具有极强的冲击力，敌军触之即溃。成年人中队居中，唤作主力兵。他们年龄稍长，经验丰富，便于对敌人砍杀歼灭。年老者中队则处于第三作战序列，唤作后备兵。他们老成稳重，处乱不惊，担当为军团殿后使命。

知识链接：《高卢战记》

恺撒不仅是罗马共和国晚期叱咤风云的领袖，也是才华横溢的文学家、历史学家。《高卢战记》是恺撒为元老院所写的年度报告，西塞罗赞美其“朴素、直率和雅致”。《高卢战记》至今仍是人们学习拉丁文的范本。不仅如此，它还具有较高的史料价值，为研究罗马时代克尔特人和日耳曼人提供了重要材料。

军团纪律和经典战例

任何一位罗马士兵入伍前都必须宣誓为军团服务直到战死。若某士兵擅自离岗，或临阵脱逃，就会被棍棒打死。具体做法就是，军团团长让他的那些士兵集合起来，他先用一根棍棒抽打该士兵，然后，其他士兵也用棍棒抽打这个士兵，有时甚至还用石头砸他，直到这个士兵被打死为止。如果整队战士在战场上临阵脱逃、叛乱或者没有执行任务，则被处以十一抽杀律，以抽签的方式，每 10 人中抽出 1 名士兵处以死刑。其余的未被杀者被赶到军营外驻扎，并只供给大麦为食，并要求他们重新起誓对指挥官的命令绝对服从。

在恺撒的《高卢战记》中，记载了一例罗马军团以少胜多的典型战例——阿莱西亚围城战。恺撒领导 6 个罗马军团加之日耳曼盟军共计 4 万余人，围攻高卢人的阿莱西亚要塞。阿莱西亚三面环山，在平原一面筑有城墙、壕沟，地势易守难攻，且城内有 8 万余人的守备部队，城外闻讯而来的高卢援军也达 25 万。围城的罗马军团事实上反倒陷入城内敌军与城外援军的双面夹击。罗马人构筑内线与外线两条防线，最前线布置 20 罗马尺（5.92 米）宽的壕沟，紧接着布置连串的覆盖有杂草的暗刺、鹿角，再修建水沟、高塔。严密科学的防御工事大大延缓了敌军的进攻节奏，罗马军队反而多次主动出击袭扰敌军，先击溃外围援军，随后城内守军困于弹尽粮绝，无奈投降。

阿莱西亚围城战是罗马军团围攻高卢阿莱西亚城的一场战役。在罗马军团受到城内军队与城外援军双面夹击的情况下，罗马军团设置两道防线，先击溃援军，后困死城内军队，取得了以少胜多的辉煌胜利。

重回历史现场

沿着罗马军团的脚步 追踪罗马文化的传播

罗马之剑所向披靡，罗马军团彪炳史册，罗马人是征服者，同时更是文化的传播者。

文化之所以传播四方，应当归功于战争所带来的客观效应。正是由于罗马军团不断征战，开疆拓土，使欧亚非各国人民感受到罗马文明的气息。战争使其他各国人民被迫臣服于罗马，但罗马文化却让被征服人民心生羡慕，纷纷模仿，以至于在罗马军团所到之处，随处可见罗马式建筑屹然林立，似乎在昭示着古罗马人昔日的辉煌……

历经两千多年的图拉真皇帝凯旋门仍然矗立在提姆加德城遗址上。

阿尔及利亚的提姆加德城

如果你想看一下真正的罗马城市风格是什么样的，那么我建议你最好去阿尔及利亚，那里有北非最大、保存最为完好的罗马遗址，就是提姆加德城（City of Timgad）。在城内，中心地带是巨大的城市广场，附近有露天剧场、浴室、图书馆和朱庇特神殿。城外设有围墙，但没有加强防御设施。可以看出，它是经过罗马人精心设计的城堡。

帝国皇帝的出生地——大莱布提斯

位于利比亚境内的大莱布提斯，是一个随着罗马帝国的辉煌而辉煌，随着帝国的衰落而衰落的城市，帝国皇帝塞维鲁就出生于此。没有人能够想象得到，眼前这个只剩下断壁残垣的遗址，曾经容纳了广场、神庙、教堂、圆柱拱门等等气势恢宏的建筑，以及街道、市场、下水道等市政设施。而它完善的公共浴室系统，比起现代浴室的建筑结构毫不逊色，令人叹为观止。

罗马军团行进雕刻。罗马军团为罗马共和国及罗马帝国时期的正规军队，以其高效的适应性及机动性征服了地中海沿岸地区。

罗马军团战斗场面雕刻

沙漠新娘——帕尔米拉

在叙利亚境内的丝绸之路上，坐落着一座被誉为沙漠新娘的古城，这就是帕尔米拉（Palmyra）古城。古城曾为女王宰努比亚（Zenobia）统治，但后为罗马人统治。帕尔米拉耸立的圆柱、碉堡般的坟墓无不显示出罗马式建筑的痕迹，在众多的古迹中，贝尔神庙显得更为雄伟壮观，在落日的余晖中欣赏古老的帕尔米拉城，它就像沙漠中的新娘一样典雅、美丽，让人回味无穷。

巍峨雄伟的哈德良长城

世界上很多人都知道中国有个万里长城，它的巍峨雄伟成为中国在世界上的文化标签。那么您是否了解，在英格兰北面也有一个哈德良长城（Hadrian's Wall），这是罗马帝国皇帝哈德良为抵御蛮族入侵而修筑的一系列防御工事。哈德良长城全长120千米，约4.5米高，2.5—3米宽，用约75万立方米的石头砌成，即便按典型的罗马帝国宏伟标准来衡量，它仍是一项惊人的雄心勃勃的建筑工程。至今，哈德良长城仍然宏伟地逶迤在陡峭险崖之巅，成为大不列颠最引人入胜的景观之一。

爱神之城——阿弗罗狄西亚斯

这座以希腊女神阿弗洛狄忒命名的城市坐落在土耳其，它建于公元前5世纪，直到公元前1世纪才声名鹊起。阿弗罗狄西亚斯（Aphrodisias）城中的大理石建筑非常精美，雕刻技艺令人叹为观止，神庙、浴室、剧院、竞技场无不令人叫绝。当基督教于4世纪传到阿弗罗狄西亚斯，阿弗罗狄西亚斯神庙变成了教堂。时至今日，一些游客仍然希望能够在这里感受到爱神的光辉。

世界驰名的巴尔贝克城

巴尔贝克城（Baalbek）位于今黎巴嫩境内，城内有世界驰名的古迹——巴尔贝克神庙。神庙位于贝鲁特东北85公里的贝卡平原北部。今天的巴尔贝克神庙虽称作罗马神庙遗址，但它实际上是腓尼基文明与罗马文明相融合的产物。神庙由祭礼大厅、朱庇特庙、酒神巴克斯庙、美神维纳斯庙组成，全部用巨石垒成，气势极其巍峨。庙外有巨石筑的高墙环绕，庙内的庭院和大殿坐落在巨石砌成的高达数十米的台基上，据称它是世界上规模最宏伟的古罗马建筑群，全世界包括罗马，迄今已找不到比它更完整的神庙遗址。

帕尔米拉古城遗址是叙利亚境内"丝绸之路"上的著名古城。挺拔的神庙、气派的凯旋门、两侧高耸的石柱、精工细作的雕刻、美轮美奂的壁画，加上金色阳光的渲染，仿佛在提醒着人们它昔日的辉煌。

奴隶起义的最高水平

两次西西里奴隶大起义

M. I. 芬利认为，在整个历史上，仅有四次奴隶起义在规模上可堪称是真正的战争。西西里奴隶大起义即其中的两次。

公元前2世纪中叶以后，罗马奴隶制帝国由扩展进入巩固阶段，奴隶制经济得到充分发展。与此同时，罗马奴隶制帝国内部的各种矛盾也充分暴露出来。西西里奴隶起义是奴隶和奴隶主矛盾激化的表现。

暴风雨来临前的黑夜

罗马社会从生产领域家庭生活用奴之多，较古希腊有过之而无不及。奴隶主对奴隶有生杀之权，他们拼命从奴隶身上榨取血汗，强迫奴隶从事繁重的劳动。许多罗马奴隶主还强迫奴隶进行角斗，他们则从这种野蛮的娱乐中寻求刺激。奴隶的悲惨处境使得他们不断发动武装斗争。

公元前198年，在一些拉丁城市中，迦太基奴隶密谋反抗罗马，但因内部出现叛徒未能成功。三年后，伊达拉里亚的乡村奴隶和农民举行暴动，影响到全区，后遭到罗马当局镇压。公元前186年，意大利南部阿普利亚地区的7000名牧奴再次起义，使这一地区的牧场和道路成为危险地带。这些起义预示着大规模起义风暴的来临。

西西里是罗马建立的第一个海外行省，素有“谷仓”之称。由于土质肥沃，奴隶制庄园迅速发展起来。在公元前2世纪已流行大田庄经营方式，集中使用奴隶劳动。聚集在一起的奴隶，很多来自同一民族，这就有利于奴隶斗争力量的组织联系。再者，西西里奴隶主剥削苛重，奴隶往往不能维持生存。恩纳城大奴隶主不但不给奴隶提供衣食，还强迫他们抢劫路人，分赃一半。西西里奴隶主对待奴隶的这种毫无人道的方式终于导致奴隶大起义的爆发。

声势浩大的两次西西里奴隶起义

公元前137年，叙利亚籍奴隶优努斯发动起义，第一次西西里奴隶起义爆发。优努斯率领部众杀死庄园主，攻占恩纳城。随后，在西南部的阿格里根特城，西里西亚籍奴隶克里昂也率众起义，响应优努斯。起义军所到之处，捣毁庄园，解放奴隶，保护小农利益，得到农民支持，屡次打败前来

罗马士兵俘虏戴着镣铐的奴隶的场景。公元前2世纪中叶后，奴隶不但要进行繁重劳动，还要角斗以供奴隶主取乐，需求人数很多，因此奴隶主大量俘虏奴隶。

优努斯雕像。叙利亚籍奴隶优努斯于公元前137年发动起义，史称第一次西西里奴隶起义，前期势如破竹，并与另一支起义军西里西亚籍奴隶克里昂部会合，建立新叙利亚国，优努斯为国王。公元前132年罗马军队和叛军打败起义军后，优努斯被捕身亡。

知识链接：罗马共和国后期

也称“内战时期”，亦是罗马共和国逐步衰亡的时期。这主要表现在罗马国内的多种矛盾逐渐显现：奴隶和奴隶主之间的矛盾、罗马奴隶主与平民以及意大利同盟者之间的矛盾、罗马奴隶主阶级上层之间的矛盾、罗马同被征服者之间的矛盾。这些矛盾交织在一起，构成了罗马共和国后期的主要内容。

镇压的罗马军队。不久两军会合，达20万人，声势浩大，席卷整个西西里岛，在恩纳城建立“新叙利亚王国”，以优努斯为国王，克里昂为总司令官，并设立了人民会议和人民法庭。公元前132年，罗马军包围起义中心，奴隶英勇战斗，但终于不敌罗马的优势兵力，内部又出现叛徒，克里昂阵亡，优努斯被捕后牺牲。第一次西西里奴隶起义以失败告终。

公元前104年，又爆发了第二次西西里奴隶大起义。这次起义的导火线是罗马政府为解决朱古达战争中兵源不足的问题，下令释放行省中因欠债而沦为奴隶的自由民。西西里总督涅尔瓦最初认真进行审查工作，释放了800余人。但随后得到奴隶主的贿赂，停止了审查工作。公元前104年，赫拉克利亚城附近的奴隶在叙利亚籍奴隶萨维阿斯领导下首先发难，很快组织起2万步兵、4000骑兵。不久，西部利利贝城附近爆发了阿铁尼奥领导下的奴隶起义。两支起义军会合，占领了特里奥卡拉城，并仿效第一次起义，建立国家。公元前103—前102年，起义军多次大败罗马军，起义烽火燃烧到西西里大半地区。公元前101年，罗马执政官阿奎里阿率大军赶到，攻陷了特里奥

西西里是罗马建立的第一个海外行省。因其土地肥沃，奴隶制庄园发展迅速。公元前137年，西西里岛恩纳城大奴隶主因对奴隶剥削严苛，引起第一次西西里奴隶起义。图为西西里岛中心山脉高处的城市恩纳市，具有突出的防守地位。

卡拉城，起义领袖牺牲，起义者惨遭镇压，第二次西西里奴隶大起义又归于失败。

两次西西里奴隶大起义由于历史条件的限制和奴隶自身的局限性，都以失败告终，但意义深远。它们不仅沉重打击了罗马奴隶主阶级的残暴统治，显示了奴隶阶级英勇顽强的反抗精神，起义军还建立了自己的政权，并坚持斗争数年之久，标志着罗马奴隶起义斗争达到较高水平。西西里奴隶起义也揭开了罗马共和国后期大规模社会斗争的序幕。

平民争取分配土地的首次努力 格拉古兄弟改革

公元前 2 世纪的罗马还不是一个平民就可以左右政局的年代，在元老院的诸般干扰破坏之下，格拉古兄弟的改革最终失败。

第一次西西里奴隶起义后不久，罗马就出现了平民争取分配公有土地的运动。这一运动由格拉古兄弟改革开其端。格拉古兄弟出身名门，父亲历任罗马执政官，母亲为战胜汉尼拔的名将西庇阿的女儿，因此从小就受到良好教育。据说兄弟俩年少时看到小农破败无助的场景，内心就萌生了挽救小农的理想。

危局已至

公元前 133 年年初的一天，罗马城内风和日丽，中心广场上人群熙熙攘攘，一位 30 多岁的年轻人正在慷慨激昂地发表演讲：

图为格拉古兄弟青铜半身像，哥哥提比略·格拉古和弟弟盖约·格拉古。公元前 2 世纪，两人先后成为罗马共和国的平民领袖，并担任保民官，前赴后继进行改革，但均以失败告终。他们都死于非命。

“漫游在意大利的野兽，个个还有洞穴藏身；而那些为意大利而战的人，除空气和阳光外，一无所有。他们没有家园，携妻挈子，到处流浪。那些将军们，鼓动士兵为保卫祖坟宗庙而战斗，但全是谎话，因为没有一个士兵有自己的祭坛和祖坟；他们出生入死，只是在保卫别人的荣华富贵。虽然他们被称作罗马的主人，却没有哪怕是一小块土地，这难道公正吗？”

听众激动地高呼：“不！”

这位年轻人是提比略·格拉古（Tiberius Gracchus，公元前 168—前 133 年）。此刻，他正在公民大会上进行游说，为的是使他提出的土地改革方案获得通过。

格拉古进行土地改革有着深刻的社会背景。首先，在当时，大土地所有者和小土地所有者的矛盾越来越尖锐。罗马共和国后期，因大土地所有制迅速增长，造成小农大量破产，生活困苦，国家经济基础受到破坏。破产小农强烈要求重新获得土地，恢复小农经济。实际上，土地问题在罗马共和国建立之初即已存在，因此才有《李锡尼和绥克斯图法案》的颁布。不过，该法案并未从根本上解决土地问题，因此才有了格拉古现在进行的土地改革运动。再者，小农破产影响罗马国家的兵源。罗马兵役法规定，服兵役必须自备服装和武器，破产农民

平民一直是罗马共和国时期一支重要的政治力量。图为公元前494年，平民建立起自己的民众议会，力求建立起一个人人平等的社会。

知识链接：《李锡尼和绥克斯图法案》

公元前367年，李锡尼和绥克斯图联合罗马平民，促使共和国通过了该法案。其主要内容为：(1)全体公民都可占有和使用公地，但不能超过500犹格。公民可在公共牧场放牧，大牲畜不超过100头，小牲畜不超过500头；(2) 平民所欠债款一律停止付息，凡已付利息作为债款的本金计算，尚未还清的本金，分3年偿还；(3) 两名执政官中有一名是平民。

根本无力当兵，因而国家面临兵源枯竭的难题。总之，大地产制的恶性发展导致罗马出现了严重的军事与土地制度危机。

提比略的初次尝试

公元前133年春，在改革派和平民的热情呼喊下，提比略·格拉古就职罗马保民官。在他领导下，随即掀起一场以土地改革为中心、旨在恢复小农土地所有制的社会改革运动。提比略上任初期，就毅然提出了一个土地法案，其中规定：(1) 罗马公民每户占地限制在500犹格（1犹格约等于4亩）之内，如有儿子，每人可占250犹格，总数不得多于1000犹格；(2) 1000犹格之内的土地归公民永久免费使用，超占部分则收归国有；(3) 国家掌握的公有土地划分为30犹格每份，以少量租金分给无地农民，但仅供世代耕种，不得转卖。土地法案在公民大会上通过。为执行法案，还成立了一个由公民大会选出的三人委员会。

平民运动的激烈民主色彩，吓退了先前支持提比略的温和改革派。一切反对力量集结起来，在公元前133年夏借口提比略要求连续竞选保民官而发动进攻。元老院亲自出动，纠集随从，武装袭击公民会议。当时平民的力量仓促无备，致使反对派占了上风，元老院不敢解散三人委员会，这个委员会仍然继续活动。由于土地占用年代过久，很难分辨哪些是公有地。当时又发生意大利人要求罗马公民权问题，他们对提比略法案未曾顾及意大利人表示不满。这两个问题成了元老贵族阻碍三人委员会工作的借口。随后不久，格拉古派的执政官弗拉库建议赋予意大利人公民权，元老院强烈反对，引起意大利一些城市的起义，局势趋于紧张。平民运动又

科妮莉亚带着儿子格拉古兄弟在罗马大街小巷体察民情的情景。科妮莉亚从小教育俩兄弟，使他们养成了正直善良的品格，懂得奴隶主的凶残和奴隶的悲惨，长大后他们先后担任罗马保民官进行有利于平民的土地改革。

活跃起来。

“未觉池塘春草梦，阶前梧叶已秋声。”春去秋来，时间过得飞快。正当土地改革缓慢开展之时，提比略的任期就要结束了。不过，他决定再次竞选下一年的保民官。选举日已经快到了，提比略对自己的再次当选还是比较担心。原因在于，他提出的土地改革法案严重损害了大地产制的幕后受益者罗马贵族与富农，遭到了他们的联合反对。于是，一意推行改革的提比略在竞选新一届保民官时与元老院发生激烈冲突，在公民大会上，提比略被大祭司纳西卡纠集的一帮道貌岸然的元老贵族与奴隶暴徒公然杀害，支持提比略的300余人也被残忍杀害。

知识链接：罗马公民兵制度

该制度的主要内容是：(1) 国家分给享有罗马公民权的平民以土地，公民需服义务兵役，战备资料和行军口粮皆由士兵自备；(2) 国家机关设立两位执政官，一旦战争爆发，其中一位执政官从获得国家份地的公民中征集兵员，率军出征。战事结束，将归于朝，兵散于野，即实行兵农合一体制。

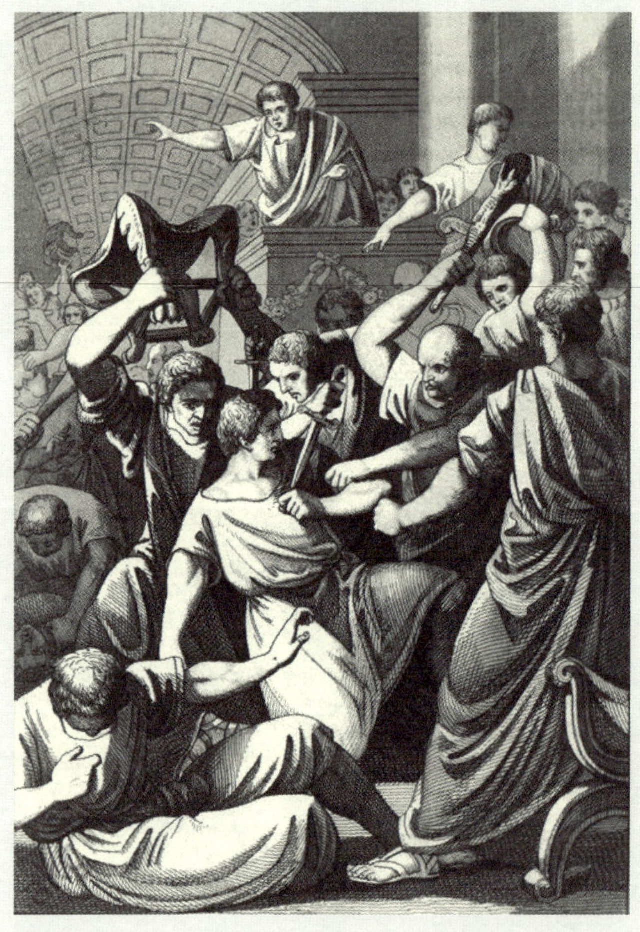

提比略在担任保民官后进行了有利于平民的土地改革，引起大贵族不满。后提比略再次竞选保民官时，与元老院在公民大会上发生冲突，大祭司纳西卡纠集一帮元老贵族与暴徒将其杀害，支持提比略的300余人也不幸遇害。

广大平民和一些正直的贵族对此极其愤慨，纳西卡无论走到哪里，都会遭到人民的咒骂，他就像一只过街的老鼠一样，人人喊打，最后客死他乡。元老院慑于众怒，不敢轻易废除土地改革法案，提比略死后6年间，先后有8万平民分到了土地。

盖约的再接再厉

公元前124年10月，提比略的弟弟盖约·格拉古（Gaius Gracchus，公元前154—前121年）在元老院改革派与罗马平民的支持下，当选为保民官。哥哥的殉难更加坚定了他誓将改革继续推行的决心。他经常发表演说，谴责10年前权贵的暴行，激发民情，准备改革。盖约同哥哥一样，为人非常正直，头脑睿智，而且一心想挽救小农的悲惨处境。但提比略儒雅斯文，盖约性情急躁。盖约虽然对民众的吸引力更大，但罗马贵族保守派非常害怕他的激进做法。

盖约上任后，立即提出继续进行提比略的土地改革，并在公民大会上获得通过。在此基础上，盖约还加大改革力度，提出法案允许征用殖民地土地来满足平民对土地的渴求。但这时出现了一个新问题，国内的土地所剩不多。盖约提议建立三处移民地，两处在意大利本土，另一处在非洲。盖约的计

提比略·格拉古被杀后，其弟盖约·格拉古继承兄志，决心挽救小农的悲惨境地。盖约经常发表演说，言辞激烈，谴责哥哥被杀的暴行，激发民情，准备继续进行有利于小农的改革。

划一提出，贵族保守派屡施阴谋，力图阻挠改革进程。终于，他们想出一个“完美方案”。那就是让保民官李维·德鲁斯反对盖约提出的方案，故意说3处移民地太少了，应该建立12处移民地。可实际情况是，意大利本土根本不足以建立这么多移民地。但是，许多平民听到德鲁斯的方案后，非常高兴，瞬时倒向德鲁斯。不过，仍有不少平民对这一方案嗤之以鼻，认为那是骗人的鬼东西，坚决支持盖约的方案。

面对这一情况，盖约强化平民力量，对保守派发动反击，提出法案禁止被人民罢免的高级官员再次任职国家机关，规定未经人民审理不得判处公民死刑。在形势推动下，盖约的改革已经由单纯的土地改革发展为囊括司法、行政、社会等的多方面改革行动。事情发展到这一步，贵族保守派明白，如果要将盖约的改革扼杀在摇篮里，就必须立即运用暴力手段。

在一次讨论北非殖民地的公民大会上，保守派的一个执政官侍从故意称盖约党人为流氓并做出侮辱手势，蓄意激怒改革派。结果，盖约的部下在暴怒之下刺死了这个侍从，此事正中保守派的计谋。次日，保守派一面游行，一面下令武装暴徒大规模屠杀改革派。盖约及其支持者进行了顽强抵抗，但最终经不住有组织的武装袭击，当场有3000多人罹难。盖约逃入丛林，在绝望中自杀。事后，保守派为炫耀胜利，建起一座神庙，取名“和谐”。一天夜晚，有人在庙里刻上了一句讥讽的话：“一桩极不和谐的事件，竟建起一座和谐之殿。”

盖约在提比略改革的基础上，继续加深改革，引起大贵族的恐惧。大贵族的阴谋阻挡不了改革，只能采取暴行，于是保守派蓄意挑起事端，阴谋得逞后大规模屠杀改革派，盖约逃入丛林后无奈自杀。

罗马军事力量的提高

马略的军事改革

以募兵制代替征兵制，是马略军事改革的一项主要内容。

意图挽救小农和扩大罗马军事实力的格拉古兄弟改革失败后，罗马大土地所有制继续恶性发展，更多小农濒于破产边缘。罗马公民兵制度难以为继。为扩大兵源，加强军事力量，罗马执政官马略进行了军事改革。

朱古达战争与马略军事改革

今日北非的阿尔及利亚在公元前 2 世纪曾是罗马控制下的附属国——努米底亚王国的土地。这是一块众人垂涎的膏腴之地，特别是罗马的奴隶主阶层，长期渴望完全占有努米底亚。公元前 113 年，努米底亚王国发生权力争斗，朱古达打败了罗马在王国的代理人，屠杀在北非的罗马商人。罗马与努米底亚王国新的执政者朱古达之间的战争爆发。

战争伊始，罗马公民兵制度的缺陷暴露无遗。大量公民失去份地，无力购买合格的战斗器械和口粮，土地制度的破坏同时带来征兵困难，兵员缺额严重。罗马军队士气涣散，军备不整，屡战屡败。

朱古达战争是罗马对附庸国努米底亚王国朱古达进行的战争。前期由于罗马军队战斗力羸弱，毫无进展。公元前 107 年，马略获得朱古达战争指挥权，开始对军队进行改革，提升军队战斗力，迅速扭转了战局。公元前 105 年，终于赢得了胜利。

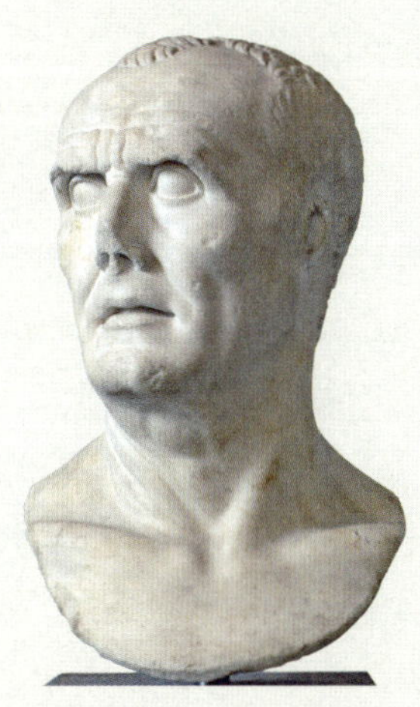

马略，古罗马军事家、改革家、政治家，平民出身。公元前 119 年担任保民官，公元前 107 年任执政官，进行军事改革，实行募兵制等，解决兵源等问题，大大提升了军队战斗力，开始对外征伐，抗击侵略者。公元前 86 年病逝。

此时，平民出身的马略（Gaius Marius，约公元前 157—前 86 年）开始崭露头角。公元前 107 年，马略在民主派的支持下选任罗马执政官，并由此获得朱古达战争的指挥权。在此期间，为增强罗马的军事实力，取得战争的胜利，马略实行了军事改革。

马略军事改革的主要内容有：(1) 取消征兵的财产限制，由国家出资募兵，吸纳无产者入伍，为士兵提供薪饷。普通步兵每年可获取 1200 阿司，百人队队长加倍，骑士兵则为 3 倍；(2) 士兵装备改由国家供给，粮草亦由国家承担，无须士兵自备；(3) 改革军团组织，推行联队制；(4) 加强军队整训，引入角斗学校训练方法，增强士兵战斗技能；(5) 退伍老兵从国家免费分得一块份地。

知识链接：联队

联队是介于罗马军团与基层组织百人队中间的组织，每个军团辖 10 个联队，每个联队又辖 6 个百人队。联队既可作为独立作战单位执行具体任务，又可在军团内彼此配合，协同作战。作战时，军团内的 10 个联队呈三部分列阵，前阵配备 4 支联队，中阵与后阵各配备 3 支联队。三部分联队中间交叉错落留有作战空隙，以便插上进攻或者退却整备。

改革结果得失参半

马略军事改革实质上将罗马长期沿用的兵农合一的公民兵制度逐渐废除，代之以国家出资招募职业军人。经过这次改革，罗马兵员得到源源不断的补充，士兵的武器装备整齐划一且煅制精良，阵法有效，免费提供的份地更是提高了士兵的战斗力。因此，罗马的战争本领大大加强，对外征服的步伐快速加大。这具体表现在，罗马很快扭转了对朱古达的战争劣势，于公元前 105 年胜利攻下努米底亚，迅速结束了在北非的战事。此后，马略多次就任执政官，解除了森布里亚人和条顿人对意大利的威胁，并镇压了第二次西西里奴隶大起义。同时，募兵制代替公民兵制，吸纳大量破产小农进入军队，一定程度缓解了这些无产者对土地的渴求，有利于社会稳定。

马略军队庆祝胜利的情景。公元前 104—前 100 年，马略多次就任执政官，其间日耳曼条顿人和森布里亚人入侵，马略领军抗击，解除了对意大利构成的严重威胁。

但是，马略以募兵制逐渐替代公民兵制度，对罗马政局的后续发展也产生了不良影响。部队的装备与薪饷是一笔巨大支出，此后长期成为罗马共和国的财政负担。在公民兵制下，国家原则上不设常备军队，遇有战事，由两名执政官之一在罗马公民中临时征集，士兵带甲出征，战事结束，则部队解散，兵归于农。募兵制下，士兵成为由国家付给薪水的职业军人，服役期直到士兵暮年无力征战为止。这一事实导致两方面影响：一方面，职业兵虽由国家出资招募，但长期追随固定将领，形成兵为将有的局面；另一方面，无产者是职业兵的主要来源，他们既无公民兵身上的爱国热情，也无财产方面的后顾之忧。他们参战是为了发财致富，而不是为了国家。因此，职业兵的出现导致军士心中只知有将，而不知有国家。在这种情况下，马略军事改革改变了罗马共和国领导军队的局面，军队从而成为将军们争权夺利的私人工具，为他们建立军事独裁大开方便之门。

马略改革的继续
萨图尔尼努斯运动

萨图尔尼努斯运动虽然解决了马略老兵的土地分配问题，但也破坏了罗马共和国的许多原则。此后，罗马共和国的基础日益动摇，共和制危机日趋严重。

马略改革很大程度上解决了罗马的兵源问题，但对于老兵退伍后的安置，马略并不怎么关心。随着罗马对意大利北部日耳曼战争的结束及第二次西西里奴隶起义的平息，马略老兵的安置问题非常棘手。在这种情况下，公元前 103—前 99 年，新贵出身的萨图尔尼努斯（Lucius Appuleius Saturninus，约公元前 2—前 1 世纪）决心解决这一问题，实行改革。

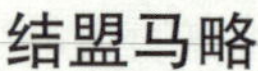

结盟马略

公元前 103 年，萨图尔尼努斯当选为保民官，提出了一套系统的改革方案。其中的土地法案规定，曾在马略率领下参加朱古达战争的老兵每人可在阿非利加分得 100 犹格土地。这一方案提出后，就遭到元老贵族的反对和阻挠。

萨图尔尼努斯头像钱币。萨图尔尼努斯，曾于公元前 103 年和公元前 99 年担任保民官，着手解决马略老兵安置问题，为老兵提供土地。后为竞选保民官将竞争对手杀害，元老院采取行动将萨图尔尼努斯杀死。

元老院是罗马审议团体，在罗马共和国和罗马帝国时期扮演着极其重要的角色，对执政官和保民官提出的改革进行拥护或反对，掌控着罗马行政的动向。图为历经重建的古罗马元老院建筑。

公元前 101 年，为迅速解决马略老兵的土地问题，萨图尔尼努斯与马略结成同盟。公元前 100 年，在士兵支持下，他们二人一并当选为执政官和保民官。

同盟者军事领袖和平民保民官的结合使罗马的政治形势发生了很大变化，一些有利于老兵的政策开始出台。这些政策的中心点便是萨图尔尼努斯提出的土地法案。法案规定：凡在马略军中服役 7 年的老兵，都可从罗马获得一块土地，每家 100 犹格。不过，法案明确指出，用来殖民的地方只能是行省，首先是那尔旁·高卢，其次是阿非利加、西西里和马其顿等地。在萨图尔尼努斯和马略的努力下，这一法案终于变成法律。为保证该法案的顺利执行，萨图尔尼努斯和马略还规定：倘若罗马公民制定了这一法律的话，元老院需在5天之内宣誓，保证遵守此法律。凡拒绝宣誓者，将被逐出元老院，并处20塔兰特的罚金。

面对这种压力，各位元老们纷纷来到神庙宣誓遵守该法律。通过这一法律，马略两个军团的老兵分别在阿非利加和努米底亚这两个行省分到了最肥沃的土地，其余的士兵也在那尔旁·高卢分得了土地。至此，马略军事改革的内容之一，即罗马士兵的退伍安置问题才得到了最后的解决。

知识链接：萨图尔尼努斯和格拉古兄弟土地改革的区别

（1）目的不同。前者解决老兵退伍后的安置，后者培养罗马公民，扩大兵源。（2）实施范围不同。前者既包括服役于马略手下的罗马公民，还包括与马略一起战斗的同盟者和意大利人，后者只涉及罗马公民。（3）获得土地的方法不同。前者在行省建立殖民地，后者没收富有者的土地。（4）支持改革的人员不同。前者主要是身经百战的老兵，后者则来自无地少地的公民。

运动失败

公元前99年，萨图尔尼努斯第三次被选任为保民官。为推动改革事业的再次顺利进行，他不惜以杀死执政官候选人的方法使支持自己的格劳西亚当选。这一粗暴的行动不但激起了罗马平民的愤怒，也导致改革派内部的分裂。

面对情况的变化，元老院的顽固保守派乘机对萨图尔尼努斯等激进改革人士进行全面反攻，并命令执政官马略采取紧急措施，与他们一起发动反攻。马略在经过艰难的抉择后，最终选择服从元老院的命令，率领军队将萨图尔尼努斯围困在卡庇托林山上。萨图尔尼努斯无奈之下，被迫投降，随后被残酷杀害。而罗马帝国再次恢复到一个少有的平静状态。萨图尔尼努斯运动至此结束。

萨图尔尼努斯运动表明，罗马城市平民队伍的迅速扩大及其政治要求的日益强烈和马略老兵安置问题的迫切性和紧急性。这场运动虽然在很大程度上解决了马略老兵的土地分配问题，但与此同时，却也破坏了罗马共和国的许多原则。在格拉古兄弟改革时期，最先出现的暴力行为到现在已经屡见不鲜了，罗马高级官吏尤其是保民官原本具有的那种神圣不可侵犯的权力基本上已然消失了。由此，罗马共和国的基础已经日渐动摇了，共和制的危机也开始日趋严重。

卡庇托林山（罗马七丘之一，今称国会山），是罗马城内最高的山，悬崖峭壁，陡峭险峻，易守难攻。公元前99年，马略听从元老院的命令，率领军队将萨图尔尼努斯围困在卡庇托林山上，萨图尔尼努斯被迫投降，随后被残酷杀害。图为今天的国会山广场。

意大利半岛的罗马化

同盟者战争

为争取公民权的同盟者战争最终加速了罗马人与意大利人的融合，促使意大利半岛的罗马化基本完成。

约公元前1世纪，罗马人把意大利的一些重要城市收为自己的同盟。同盟者为罗马人开垦疆土，创造了大量财富。但是，他们不能享受罗马公民权。尽管他们一再向罗马元老院提出公民权的要求，但始终遭到拒绝。就这样，在公元前1世纪初，意大利同盟者掀起了反抗罗马共和国的斗争，并最终爆发为战争。

和平争取公民权的尝试

罗马共和国在不断扩张过程中，联合意大利半岛诸势力作为自己的同盟者。同盟者在军事上提供辅助部队，协助罗马征战四方。政治上同盟者的内政受到罗马元老院的指导，实则是罔顾其独立性的粗暴干预。在民众地位方面，同盟者成员不能享受与罗马公民一样的战争权益，不能参与罗马的政治生活，无权分享战利品。同盟者们对自己的处境极为不满，反罗马情绪不断潜滋暗长，强烈要求获得罗马公民权。

罗马与同盟者之间隐藏的矛盾引起元老院内部的忧惧。公元前125年，执政官弗拉库斯提出授予同盟者罗马公民权的议案，后遭到保守势力的联合抵制而流产。萨图尔尼努斯转换解决问题的思路，并未直接提出授予同盟者公民权的决议，而是采取折中之策，试图首先改善同盟者在共和国内的基本待遇。他提出粮食法与殖民地法，向同盟者提供粮食救济，同时为服满义务兵役的同盟者士兵每人授予100犹格土地。萨图尔尼努斯的改革计划再次遭到保守派的激烈反对。公元前91年，保民官德鲁苏斯再次提出试图改善同盟者境况的殖民地法，但这个更加妥协的方案依然遭到元老院普遍反对，德鲁苏斯更是被保守派残忍暗杀。

翁布里亚位于意大利中部，是一个中等规模的城市，为古罗马的殖民地，同盟者战争之后，同盟者逐渐获得公民权，意大利人和罗马人之间的界限变得模糊，以罗马为中心的意大利文化圈日益形成，意大利罗马化基本完成。图为翁布里亚的罗马殖民地公共浴室遗址。

从当时的大环境来看，罗马刚刚击败了地中海强敌迦太基人，取得了布匿战争的最终胜利，风头正劲。元老院贵族们正躺在功劳簿上洋洋自得，罔顾罗马同盟者们的权利诉求。

同盟者战争的爆发

罗马同盟者和平争取公民权的愿望彻底幻灭，

他们愤而拿起武器，意大利半岛的内战——同盟者战争爆发！

知识链接：马尔西人

古日耳曼人的一支。马尔西的名称源于战神马尔斯。马尔西人曾住在鲁尔河及利珀河之间地区。公元14—16年间，马尔西人在罗马的数次对外扩张战争中被打败。自此以后，曾作为一个完整族群的它就从人类历史上消失了。

公元前91年，奥伦库城的皮凯努姆人首举义旗，随后意大利半岛同盟者纷纷响应，几乎意大利半岛所有的罗马同盟者都参与了这场反对宗主国的大起义。同盟者形成以马尔西人为核心的反罗马联盟，宣布脱离罗马，成立新的共和国，组织10万大军，在南北两个战场与罗马奋战，起义之火愈燃愈烈。当时罗马主力部队正派往海外作战，留在半岛的卫戍部队缺乏战争准备，被起义军屡次击败。愈加严峻的形势迫使罗马元老院贵族们放弃长久以来的偏见与傲慢，开始审慎地重新思考与同盟者的关系。

公元前90年，罗马通过了著名的《尤利乌斯法》。法案宣布向迄今为止依然效忠罗马的意大利同盟者授予公民权，摇摆不定的伊达拉里亚人与森布里亚人很快享受到这一政策，成为第一批被授予公民权的同盟者。起义的继续扩散得以遏制。公元前89年，经过激烈的政策角力，《普劳提乌斯－帕皮利乌斯法案》也获通过，规定凡在60天内放下武器投降罗马的同盟者，均可获得罗马公民权。此法的通过极大瓦解了同盟者，起义军不断倒戈，坚持抗争的残军终因力量悬殊而被扑灭，同盟者战争结束。

同盟者虽然在战场上最后失败了，但他们通过血与火的斗争实现了自己长期以来的政治诉求，争得了与罗马人平等的公民权。同盟者战争之后，意大利所有居民都逐渐成为罗马公民，意大利人和罗马人之间的界限逐渐模糊。因此，进一步来看，罗马国家已扩大了统治基础，其力量更加强大。同时，以罗马为中心的意大利文化圈日益形成。总之，同盟者战争加速了罗马人与意大利人的融合，促使意大利半岛的罗马化基本完成。

摩洛哥是非洲西北部的一个沿海阿拉伯国家，公元前45年以来古罗马的屋大维征服北非，在这里设立行省并设立长官，把这里变成彻头彻尾的罗马式城市，修建凯旋门、元老院、神庙等。图为摩洛哥罗马殖民地凯旋门遗址。

征战东方

庞培对本都王国的战争

庞培作战勇猛，且有谋略，最终战胜了强大的敌人本都王国。

公元前 1 世纪，罗马帝国正在为它在地中海世界的霸权四处扩张，与此同时，本都王国（公元前 281—前 63 年）也在谋取该地区霸权。这样的局势必然导致罗马帝国与本都王国之间发生激烈的利益冲突，战争一触即发。

知识链接：米特拉达梯六世

米特拉达梯家族的主要人物之一。公元前 121 年，米特拉达梯六世成为本都王国的国王，自此一直到他去世。米特拉达梯六世在位期间，与罗马共和国势不两立，力图夺取地中海地区的霸权。为此，他先从安纳托利亚下手，与罗马之间进行了三次战争。

势不两立

本都王国的位置大约相当于今日的土耳其。公元前 281 年，米特拉达梯一世建立本都王国。本都王国受希腊文明影响很大，在本都王国的城内有较多的希腊化建筑，本都王国的钱币上都有希腊色彩的印记。在米特拉达梯六世（Mithridates VI，公元前 131—前 63 年）之前，本都王国与罗马保持了良好的关系。但米特拉达梯六世在位期间，实行扩张政策，吞并小亚美尼亚和黑海东岸的科尔基斯等地，最后几乎控制了黑海的周边地区。本都王国势力强大后，便和亚美尼亚结盟，旨在建立一个囊括黑海周围地区的帝国。这一目标必然会导致它与罗马的冲突和战争。

米特拉达梯六世，小亚细亚本都王国国王。在位期间，他极力对外扩张，几乎控制黑海周围地区，导致罗马出兵讨伐，庞培对其进行两次大规模战争，最终于公元前 63 年获取胜利，米特拉达梯六世兵败后服毒自杀。

公元前 1 世纪，罗马内外交困，对以军事立国的罗马来说，战争是第一要务。在这种背景下，庞培（Gnaeus Pompey，公元前 106—前 48 年）开始了自己的戎马生涯。公元前 67 年，罗马公民大会委任庞培剿灭猖狂的海盗。接到任务后，庞培只用了三个月就将地中海地区的海盗全部消灭。公元前 66 年，庞培又被委以对本都王国作战的任务。而在这之前，苏拉在公元前 80 年就与本都王国交锋多次，并取得重大战果。不过，与本都王国的战争在一定程度上导致了苏拉独裁。随后，罗马大将鲁

庞培，古代罗马共和国末期著名的军事家、政治家。庞培通过两次大规模战争，战胜本都王国，之后征服叙利亚，使东方处于罗马的统治之下。庞培与恺撒、克拉苏为“前三头同盟”，但后来被恺撒打败，逃往埃及后被刺杀。

库鲁斯也同本都王国进行了多次战争，占据上风。从公元前 66 年到公元前 63 年，庞培对本都王国发动了两次大规模的战争。

战胜本都

在战争的第一阶段，庞培与米特拉达梯六世正面交锋。战争初期，许多小的战役在哈里斯河上游进行。然而，一场大的战役决定了双方的胜败。战争开始，米特拉达梯六世驻扎在一座水源充足的小山上，目的是通过坚守这座山，来切断庞培广阔的供应线，逐步将其拖垮。庞培针对这一部署，调来三个兵团，一个兵团去占领王国东部的一个平原，保证其粮食的供给。庞培围绕小山大规模修筑工事，已经达到围困米特拉达梯的目的。在这次战争中，米特拉达梯六世本想围困庞培，却反被庞培围困。在经过 45 天的围困后，山上的粮食殆尽，米特拉达梯六世不得不突围。突围之后，米特拉达梯六世白天驻扎营地，晚上开始行军逃跑。庞培由于不熟悉地形晚上不敢作战，米特拉达梯六世白天不出军营也没法与他交战。庞培事先派一支军队越过本都王国的军营，在前方设置了伏兵，在第二天发动对米特拉达梯六世的战斗。在次日的战斗中，庞培取得了决定性胜利。

公元前 65—前 63 年为战争的第二阶段，双方由正面战争转向背后各自活动。最后，米特拉达梯六世被庞培打败。随后不久，米特拉达梯六世虽然率领少数逃脱的士兵向外流亡，其间制定了报复罗马的作战计划，但终因士兵的众叛亲离而变得举步维艰。公元前 63 年，面临绝境的米特拉达梯六世服毒自杀。

庞培占领本都王国后，困扰罗马十余年的战争结束。战后，他把比提尼亚和本都合并为罗马的一个行省，后又把叙利亚变成罗马的行省。庞培对本都王国的胜利使得东方处于罗马帝国的控制之下，庞培自此成为东方的掌权者，他的权威在罗马达到顶峰。

走投无路的米特拉达梯六世服毒自杀

镇压斯巴达克并远征帕提亚

渴求军功的克拉苏

镇压斯巴达克起义和征讨帕提亚帝国是克拉苏一生中最伟大的两次军事行动。

克拉苏（Marcus Licinius Crassus Dives，约公元前 115—前 53 年）是罗马共和国末期声名显赫的富商，也是一位颇负盛名的军事家和政治家。为获得军功，克拉苏镇压了斯巴达克起义，并远征帕提亚。

克拉苏的生存空间

马略军事改革之后，罗马共和国依恃军功争权夺利的政治强人不断涌现，先是马略与苏拉。公元前 60 年，恺撒、庞培、克拉苏结成“前三头同盟”。

三人中，恺撒长期担任高卢总督一职，发动高卢战争以及对蛮族日耳曼人的战争，稳固了共和国的西北部边疆，同时派出部将横渡英吉利海峡，挺近不列颠，将这块化外之地也纳入罗马统治下的文明世界。

马库斯·李锡尼·克拉苏，罗马共和国末期国家首富，著名的军事家、政治家，“前三头同盟”之一。克拉苏为获军功，残酷镇压了斯巴达克起义，公元前 53 年死于对帕提亚的征战中。

庞培军功更盛，年仅 23 岁便追随苏拉在军队中崭露头角，此后夺取西西里岛，征服北非努米底亚，剿灭猖狂一时的地中海海盗。在米特拉达梯战争中，庞培击败本都国王，将今日小亚细亚和叙利亚等地区都划为罗马行省。

在三头同盟中，恺撒和庞培的威望随着军功日渐增长，而作为罗马首富的克拉苏，却长期身在罗马，疏于战事，威望日减。的确，在那个时代，和平的长袍不如迎风的旌旗那般耀眼。意识到这一事实，渴求军功的克拉苏开始谋划建功疆场，他的目光投注在了共和国境内日臻燎原的斯巴达克奴隶起义。

镇压斯巴达克并远征帕提亚

公元前 73 年，一位名为斯巴达克的角斗士领导 70 余名奴隶率先起兵，反抗罗马暴政。起义军迅速发展壮大，历时三年，席卷整个亚平宁半岛。起义军的熊熊烈火引起了罗马元老院的担忧，克拉苏受命领军剿灭起义军。

当斯巴达克到达意大利半岛南端的西西里时，克拉苏尾随而至，力图在斯巴达克背后挖壕断路，将斯巴达克困死在此地。但斯巴达克有勇有谋，计

斯巴达克（约公元前120—前71年），古罗马色雷斯角斗士，智勇双全。公元前73年，斯巴达克带领70余名奴隶反抗罗马共和国的统治，声势浩大。公元前71年被克拉苏残酷镇压，起义以失败告终，斯巴达克被杀。

知识链接：流落中国的罗马后人

卡莱战役中突围成功的罗马军团流散各地，其中有一支作为雇佣军为匈奴征战。据记载，中国西汉王朝在北逐匈奴时俘虏了这支军团。汉设骊靬县对其进行安置，骊靬正是当时汉朝对罗马的称呼。更有传闻，今中国甘肃省永昌县者来寨村正是这支军团的后裔。骊靬古城在成龙电影《天将雄狮》中也得到了重现。

划利用恶劣天气冲破克拉苏的封锁，渡海东去。但鲁古鲁斯领导的东方军团恰好在此登陆，截断了起义军东渡的步伐。公元前71年，斯巴达克被迫在阿普利亚与克拉苏决战。战争中，斯巴达克被杀，克拉苏将俘虏的6000余人残忍地钉死在从卡普亚至罗马城的凯旋之路上，10米一个，彰显军功。剿灭斯巴达克起义军后，克拉苏被誉为“罗马拯救者”，狂妄的他开始以为天下无敌。

位于罗马共和国东部的帕提亚帝国（又称“安息帝国”）是马背上的民族，公元前2世纪后，逐渐占据两河流域，与积极东扩的罗马发生碰撞。公元前54年，克拉苏率7个罗马军团渡过幼发拉底河，发动对帕提亚的战争。克拉苏虽是罗马杰出的政治家，但对帕提亚缺乏必要了解。他天真地以为帕提亚的作战方法与罗马、希腊、日耳曼等西方民族无异，于是摆好与对方阵地战的准备，以为恃强凌弱必将大获全胜。孰料帕提亚人培育有优良马种，精于骑射，军种主要由轻骑兵构成，战法主要为夜袭、游击。克拉苏领导的罗马军团在中东转战多日，却难觅敌军主力，反而时时遭受幽灵般的帕提亚轻骑兵偷袭，损失惨重。至公元前53年5月，克拉苏领兵冒进，被帕提亚名将苏莱那诱入卡莱，疲惫不堪的罗马军团遭到以逸待劳的帕提亚骑兵层层包围，箭雨般的攻击一泄如注，克拉苏为帕提亚人生擒，少许罗马部队突围成功，流散各地。克拉苏为他的贪婪和狂妄付出了惨重代价，帕提亚人把熔化的金汁灌入他的喉咙，将其活活烫死。

克拉苏的去世，导致“前三头同盟”破裂。在他去世四年之后，恺撒率军渡过卢比孔河，开始了对抗庞培与罗马共和国的内战。

公元前53年，罗马共和国与帕提亚在卡莱附近进行了一场战役。罗马共和国遭受惨败，克拉苏被生擒残杀，只有少许罗马军队得以突围。此次战役中，帕提亚的轻骑兵起到了决定性的作用。图为卡莱战役中的帕提亚骑兵。

无冕之王

“神圣的尤利乌斯”恺撒

恺撒建了一座桥梁，把罗马的光辉荣耀与当今历史衔接起来。一些东方英雄的建树，经中世纪的暴风雨雪早已被摧残殆尽，而恺撒的丰功伟绩却依然独存，永垂不朽。

在“前三头同盟”中，恺撒最年轻，成就也最大。他不仅出身显贵、极具政治眼光，且拥有卓越的军事才能。这些都使他将个人事业推向巅峰，创造了罗马历史上的辉煌。

含着金钥匙出生的贵族少年

盖乌斯·尤利乌斯·恺撒（Gaius Julius Caesar，公元前102—前44年）出身于罗马显赫而古老的尤利乌斯家族，其父就职过共和国财政官与大法官，母亲出自贵族家庭奥莱利·科塔家族。他的外祖父与叔父都曾担任共和国执政官，而其姑父正是赫赫有名、权势熏天的马略。这种特殊关系对恺撒的一生产生了难以估量的影响。

由于出身显贵，恺撒从小就接受了优良教育。如同那一时代所有的贵族子弟一样，他需要学习文学、历史、哲学、法律，练习演讲与辩论。此外，军事知识、战斗技能等也被列入了他的课程表。恺撒酷爱希腊古典时期文化，涉猎甚广，文笔精练。恺撒还喜欢体育运动，精通骑马、剑术等，他肌肉发达，体魄非常强健。15岁那年，父母为他举办了成人礼，恺撒穿上罗马白色长袍，离开学园。

恺撒从小生活在政治风暴中心，对他的成长产生了重要影响。恺撒12岁时，苏拉第一次攻占罗马，屠杀马略派的人。两年后，马略、秦那又夺回罗马政权。不久，马略在处于事业的顶峰时去世。祸不单行，恺撒15岁时，他的父亲也离开了人世。秦那在马略去世后独揽大权，他独具慧眼，认定恺撒将来会大有作为。当恺撒18岁时，秦那便将爱女利涅利娅嫁给恺撒。婚后，他们夫妻恩爱，甜蜜

盖乌斯·尤利乌斯·恺撒，史称恺撒大帝，罗马共和国末期著名的军事家、政治家。公元前60年，与庞培、克拉苏组成“前三头同盟”，后征服高卢。公元前49年，率军打败庞培，成为罗马的独裁者。公元前44年，被元老院暗杀。

卢基乌斯·科尔内利乌斯·苏拉（公元前138—前78年），古罗马执政官、政治家、军事家。公元前88年被任命为东征统帅，遭到马略的反对，后苏拉继续东征并大胜米特拉达梯六世，公元前82年率军回到罗马后成为终身独裁官，公元前79年隐退，次年病逝。

知识链接：苏拉独裁

苏拉通过所谓的宪政改革，实施他的独裁统治。首先，重建元老院在立法和司法方面的原有特权。其次，剥夺保民官的立法创制权、司法指控权和否决权。第三，规定行省总督无权发动战争。第四，规定高级官职的年龄资格、任职间隔期，规范官员晋升制度。此外，将意大利边界移至卢比孔河，改变意大利行政区域的划分。最后，他还大兴土木，废除向城市贫困者低价出售配粮的制度。

幸福。但好景不长，苏拉第二次进攻罗马，秦那被叛军刺杀身亡。苏拉夺得政权，迫害和屠杀政敌，恺撒和利涅利娅当然也在其中。苏拉要求恺撒和利涅利娅离婚。恺撒先是严词拒绝，后在亲友帮助下，躲过放逐和被杀的危险，仓皇逃出罗马，历经磨难和艰险。

初入“职场”

显赫的家族出身注定了恺撒在未来的罗马政坛将有属于自己的一席之地。公元前78年，苏拉去世，罗马政局发生变化。恺撒闻讯，匆忙赶回意大利。此时的罗马已不是苏拉的一统天下，马略派的势力日益强大。因恺撒与马略的特殊关系，反苏拉派的马略派对他寄予厚望。恺撒决定先拿原苏拉干将多拉巴开刀。但由于苏拉派势力强大，得到一些人的庇护，法庭宣判多拉巴无罪。多拉巴虽未得到应有惩罚，但通过这次诉讼，他的许多丑行被世人知晓，政治影响力消失殆尽。在这次事件中，恺撒表现得有勇有谋，加上他雄辩的口才和优雅的风度，受到罗马民众的称赞。苏拉派势力削弱后，恺撒复出，官运可算一路亨通。

他先是前往东方小亚细亚历练多年，后返回罗马，从基础的行政官做起，历任祭司、军事保民官等职。公元前70年，32岁的恺撒顺利当选财务官，这一职务将会自动获得元老院议员资格，恺撒由此步入罗马共和国的高级领导层。卸任财务官后，恺撒获准前往西班牙行省，担任总督副手。恺撒天资聪颖，处事机敏，加之时任执政官的外祖父一再提携，他的从政之路异常顺利。很快，恺撒便获得西班牙行省总督一职。任期内，他领军彻底肃清了卢西坦人与加拉埃西人的侵略势力，成为共和国颇为倚仗的边疆重臣。公元前65年，37岁的恺撒当选为市政官。担任市政官期间，恺撒不仅能言善辩，雷厉风行，还奔波于罗马各地方，体察民情，排忧解难，慷慨捐资，在罗马民众中树立了良好形象。市政官期满时，恺撒成为罗马人民最喜爱的官员之一。

公元前60年，恺撒返回罗马，被公民大会选举为新一届执政官，成为罗马共和国的最高行政首脑。当时共和国内部以元老院贵族为代表的保守势力与民主派争执正盛，恺撒站在民主派一方，发布的法令多次遭到元老院贵族反对。恺撒联合军功卓著的庞培与富可敌国的克拉苏，组成“前三头同盟”共同反对元老院，国家法令的通过要依照三人共同意愿。

知识链接：路卡会谈

为征服高卢全境，恺撒于公元前56年到路卡与克拉苏和庞培会晤。通过会谈，“三头同盟”弥合了原有的裂痕，达成了一项重要协议：延长恺撒担任高卢总督的期限。公元前55年，庞培和克拉苏出任执政官，任期满后，二人分别担任叙利亚和西班牙总督。在这次会谈中，还有200余名元老参加，就此而言，这次会谈具有公开政治结盟的性质。

戎马生涯

罗马共和时期的政治传统是执政官任期一年，卸任后可获得行省总督一职。公元前59年，恺撒执政官期满后，赴任山北高卢总督。山北高卢管辖今日是法国南部地区，在那个时代属于罗马共和国的边疆行省，北部面临着高卢人与蛮族日耳曼人的侵扰。卸任执政官的恺撒依然野心勃勃，希望再次攫取最高权力。罗马共和国是一个崇尚军功的国度，开疆拓土、抵御侵扰的军人可以享有极大的荣光，从而不断获取更多的政治权力。恺撒担任总督伊始，便招兵买马，整军备战。但高卢人勇敢善战，难以降服，而他在高卢的任期很快就要到了。于是，恺撒同克拉苏和庞培进行了“路卡会谈”，延长了他担任高卢总督的时间。充足的时间加之罗马军团强大的战斗力并配合恺撒本人卓越的军事指挥，恺撒基本征服了高卢部落。在此期间，他不仅占领了800多个城市，歼灭和俘虏了200万人，使高卢成为罗马的行省，还让后者每年向罗马上缴大量钱财。恺撒戎马倥偬之际笔耕不辍，将其征服高

恺撒担任山北高卢总督期间，北面的高卢人和日耳曼人不断侵扰，一时难以征服，恺撒通过与克拉苏、庞培进行“路卡会谈”，延长任期，终于征服了高卢部落，使高卢成为罗马的一个行省，恺撒还将此次战争写成《高卢战记》。

公元前 49 年，恺撒率军渡过卢比孔河，打败庞培，逼迫元老院选举自己为独裁官，成为罗马共和国的统治者。后追杀庞培及其在北非的残余势力，大获全胜。恺撒坐在一辆凯旋马车返回后，全罗马纵情狂欢长达十天之久。

卢的英雄事迹记录成《高卢战记》。同年秋天，他又攻入不列颠。恺撒的显赫战功使他在罗马人民中的威望日益高涨。

公元前 53 年，克拉苏在远征帕提亚的战斗中意外阵亡，“前三头同盟”仅剩其二。在高卢取得的辉煌军功使得恺撒声望日隆，留居罗马的庞培备感不安，联合元老院发出指令，命恺撒提前结束行省总督任期，返回罗马。

知识链接：喀提林阴谋

罗马统治者内部的一次权力之争。当庞培在东方建功之时，喀提林与克拉苏、恺撒等密谋夺取罗马政权。此阴谋被西塞罗揭发。喀提林情急之下逃出罗马，并集结两万军队向高卢进发。但遭到罗马军队阻挠，惨遭失败，喀提林本人也被杀死。喀提林事件显示出罗马共和制危机的加深。

知识链接：“渡过卢比孔河”

“渡过卢比孔河”源于公元前 49 年，指恺撒破除将领不得带兵渡过卢比孔河（罗马城北部一条河流）的禁忌，领兵进军罗马，与庞培展开内战的历史事件。后来人们用这一习语形容某人采取断然手段，破釜沉舟，将自己投身于没有退路的危险境地的行为。某些时候，这个习语还被用来描述某人对自己的祖国使用武力的行为。

恺撒明白一旦回罗马，自己将丧失对军队的掌控甚至性命不保，于是，他决定带领军队打回罗马，趁机夺取罗马最高权力。公元前 49 年初，恺撒率领军队渡过卢比孔河，进入罗马城。庞培迎战不及，仓皇逃往希腊。恺撒进入罗马，逼迫元老院选举自己为独裁官，得到统治整个意大利半岛的权力。第二年，恺撒领军征讨希腊，击败了庞培的主要势力，迫使庞培仓皇出逃埃及。其后庞培被埃及国王托勒密十三世所杀，并将人头进呈恺撒。至此，共和国权势最大的“前三头同盟”仅剩恺撒一人，他成为理所当然的独裁者。离开埃及之后，恺撒又率领部下征讨破坏与罗马之间协约的潘特斯王国。胜利之后，万分欣喜的他给元老院霸气写信，里面只有简短的三句话：“Veni，Vidi，Vici！”（我来，我见，我征服！）

公元前 46 年，恺撒回到罗马后，再次集结军队，攻打逃至北非与努米底亚王犹巴结成同盟的庞培余党，在塔尔索斯会战中获得完全胜利。之后，恺撒班师凯旋，全罗马都沉浸在狂欢之中，他们纵情为恺撒进行长达十天的庆祝，只见血染的战旗在明媚的阳光下迎风飞舞。

英雄陨落
恺撒之死

没错，3月15日已经到了，可是还没过去！

恺撒的权力愈来愈大，渐渐走向军事独裁，引起部分固守共和传统的元老贵族不满。他们觉得恺撒终将称王，于是组织阴谋集团，决心杀死他。大约有60位元老院议员同布鲁图斯正在秘密谋划在公元前44年3月15日对恺撒下手。

占卜和梦境的预示

恺撒对这种谋杀行为并非毫无察觉。曾有一次，他被告知安东尼图谋不轨，可他却声称自己担心的并非安东尼这种既肥胖又奢侈之人，而是卡西乌斯和他的义子布鲁图斯这两个苍白瘦弱的家伙。不过，此前不久，恺撒把他那由一伙忠诚的西班牙人组成的卫队解散了。或许他低估了敌人的力量，也或许他把自己交给了根深蒂固的宿命论。恺撒常会求助于占卜官来探明自己的命运前途，而最近以来的征兆就不大吉利。一位罗马官方的预言家曾经告知恺撒正身处大灾大难之中，而且在3月15日之前不会过去。

眼看3月15日就要来临，无论恺撒还是布鲁图斯都睡不安稳。至于恺撒，据说他因在3月15日的前一天晚上做了一个不祥的梦而惴惴不安。那天夜间，他梦见自己正"翱翔在青云之上"，而且还同最伟大的神祇"丘比特握手"。这样一种梦境表面看来壮丽辉煌，但若要与神祇们相会，恺撒就必须永远离开这个尘世人间。对布鲁图斯而言，日期越是临近，他越是紧张。甚至有的时候，他会在睡觉时猛然惊醒，以至他的妻子波西亚不由地察觉到他遇到了非常大的麻烦。

公元前44年3月15日，恺撒不顾占卜官的劝阻，只身一人来到罗马广场准备主持"卢波卡里亚节"宗教庆典，遭到其义子布鲁图斯等人的阴谋被刺杀身亡。

恺撒的第三任妻子卡尔帕尼亚也做了一个狂热的梦。关于这个梦的内容，后来人们的说法不一，

知识链接：卢波卡里亚节

罗马宗教节日，或译"驱狼节"。该节日于每年的3月15日举行，祭祀的是名叫卢波卡里亚(Lupercalia)的猎神，目的是祈神帮助驱散野兽，保护家畜。节日开始时，先由祭司在帕拉丁西侧的洞穴举行仪式，奉献一只羊为牺牲，然后由早经挑选的男青年赤身裸体手持牺牲羊皮切割成的皮条，以该洞穴为起点围绕帕拉丁赛跑，沿途有人群围观助兴。

恺撒大帝被神化，其死亡被认为是上天的安排，反映了人民对恺撒大帝的敬仰。

知识链接：儒略历

公元前46年，恺撒修改历法，得名“儒略历”。他将全年分为12个月，1、3、5、7、8、10、12月为大月，每月31天，4、6、9、11是小月，每月30日，2月平年是28日，闰年29日（2月是行刑月份，把天数最少的放在2月，希望它早点过去）。1582年，罗马教皇格里高利十三世再次修订儒略历为格里高利历，现今世界通用的公历即由此而来。

莫衷一是。按照古罗马历史学家苏维托尼乌斯的说法，卡尔帕尼亚梦见有个像神庙山墙似的装饰物，遵奉元老院的命令压在了恺撒住着的房屋的房顶上，猛然间哗啦哗啦塌落下来，而且“就是在那里，恺撒被匕首刺杀，倒在了她的怀里”。第二天早上，她恳求丈夫留在家里，但恺撒就是不肯。恺撒的理由是，怕有人会说他把元老院不放在眼里。

惨遭谋杀

公元前44年3月15日，新近被宣布为“终身独裁官”的恺撒即将前来主持罗马一个著名的宗教节日“卢波卡里亚节”的庆典活动。节日地点安排在罗马广场，广场上早已聚集了一大群等候观看祭司们举行庆祝仪式的人。

恺撒穿街过巷，赶赴指定开会地点。当恺撒快要到达广场的时候，他朝着占卜官斯普林那掉过头来，说了一句：“喏，3月15日可是已经到了？”

占卜官回答道：“没错，3月15日已经到了，可是还没过去！”

当恺撒走进剧场的时候，元老院议员全体起立，向他致敬。由于恺撒就坐在高高讲台上金光灿灿的椅子上，肩上又披着紫色外袍，所有人都能认出他。一个刺客假装恳求他办件事，然后突然抓住他的紫袍，这是行动的暗号。刹那间，只见另一名密谋者掏出匕首，朝恺撒的喉咙猛地一戳。紧接着，所有密谋者一拥而上，刀剑像雨点般落在他的身上。有几个人没有刺中目标，反而刺伤了同伙。最后，布鲁图斯也向他扑来，给了他致命的一刀。恺撒用最后的一点力气说了一句：“你也在内吗？我的孩子？”恺撒身上总共中了23刀，其中3刀致命。他在旧敌庞培的雕像底座前死亡。

图为密谋者一拥而上刺杀恺撒的情景。公元前44年3月15日，布鲁图斯组织实施对恺撒的谋杀，恺撒身中23刀，其中3刀致命。

风情万种的将军 安东尼

铁骨军人，居然为美人折腰；红颜祸水，竟引得同室操戈。

鱼与熊掌不可兼得，江山和美人难以两全。历史上，因美人而失去江山的人不在少数，安东尼就是其中之一。

安东尼，古罗马政治家和军事家。他是恺撒最重要的军队指挥官和管理人员之一，“后三头同盟”成员之一。比起他一生显赫的战功，后世更津津乐道他与埃及艳后的生死爱情。

戎马倥偬

安东尼的全名是马尔库斯·安东尼（Marcus Antonius，公元前 83—前 30 年），是名门之后，祖父和父亲都曾任罗马国家的要职。公元前 57—前 54 年，曾担任骑兵部队的指挥官，后来投靠恺撒，随恺撒南征北战，立下了赫赫战功。随后，又历任财政官、保民官、骑兵长官等高级职务。由于他长期跟随恺撒，鞍前马后，是恺撒的一员心腹大将，所以恺撒的很多重要事务都交给他处理。

恺撒遇刺身亡后，安东尼以恺撒继承人的身份与恺撒的养子屋大维争夺罗马的统治权，结果，被屋大维和元老院的联军打败，于是，安东尼逃到山北高卢与恺撒的骑兵长官雷比达联合。恺撒派内部的争斗有利于元老院地位的加强。此时，元老院见威胁已解除，于是，开始排挤屋大维。由于不满元老院的轻慢，屋大维转而与安东尼和解。公元前 43 年，恺撒派的三个主要领袖安东尼、屋大维和雷比达结成同盟，共同执掌罗马政权。为与恺撒、庞培、克拉苏的“三头同盟”相区别，历史上称这个同盟为“后三头同盟”。与“前三头同盟”不同的是，“后三头同盟”得到罗马公民大会的承认，具有合法性。“后三头同盟”实行恐怖统治，大批贵族和元老被捕杀，其中也包括安东尼恨之入骨的西塞罗。因为他曾发表过名为“腓力皮克”的演说，攻击安东尼。

公元前 42 年秋，安东尼和屋大维率军为恺撒报仇。在腓力比之战中，安东尼再次显示了卓越的军事才能，彻底摧毁了共和派势力，杀害恺撒的凶手布鲁图斯和卡西乌斯双双兵败自杀，此战也使安

安东尼率领 500 艘船、7 万步兵驻扎在亚克兴。屋大维率 400 艘船和 8 万步兵从北部切断安东尼的通讯。安东尼因为陆上败于对手，遂拟决胜于海上，调集海军船队出海西行，由女王舰队随后，但在战况正酣时，女王舰队逃遁，安东尼也自率数艘船随之，剩余的船只乃全部向屋大维投降，陆军也在一个星期后投降。屋大维的这场胜利确立了他在罗马世界毋庸置疑的统治地位。

英雄和美人的古罗马版，安东尼死在克娄巴特拉的臂弯里。

东尼声威大振。

知识链接：一见钟情

安东尼掌握东方的统治权后，来到埃及向克娄巴特拉问罪，因为她曾帮助过杀害恺撒的凶手。当安东尼高坐在宝座上等着克娄巴特拉来叩头求饶时，她却把自己扮成女神维纳斯的模样，乘华丽的游船在尼罗河上畅游。她还邀请安东尼上船共进晚餐。见到娇姿欲滴的克娄巴特拉，安东尼立刻就魂不附体了，于是陷入爱河，终日与她形影不离，把统治帝国的大事抛之脑后。

红颜祸水，盟友反目

击溃了共和派势力后，“后三头同盟”于公元前40年又达成新协议，划分势力范围，安东尼获得东部地区的统治权，为了巩固同盟，屋大维还将姐姐屋大薇嫁给了安东尼。然而，当安东尼在埃及遇到艳后克娄巴特拉时，很快被其魅力所迷住，他抛弃了屋大维亚，娶克娄巴特拉为妻，还宣称要将他统治下的领土赐予她和她的儿子。

安东尼的行为引起了罗马人的不安，他们担心克娄巴特拉利用安东尼控制罗马政权，而屋大维也正好利用这一点，和安东尼展开了新一轮的夺权斗争。在此之前，屋大维就剥夺了雷比达的兵权，政坛上只剩下安东尼这个对手了。他公开了安东尼的遗嘱，激起元老院和公民大会的愤怒，从而剥夺了安东尼的一切权力，并以克娄巴特拉侵吞罗马人民财产的名义向她宣战。

公元前31年，安东尼、克娄巴特拉的联军和屋大维的军队大战于亚克兴海角，在战斗的关键时刻，克娄巴特拉突然撤出战场，逃回埃及。安东尼见她撤出，也抛弃军队，尾随而去。安东尼的军队失去主帅，阵脚大乱，很快被屋大维消灭。克娄巴特拉曾试图勾引屋大维，屋大维不为所动，于是，她将埃及所有的财宝堆积在一个宝塔内，并通知屋大维，如果埃及得不到光荣的和平，她便要和这些珠宝一同毁灭。

战败后的安东尼离开了克娄巴特拉，住在一个小岛上。他风闻克娄巴特拉战败被杀，也决定结束自己的生命。不幸的是，当他刺中自己的要害时，又闻克娄巴特拉尚在人间，于是，他命人将自己抬到克娄巴特拉处，死在了美人的怀中，最终成了一个风流鬼。克娄巴特拉见自己的丈夫已死，也让毒蛇咬死了自己。这样，一个夹杂了政治的爱情故事最后以悲剧结束，这也许是西方最早版本的罗密欧与朱丽叶。

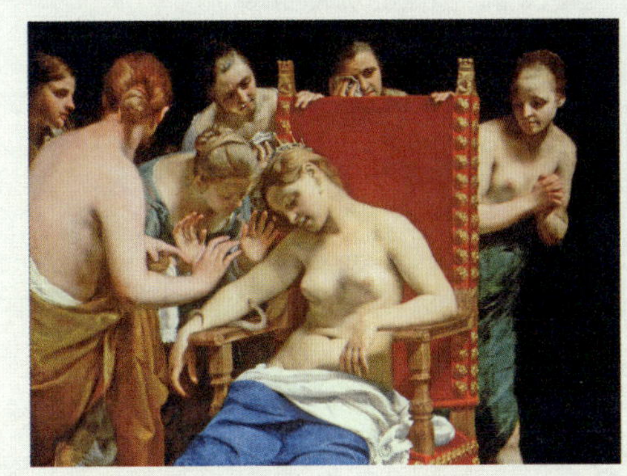

克娄巴特拉（约公元前70—前30年），被称为埃及艳后，是古埃及的托勒密王朝最后一任女法老。她让毒蛇咬伤手臂昏迷而死。屋大维满足了她临死之前的要求，把她和安东尼埋葬在一起。

第一公民
屋大维

他是一位少年，却异常的老成；他是一个新手，却牢牢地掌握着帝国的权柄。

单看屋大维的相貌，也许谁也不会认为他是一个了不起的人物。他双眉紧锁，神情呆滞，身体柔弱，面带病容。然而，正是这个弱不禁风、貌不惊人的人年纪轻轻就爬上了权力的巅峰，统治罗马帝国达半个世纪之久。

屋大维原名图里努斯，恺撒的甥外孙，并被收为养子。盖维斯·屋大维·奥古斯都，公元前43年与安东尼、雷比达组成“后三头同盟”并最终将他们打败。公元前27年，获得“奥古斯都”称号，进行一系列政治军事改革，创立元首政治，使罗马进入帝国时代，成为罗马帝国的第一位君主。

年少得志

盖维斯·屋大维（Gaius Octavian Thurinus，公元前63—公元14年）的父亲曾是元老院的元老，母亲是恺撒的外甥女。因为恺撒的裙带关系，屋大维15岁时就被选入大祭司团，18岁时被恺撒收为养子，同时改名为盖乌斯·尤利乌斯·恺撒·屋大维，并且在遗嘱中被定为恺撒的继承人。恺撒遇刺身死后，罗马陷入混乱，政权出现了真空。屋大维和恺撒的副手安东尼都以恺撒继承人的身份展开了权力的角逐。

公元前13年，由元老院主持修建的供奉和平女神的祭坛，用以庆祝罗马皇帝屋大维从西班牙和高卢胜利归来。图为和平祭坛，祭坛上面为叙事性图案，下面为修饰性图案。

西塞罗认为屋大维年轻，危险性小，便于操纵，于是，撮合元老院与屋大维联合，共同反对安东尼。屋大维和元老院联手打败了安东尼，安东尼逃往山北高卢，去和恺撒的骑兵长官雷比达会合。

屋大维、安东尼、雷比达同属于恺撒派，他们的纷争削弱了恺撒派的力量，使元老院地位得到增强，得势的元老院开始对屋大维采取蔑视的态度。由于不堪忍受元老院的轻慢，公元前43年秋，屋大维和安东尼、雷比达结成“后三头同盟”，在罗马实行恐怖统治，发布公敌宣告，斩杀元老和骑士，西塞罗首当其冲。

权力的排他性注定了同盟不会长久。随着元老院威胁的减弱，同盟的离心力增强。雷比达被屋大维解除了兵权，屋大维和安东尼之间的矛盾也开始加剧。安东尼和埃及女王克娄巴特拉七世结婚后，将他管辖的罗马东方行省的部分地区赠给她及其子女，这激起了罗马人极大的不满，屋大维以此为由，向安东尼宣战，在亚克兴之战中，安东尼和克娄巴特拉七世的联军败北，二人相继自杀。屋大维成为罗马唯一的统治者，长期陷于内战和分裂的罗马又重新统一了。这时屋大维年仅31岁。

缔造帝国的和平

成为唯一统治者后的屋大维并没有实行公开的军事独裁制度，相反，他假惺惺地向元老院允诺交出“后三头同盟”之一的权力，“恢复”共和国，心怀感激的元老院则授予他“奥古斯都”（Augustus，意为“神圣、庄严、伟大”）的尊号。

屋大维处事谨慎，绵里藏针。为了避免重蹈恺撒的覆辙，他将自己的政权用合法的外衣掩盖起来。他创立了元首制，自称为“元首”，即第一公民。表面上，元老院、公民大会以及选举制仍保留着，但它们都形同虚设，元首集行政、军事和宗教大权于一身。这实际上是共和国外壳下的君主制。

屋大维在构建政治框架的同时，还着手恢复国家的秩序。他改组军队，创立近卫军，确立帝位交替的王朝法则，按出身和财产将公民重新划分为元老、骑士和平民等级。他还改革行省管理制度，将一部分行省划归元老院管理，一部分划归元首直接管理，将公民权授予行省的上层分子，同时，将大批退伍士兵移居行省，加速行省的罗马化。

屋大维还大兴土木，在罗马修建庙宇、广场、剧院等建筑，并豪迈地说：“我接受的是一座砖做的城市，留下的是一座大理石做成的城市。”

屋大维对外继续实行扩张政策。在他执政期间，完全征服了西班牙和高卢，但在征服日耳曼人的过程中遇到了挫折。从此帝国的北部边疆就限定在莱茵河以南。

公元14年，屋大维在巡视南意大利的途中因病而死，享年77岁。在他统治时期，罗马政局稳定，人民安居乐业，是罗马帝国和平的黄金时期。

知识链接：罗马公敌

被宣布为“公敌”的人，任何人（包括奴隶）都有权杀死他而不负法律责任，甚至还可以获得死者的财产。这种大规模的“公敌宣告”，从马略、苏拉交战开始，到共和国结束，成为权势者们彼此斗争经常使用的手段。

罗马城中心建立的奥古斯都纪念柱

第76—77：征服地中海

罗马从共和到帝国时期的扩张，使地中海成了罗马的内湖。罗马的扩张是通过一系列征服战争完成的，这张古罗马时期的地中海地图，形象地反映了罗马对地中海沿岸的征服。

MARSEILLE
SAVOYE
E
V
R
LANGVEDOC
GENES
PROVENCE
L'OCEAN OCCIDENTAL
NAVARRE
GOLFE DE LION
CORSICA
MER DE GENES
TOSCANE
MER DE TOSCANE
CASTILLE
ESPAIGNE
ISLE DE MAIORCA
MER DE AFRICA
MER M
ROIAVME DE ARGER
ROIAVME DE TVNIS
TERMISEN
COSTANTINE
AFRI
ROIAVME DE FEX
B
A
R
B
LIBIA DISERTA
ROIAVME DE MAROC
ARGER

HONGRIE
ROUSIE
DALMACIE
ALBANIE
MER MAGIOR
PONTUXINUS
MER NOYRE
GOLFE DE VENISE
ROMANIE
NATOLIE
ARCHIPELAGO
DI TE
RRANEE
SISILIA
GOLFE DE LASIDRA
MER DE LEVANT
BARCADISERTA
L'EGYPTE
LE NIL
NUBIA DISERTA
ARABIE
LAMER ROUGE
TRIPOLI

屋大维至戴克里先时期的元首制政体

质变的完成

从屋大维至戴克里先，罗马终于完成了从元首制到君主专制制度的过渡。

公元前1世纪末，罗马从地处意大利一隅的小邦发展成地跨欧亚非三洲的大帝国，原来的共和政体由于帝国内部阶级关系的变化和阶层斗争的加剧已不能适应罗马社会的发展。因此，建立一种加强和巩固奴隶主阶层统治的军事独裁体制已是必然趋势。

屋大维与元首制的建立

公元前29年，恺撒的养子屋大维在“后三头同盟”的权力争夺中最终获胜，凯旋罗马城，获“元首”称号，成为罗马帝国最高权力的集中者。公元前27年，他通过一场政治秀让元老院授予他“奥古斯都”称号，合法地取得帝国军政大权，正式确立元首制。自此，罗马由共和时代进入帝国时代。

元首制通常被认为是“披着共和制外衣”的君主制。元首制政体之下，共和时代的那些政治机构与官职名称依然存在，表面看来依然由元老院授予权力。但这些都不过是屋大维假共和之名，行个人专制独裁之实而已。屋大维长期担任军队的最高指挥官，且没有任期限制。元老院的重大政令也不过是屋大维授意之下的走过场罢了。元首制下，元老院越来越像一个挤满老迈政客的荣誉机构，共和时代元老院的财政权、外交权、军事权等统统被屋大维越俎代庖，元老院再也不是国家最高权力机关。

屋大维拥有的一切权力在于他对军权的牢牢掌控，他担任国家元首之后，进一步改革军制。他将统率下的60多个军团缩编为28个精锐军团，每个军团扩编为5500人，辅以从罗马同盟者中征召的辅助部队，军队总规模在30万人以上。他将麾下主力派驻于帝国边疆与各个要塞，统御宇内。此外，屋大维首创近卫军，设9个大队，每队约1000人，负责保卫元首与拱卫帝都。屋大维的权势已达到历史以来个人权力的顶峰。在晚年，他公然抛弃500年的共和传统，蔑视民主，自行指定继承人。养子提比略后继其位，继承“奥古斯都”称号，执掌国家最高权柄。屋大维死后即

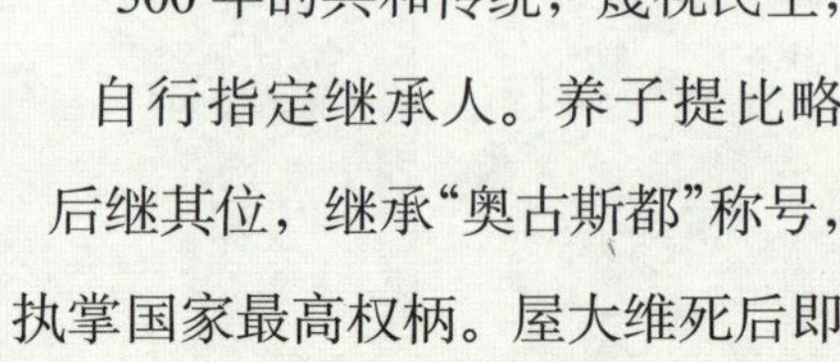

戴克里先（244—312年）284年成为罗马帝国唯一元首后，进行了一系列的政治改革，将军职人员排除于政治之外，并参照东方帝制，创建了四帝共治制，罗马元首制自此结束，结束了罗马帝国的“3世纪危机”，君主专制制度最终确立。

罗马帝国第一位君主屋大维头像的邮票。公元前27年，屋大维被元老院赐封为“奥古斯都”。

知识链接：四帝共治制

戴克里先在位时实行的四个皇帝共同治理罗马帝国的政体。为应付国内外紧张局势，戴克里先将帝国西部事务委托给马克西米安，两人成为共治者，称“奥古斯都”。奥古斯都将管辖地区分出一部分交给其两个助手，并被授予“恺撒”称号。帝国虽由四个统治者治理，但分而不裂，仍保持统一。

被列入罗马众神殿，作为国家圣灵永受崇拜。

元首制的发展和终结

元首制在“后屋大维时代”继续发展。尼禄死后，驻扎于帝国边疆的行省军团便纷纷拥立新君，一时罗马境内出现了四名唤作“奥古斯都”的元首，各势力之间彼此征伐，国家与人民陷入绵延战火中。3世纪，罗马帝国蕴积的各种危机开始爆发，元首制无论在实质还是形式上，皆无法再维持旧的政治面貌。

284年，并立的另一位罗马元首卡里努斯被杀，戴克里先成为帝国唯一元首。他一上台便着手改革国家机器，加强中央集权。在他统治时期，皇帝称号从元首制改为“多米努斯”（意为“主人”）。戴克里先还将帝国境内原有的47个行省分拆为100个，行省总督转由文人担任，不再兼任军职。随后，戴克里先将军队重编为边防军与内地机动部队，前者保卫疆土，后者专供元首调遣以扑灭地方叛乱。从屋大维后，罗马元首都与军队关系密切，倘若元首失去军队支持，或出现军事实力比元首更强大的将领，这位元首就会被推翻甚至被处死。戴克里先还参照东方专制国家的帝王威仪，头戴皇冠，身披紫袍，官员觐见皇帝开始行跪拜礼。自此，罗马元首制寿终正寝，君主专制制度最终确立。

屋大维统治时期，对军队进行一系列改革，将其麾下的军团缩编，每个团的人数扩大到5500人，并加上罗马同盟者中的辅助部队，再现了古罗马军团的威武，屋大维用他们来维护国家统治。图为现代人模拟的古罗马军团，图上的旗帜指的是罗马奥古斯都第X军团。

克劳狄王朝的开创者
提比略大帝

继位初期，提比略力求宽和。统治后期，他铲除异己。最后，他连皇帝也不想光明正大地当了，而是过上了隐居生活，直至去世。

公元14年，屋大维病逝，他的养子提比略继位，开创了养子继位的先例，罗马帝国由此进入了一个王朝统治的时代。提比略在位时期，基本上继承了屋大维的统治策略，帝国总体上在平稳中前进。

养子继位

提比略（Tiberius，公元14—37年在位）是罗马帝国的第二位皇帝。提比略出身于共和国时期流传下来的名门克劳狄家族。提比略的父亲克劳狄·尼禄曾担任过恺撒的财务官。由于罗马政局的动荡不安，提比略在困苦与忧患中度过幼年。他在“后三头同盟”建立之前，常跟着父母在西西里、亚该亚等地逃离敌人的追捕。更不幸的是，提比略9岁时，父亲病故身亡。无奈之下，提比略的母亲利维亚改嫁给屋大维，从此提比略成为屋大维的养子，开始生活在皇帝身边。

提比略（公元前42—公元37年），继承奥古斯都（屋大维）的权力，成为罗马帝国第二位皇帝。执政期间，勤俭自制，政策宽容，留下了一个强兵富国，但提比略极力加强中央集权，限制言论，引起普遍不满，后隐居卡普里岛。

提比略15岁时，跟随屋大维到高卢视察前哨阵地，22岁时初次指挥战役，夺回多年前罗马军团失去的几面旗帜。此后，他声名大振，不仅以常打胜仗出名，更是以体恤士兵而著称，因此得到人们的爱戴。

提比略并非屋大维的第一继承人，屋大维最先选中的是自己喜爱的阿格里巴，不幸的是，阿格里巴却死在了战场上。阿格里巴死后，屋大维才把提比略收为养子。为将提比略作为王位继承人，屋大维强迫提比略跟原配维丝帕妮亚离婚，改娶自己的女儿朱里亚，此时朱里亚与阿格里巴已经生了两个儿子。提比略很反感屋大维的所作所为，但又不能违抗，只好痛苦地跟自己的妻子离婚，娶了屋大维的女儿朱里亚。朱里亚嫁给提比略时，还带来前夫的两个儿子。屋大维很喜欢这两个外孙，随着这两个孩子渐渐长大，屋大维开始慢慢疏远提比略，把希望都寄托在外孙盖恩斯和卢西乌斯身上。提比略非常生气，离开了罗马城。公元前4年和公元前2年，屋大维喜爱的两个外孙相继死去，德意志和高卢等地又发生叛乱，屋大维紧急召回提比略前去镇压。提比略经过五年的艰苦战争，终于平定了叛乱。公元14年，提比略继承屋大维之位，开始了朱里亚·克劳狄王朝。

因屋大维有意培养提比略，于是命令提比略与维丝帕妮亚离婚，并与自己刚刚死去丈夫的女儿朱里亚结合。图为提比略的原配妻子维丝帕妮亚。

双面政策

继位初期，提比略做出诸多政绩。一方面，他实施一系列颇得人心的统治政策。在政治上，他政策宽容，态度谦恭，时常向元老院报告大小事务，提倡言论自由，甚至对于冒犯自己的言论都不予追究。他曾对元老院说过自己的立场："元老们，一个经由你们的支持，才拥有如此广泛权力的国家元首，是全体公民的仆人。"在经济政策上，提比略采取保守姿态。他力所能及地限制国家的各项支出，经常以身作则过着简朴的生活。提比略去世后，他留给帝国国库的财富是他在位之前的20倍。在社会治安方面，他建立了一支6000人编制的"近卫军步兵大队"，让他们驻扎在罗马城内，成为巩固皇权的又一手段。在对外政策上，提比略则以守势为主。他的亲侄子也是他的继子日耳曼尼库斯虽然大败日耳曼部落，但他最终还是决定放弃继续征服日耳曼的计划。公元17年，他把日耳曼尼库斯召回罗马，同时把北方军队撤回到莱茵河与多瑙河。此外，除了镇压暴乱外，提比

利维亚·德鲁苏拉（公元前58—公元29年），屋大维的第三任妻子。她原为尼禄的妻子，并有一个儿子提比略，后与屋大维结合，婚姻长达52年，两人经常谋划机要。由于她与屋大维没有生子，提比略最终继承大权。图为提比略和母亲利维亚的雕像，现藏于西班牙首都马德里的国立考古博物馆。

略没有进行任何战争，贯彻了屋大维“以和为贵”的思想。

但是，另一方面，提比略实行的一些政策也导致罗马元老贵族和民众非常不满。比如，提比略继续加强中央集权，将元首顾问会议设置为比较固定的政治机构，让它处理几乎所有的国家大事。与此同时，提比略从处于社会比较底层的人如骑士和被释放的奴隶中选用帝国官吏，让他们管理国家政务以及皇室事务。而且，提比略为避免官吏和民众对自己的污蔑和抨击，他重新启用“恢复罗马人民尊严法”，鼓励告密者。对污蔑和抨击之人，他会进行审判甚至施以非常严重的刑罚。不仅如此，提比略为保护自身安全，还将近卫军集中在自己的周围。

知识链接：塞杨努斯的叛变

塞杨努斯担任近卫军长官后，野心日益膨胀，力图篡位夺权。为此，他制定了一系列周详的计划。他首先说服提比略迁居卡普里岛，接着控制了罗马城。随后，塞杨努斯密谋害死王位继承人卡利古拉，但被识破。卡利古拉被送到卡普里岛，其生命安全得到保障。随后，提比略命令一群暴徒将塞杨努斯和他的家人及党羽全部杀死。

隐居秘闻

公元26年仲夏的一天，提比略却悄悄离开了罗马，从此隐居到卡普里岛。

卡普里岛是第勒尼安海中的一个岛屿，位于那不勒斯湾南部，面积约10平方公里。卡普里岛气候宜人，提比略晚年曾在此隐居。

克劳狄家族在屋大维死后长达 50 余年（公元 14—68 年）的时间里，提比略等四位元首相继继位，因为他们都是屋大维与第三个妻子利维亚的家人，而且是朱里亚和克劳狄两个氏族的成员，所以称作“朱里亚·克劳狄王朝”。图为约公元 23 年及之后朱里亚·克劳狄王朝几位成员的浮雕。这一时期，元首权力进一步加强，官僚体系初步建立。

提比略离开罗马，并没有像占卜师预言的那样很快死去，但生命却遭到了一次又一次的威胁。有一次他和卫队在一个山洞吃饭，洞口的岩石突然塌陷了下来，压死了一些仆人，近卫军长官谢雅努斯不顾个人安危，扑在提比略的身上，提比略才死里逃生。

隐居期间，提比略经常变换居住地点，暂住时间最长的地点要数卡普里岛了。卡普里岛不仅风景如画，气候宜人，而且该岛只有一条道路通向陆地，靠海的三面全是悬崖峭壁，外人很难接近，幽静而且安全。虽然身居乡野，提比略还是能通过书信遥控国家的政治生活。

隐居期间，提比略也有过返回罗马的想法。在公元 32 年，有一次，他已经坐上船只到了台伯河沿岸，但最终还是没有登陆。还有一次是在公元 33 年。这次，据说他顺着阿庇安大道已经走到距离罗马城不到 6.4 千米的地方，但还是没有回到罗马城，而只是站在城外默默注视了半晌，最终返回隐居地。不仅如此，提比略也会经常进入罗马城郊，站在台伯河河边遥望罗马城，迟迟不肯离开。提比略作为罗马帝国一位名正言顺的君主，为何不回到罗马城，而是隐居起来呢？

对此，历史学家有着自己的各种解释。一些学者认为，提比略这样做，主要是想要制造神秘感，在暗处发号施令，有利于维护统治。古罗马历史学家塔西佗认为提比略隐居主要有两个原因：一是近卫军长官塞杨努斯阴谋篡位；二是提比略的政策很残酷，得罪了很多人。苏维托尼乌斯有着不同解释。他认为，提比略选择隐居，主要是儿子们的死亡使他内心受到沉重的打击。

古罗马的许多皇帝在闭上眼睛的那一刻不是轰轰烈烈战死疆场，就是暴虐过度被碎尸万段，要不就是毫无防备遇刺身亡，但提比略去世的那一刻却显得如此的不同与安静。公元 37 年，提比略以 79 岁的高龄，逝世于卡普里岛。他的遗嘱声明，让卡利古拉和他的孙子小提比略继承他的遗产。

提比略在位 23 年，后人对他的评价不高。而现代的一些历史学家指出：由于提比略和一些人的政见不同，他们夸大和渲染了提比略的“怪异”和“残暴”，事实上在他统治时期国泰民安，个人也崇尚节俭，与当时盛行的挥霍浪费格格不入。不仅如此，他还不轻易对外用兵，注重发展手工业和贸易，使国库积累丰厚，这些都是不能否认的。至于提比略的隐居原因，笔者相信，随着文物资料和考古资料的进一步发掘，这个历史谜底一定会被揭晓。

日耳曼尼库斯的赫赫战功
远征马尔西人

他是一代名将，平定了连当年恺撒都望而却步的马尔西人。但到最后，他却遭人陷害，死不瞑目。

据现有史料来看，日耳曼尼库斯是一位伟大的人物。或许他最初跻身上层主要依靠的是裙带关系，但在后来，他远征马尔西人，立下了汗马功劳，赢得了世人的充分认可和尊重。

出身显贵

日耳曼尼库斯（Nero Claudius Germanicus，公元前16—公元19年），又称小日耳曼尼库斯，他的父亲大日耳曼尼库斯即尼禄·克劳狄·德鲁苏斯曾在征服日耳曼尼人的战争中立下了显赫战功，母亲是奥古斯都屋大维的外甥女小安东尼娅。

日耳曼尼库斯从小就接受到良好的教育，获得了许多知识。成年后，他娶了屋大维的外孙女，也就是他的表姐大阿格里比娜为妻。婚后两人生活幸福，共生育9个孩子，6个孩子成年，其中包括暴君卡利古拉，以及暴君尼禄的母亲阿格里比娜（即小阿格里比娜）。

图为日耳曼尼库斯。提比略大帝继位后，命日耳曼尼库斯多次率军进攻日耳曼，重创马尔西人，立下赫赫战功，在罗马学者眼中日耳曼尼库斯是罗马的英雄。

公元14年，屋大维去世，养子提比略继位。提比略登基不久，就委派他的养子兼侄子——日耳曼尼库斯率7万大军再次进攻日耳曼，以此来报条顿堡森林惨败之仇。在接下来的数年里，日耳曼尼库斯多次征伐，屡创战功，重创马尔西人。

在很多罗马学者眼中，日耳曼尼库斯是罗马最后一位英雄（或者说唯一一位英雄），备受人推崇。

远征马尔西人

公元14年，日耳曼尼库斯利用马尔西人庆祝节日而疏于戒备的时候，分兵四路，分进合击，一举消灭3万多马尔西人。

第二年春天，日耳曼尼库斯派遣他的副将进攻马尔西人，斩首近3万人。随后，日耳曼尼库斯占领了马尔西人的都城马提乌姆。这年秋天，日耳曼尼库斯又趁着马尔西人领袖赫尔曼在外跟别的日耳曼部落打仗的机会，抓走了他的妻子和儿子。赫尔曼知道后，立即回兵，打算设下埋伏，擒杀日耳曼尼库斯。没想到日耳曼尼库斯识破了计谋，将计就计，兵分两路，一路假装被赫尔曼包围，另一路在外围迂回包抄，利用罗马骑兵特有的速度和冲击力，内外夹击。最后，日耳曼尼库斯大获全胜。

为纪念日耳曼尼库斯对日耳曼部落的战争而修建的拱门

公元16年，日耳曼尼库斯第三次进攻马尔西人。在这次战争中，赫尔曼依然使用埋伏战术。日耳曼尼库斯再次识破了赫尔曼的计谋，仍将骑兵分成三路，分进合击，攻破了赫尔曼的包围。赫尔曼很不甘心，第二天黎明又去劫营，结果再次被日耳曼尼库斯识破，一举打败前来劫营的士兵。为表示罗马人已经雪洗条顿堡森林之战的耻辱，日耳曼尼库斯命令士兵将缴获的马尔西人的刀剑堆积起来，据说竟然堆成了一座小山。这次战争之后，罗马占领了莱茵河到易北河之间的全部土地。马尔西人不是被迫成为罗马帝国的属民，就是流亡北方。

日耳曼尼库斯虽然取胜，但并未继续进攻日耳曼地区。罗马撤军时，只占领了莱茵河右侧的上、下日耳曼尼亚和今天德国西南部，莱茵河以东的日耳曼尼亚依然独立。原因在于，虽然日耳曼尼库斯取得了一系列胜利，但他的军队伤亡惨重，也没有使日耳曼人受到致命的打击。再者，此时的皇帝提比略也是一位出色的将军。他阅历丰富，非常了解日耳曼、高卢和巴尔干，深知征战的艰难和代价。

知识链接：条顿堡森林战役

公元9年，日耳曼部落反抗罗马，罗马将领瓦鲁斯领兵镇压。瓦鲁斯喜欢高谈阔论，对于领兵打仗并不在行，结果被日耳曼部落首领阿尔米尼乌斯诱入条顿堡森林之中，遭到围攻而全军覆没，瓦鲁斯自杀身亡。条顿堡森林战役限制了罗马向北扩张的步伐，自此，莱茵河成为罗马和日耳曼双方之间的边界。

公元19年，罗马帝国一代名将日耳曼尼库斯在今叙利亚的安提阿克去世，年仅35岁。日耳曼尼库斯临死前跟家人说他受到披索的毒害，要求为他报仇。后来，披索因此事自杀。塔西佗在其作品中透露，当时许多人认为是提比略指使披索，让披索毒死了日耳曼尼库斯，目的是让他的亲生儿子德鲁苏斯顺利继位。

公元19年，35岁的日耳曼尼库斯被披索毒害，后来披索自杀，日耳曼尼库斯的死亡被看成是提比略指使的。图为油画《日耳曼尼库斯之死》，1627年由尼古拉斯·普桑所绘。该油画收藏于明尼阿波利斯艺术学院。

罗马帝国的首位专制君主

卡利古拉

卡利古拉性格乖戾，独断专行，结果，在有预谋的政变中，他被近卫军杀害。

公元 37 年，提比略以 79 岁的高龄去世。虽然提比略生前在遗嘱中声称，让卡利古拉与小提比略为他的共同继承人。但罗马元老院却视而不见，而将第一公民的所有特权，让卡利古拉一人独享。

卡利古拉将他母亲和哥哥的骨灰安葬在祖先的坟墓里

不幸的少年

卡利古拉（Gaius Caesar Germanicus，公元 37—41 年在位）是古罗马克劳狄王朝的皇帝。“卡利古拉”意为军靴，是其绰号，因为他曾在军中经常穿着长筒军靴。

卡利古拉生于安提乌姆。他的父亲是日耳曼尼库斯，母亲是屋大维的外孙女阿格里比娜。当他受人尊敬并拥有极多拥护者的父亲于公元 19 年 10 月 10 日去世之后，他的母亲和祖父提比略大帝之间的关系迅速恶化。于是，年幼的卡利古拉于公元 27 年被送去和他的曾祖母利维娅住在一起。两年后，利维娅去世，卡利古拉又被送到祖母安东尼娅家里寄养。公元 31 年，提比略在消灭禁卫军司令塞杨努斯之前，将卡利古拉接到自己居住的卡普里岛上。卡利古拉一直待到提比略去世他正式继位为止。在这段时间里，他的两个兄长和母亲都在宫廷阴谋中惨遭杀害。

卡利古拉被认为是罗马帝国早期的典型暴君。由于他好大喜功，大肆兴建公共建筑、不断举行各式大型欢宴活动，帝国的财政急剧恶化。公元 41 年，卡利古拉被近卫军刺杀身亡。

在这段长达 18 年的漫长岁月里，卡利古拉由于不幸的生长环境而长期遭受的精神压抑，但他却用惊人的毅力对他家庭的一幕幕悲剧表示出冷漠的态度，掩饰自己所受的痛苦，最终保住了自己的性命。

由仁政到专制

公元37年，卡利古拉在禁卫军司令苏托瑞斯·麦克罗等人的支持下，登上帝位，成为罗马帝国一代君主。

即位之初，卡利古拉做出许多善举。他召回被流放的罪犯，减轻赋税；散发提比略的遗产，重赏禁卫军官兵每人300塞斯特斯（sesterces）；给自己的父亲和其他遇害亲属恢复名誉，销毁提比略的私人信件，表示他绝不追究那些参与迫害他一家的人。不仅如此，卡利古拉还给原来的许多禁书解禁，鼓励思想自由和学术研究，多次举办希腊文和拉丁文的演讲比赛；减免拍卖税以刺激商业发展；不再干涉法官的司法权便于法官独立执法，增加陪审团的数量，甚至还打算恢复公民大会作为立法机构。

但是，半年之后，卡利古拉完全变了样。他好大喜功，大肆兴建公共建筑，不断举行各种规格豪华的大型欢宴和各种大规模的角斗表演以及赛车表演。卡利古拉的这些做法导致罗马帝国的财政急剧恶化，他希望通过增加各项苛捐杂税减缓财务危机。而且，更为明显的是，以前的元首制度的奠基者都曾小心翼翼地将帝制伪装在罗马共和国的体制之中，可是，卡利古拉决定为所欲为。他力图将元首制直接改为君主制，认为自己有无限的专制权力。卡利古拉将埃及的专制统治形式引入罗马，实行王政礼仪：俯拜、吻足，下令臣民将他当作神来崇拜，并为自己建造了宏伟的神庙。卡利古拉的这些所作所为引起所有阶层的怨恨。

公元41年1月24日中午将近一点钟，卡利古拉在经过宫廷里那条长长的走廊时，突然，对他最为忠心的禁卫军军官——卡西乌斯·卡瑞亚在背后挥剑，砍中卡利古拉的后脑勺，另一名队长萨宾努斯则拔剑刺入他的胸膛。就这样，卡利古拉即位还不到四年，就躺在了宫殿走廊的血泊中。

知识链接：古罗马常用货币单位

第纳尔，银币，25个第纳尔可兑换一个奥雷。塞斯特斯，铜币，罗马最常用的货币单位。4个塞斯特斯可兑换1个第纳尔。杜蓬帝，铜币，2个杜蓬帝兑换1个塞斯特斯。阿司，铜币，2个阿司兑换1个杜蓬帝。塞米，铜币，2个塞米兑换1个阿司。卡德拉斯，罗马最小的货币单位。4个卡德拉斯兑换1个阿司。

卡利古拉在位时大兴土木，现在梵蒂冈圣保罗教堂前的这块方尖碑就是他从埃及运来的。

克劳狄

傻子皇帝抑或明智贤君?

他意外登基，成为罗马帝国一代君主；他貌似痴呆，但却作出了不凡的贡献。

克劳狄，罗马帝国克劳狄王朝皇帝。克劳狄被近卫军拥上王位，在位期间的作为备受争议，贤明说与无能说并存。

克劳狄在位13年，对于他的执政手段，史学家们颇有争议。有人认为克劳狄是一个没有主见的君王，更有人说他是个智障白痴。但也有人认为克劳狄有着不可埋没的功劳，而且还是一位秉性正直、贤明大度的好君王。面对史学家们的众说纷纭，我们不免产生疑问，克劳狄究竟是傻子皇帝还是明智贤君呢?

意外登基

公元41年1月27日，罗马正是乍暖还寒的时候，地中海沿岸的初春，带着咸味的海风不时吹来，更是增加了几分寒意。但这一天却不冷清，罗马城中的人们或是伫立在街道两边翘首期盼，或是在街头巷尾走来走去。元老院议事厅里灯火通明，人声鼎沸。这种熙熙攘攘的情况已经持续了两天，一切似乎还没有停止的迹象。三天前，罗马帝国皇帝卡利古拉在皇宫里被近卫军刺杀身亡，现在元老院正为新皇帝的人选争执不下。突然，大墙外面一阵混乱，人们疑惑地看过去，只见皇帝的近卫军正众星捧月般地簇拥着一个人走过来，他就是被暗杀的皇帝的叔叔，罗马人众所周知的克劳狄。于是，罗马历史上第一个由近卫军拥立的皇帝克劳狄，此时他已50岁，成为罗马帝国朱里亚·克劳狄王朝的皇帝。

克劳狄，全名提比略·克劳狄·德鲁苏斯·尼禄·日耳曼尼库斯（Tiberius Claudius Drusus Ger-

英国萨福克的克劳狄铜像（现藏于大英博物馆）。克劳狄在位期间，在外交上用武力征服非洲的毛里塔尼亚、不列颠南部地区、小亚细亚的色雷斯等，使其成为罗马的行省。

manicus，公元41—54年在位）。克劳狄的生父德鲁苏斯，是皇帝提比略的同胞弟弟。德鲁苏斯与小安东尼娅结婚，生下日耳曼尼库斯与克劳狄。克劳狄在父亲任职于高卢时期，于公元前10年出生于路格督奴·高卢（今法国里昂）。克劳狄在婴儿时期，父亲就去世了。后来，他的兄长日耳曼尼库斯被屋大维的收养，因此由他继承克劳狄的家族事业。

克劳狄一生有过四次婚姻。克劳狄还在未成年时，就与利维娅·米杜里娜订下婚约，但不幸的是，还未等到他们结婚，米杜里娜就去世了。之后，克劳狄又和埃利娜·帕伊提娜结了婚，婚后二人育有一个女儿，但不幸早夭。而且，他们之间的争吵也越来越频繁，最后离婚。瓦列利亚·美撒利娜是克劳狄的第三任妻子。结婚后，美撒利娜为克劳狄生了一儿一女。两年之后，不料想克劳狄当上了罗马帝国的皇帝，于是，美撒利娜成为皇后。克劳狄的第四次婚姻是与日耳曼尼库斯的女儿——阿格里比娜结婚。公元54年10月，克劳狄在一次晚宴中因食物中毒而死，死前他痛苦挣扎了很久，但没留下一句话。据说，克劳狄吃了皇后阿格里比娜送给他的毒蘑菇。克劳狄死后，受到王者的葬礼，名字被列为神灵。

知识链接：罗马行省制度

2世纪开始，罗马的行省管理制度逐渐成型。行省设有总督，总督拥有行省的军事、行政和司法等权力。各行省中城市的地位依它们对罗马的态度而定。少数对罗马友好且忠诚的城市被列为自由城市。大多是向罗马投降的城市，属于纳税城市。罗马设置行省的一个主要目的在于掠夺其财富，长期的掠夺不仅加重了行省居民的负担，也加速了罗马社会的腐败。

傻子皇帝

克劳狄在位13年，是罗马历史上最富争议的君主之一。有人认为他是个智能低下、受人操纵和愚弄的白痴。也有一些学者一方面肯定他在位时的丰功伟绩，把罗马治理得政通人和、秩序井然，另一方面又嘲笑他是个毫无主见的笨蛋与可怜虫。当然，这些自相矛盾的学者更倾向于否定克劳狄。现在，越来越多的学者认为克劳狄可谓一代明君。他们认为，克劳狄在位时作出的丰功伟绩和所表现出的聪明才智是不可磨灭的。他只是晚年时老朽糊涂，才为身边的人所左右。

秉持第一种观点的学者认为，克劳狄由妇女及获得自由之奴隶抚养长大，因此养成了胆小与敏感的性格，而这两种性格都不适合一个统治者，并且也没有机会练习管理政事。克劳狄的妻子和一些被释放的奴隶经常命令克劳狄，让克劳狄为他们做事，克劳狄自己作出的决定远远少于他人的命令，这些事实足以证明克劳狄是个没有主见的人。苏维托尼乌斯在他的《罗马十二帝王传》里写道："由他自己决断的事甚至没有他的妻子和被释奴命令的多，因为他总是依他们的利益和希望做事。”而证明克劳狄之死的美国马里兰州大学医学院的约翰·韦兰特医生通过历史记载，发现克劳狄有许多慢性疾患，如头部摇晃、走路跛脚、运动失调、说话困难且流口水，应该是个孕龄只有7个月的早产儿。据此，韦兰特猜测，克劳狄可能患有脑瘫。

一些学者对克劳狄的认知自相矛盾，但更倾向于否定他在位期间的所作所为。当时罗马最著名的斯多葛派哲学家辛尼加先是称赞克劳狄是“恺撒之后最好心的人”。不久，他又把克劳狄描绘成一个暴君、傻瓜，讥讽他会在死后变成一个南瓜（“南瓜”意指愚蠢的人）。古罗马历史学家塔西佗虽称赞克劳狄在统治初年宽厚仁慈，把国家治理得井井有条，但更多地嘲笑他是个毫无主见的笨蛋，只会听从妻子和奴隶的意见行事，不像一个皇帝，而像一个奴仆。

罗马帝国期间屋大维设立的一支宫廷卫队，由步兵和少数骑兵组成，主要负责罗马皇帝和皇宫的安全，辉煌时期曾拥护克劳狄登上王位，后因失去作用，被君士坦丁大帝解散。图为近卫军雕刻。

明智贤君

秉持明君观点的学者主要是根据20世纪20年代发现的克劳狄写给亚历山大里亚市的一封亲笔信和其他史料所作出的重新认识和评价。这封信深入探讨了亚历山大里亚的市政建设问题，还提及了该地犹太人与希腊人的微妙关系。在信中，克劳狄的才华和天赋展露无遗，并且也是一个很有主见的人。

另据史料记载，克劳狄在位期间，政治上的作为值得称赞。克劳狄接手罗马帝国时，国库空虚、国家政治矛盾尖锐、外国势力虎视眈眈，罗马帝国实际已陷入危机。克劳狄继位后的第一件事是奖赏近卫军士兵每人1.5万塞斯特斯，以感谢他们拥立之功，并因此缓解了皇帝与军队之间的关系。同时，他还以宽容、合作的姿态同元老院建立了良好关系，下令取消对有关被控叛国罪者的审讯，召回一些被放逐的元老，并归还他们被没收的财产。克劳狄还提高行省公民在罗马的政治权利，将担任罗马公职和进入元老院的机会给予高卢贵族，扩大罗马帝国的统治基础。

在外交上，克劳狄一方面御驾亲征，征服非洲西北部的毛里塔尼亚和不列颠的南部地区，将其设为罗马行省，还将小亚细亚地区的吕西亚和色雷斯并入罗马版图。另一方面，克劳狄则调整罗马与邻国的关系，归还了从希腊不择手段弄来的珍贵艺术品。

此外，克劳狄还注意改善国家的公共设施，如兴建奥斯提亚新港设施，修筑供应罗马用水的输水管道，扩展罗马帝国的城界，将阿芬丁和玛尔提斯校场的一部分也纳入城区。

印有克劳狄头像的银币。克劳狄被近卫军拥上王位后，大赏近卫军士兵，每人 1.5 万塞斯特斯（古罗马货币单位）。

知识链接：罗马近卫军

罗马帝国期间皇帝统领的一支宫廷卫队。近卫军由罗马公民中的精英组成，主要为步兵，辅以少数骑兵。近卫军主要负责罗马皇帝和皇宫的安全。屋大维当政后，为稳定时局、树立权威设立了近卫军。4 世纪初，由于近卫军失去了本来作用，又想控制它的继续发展，君士坦丁大帝便解散了近卫军。

不仅如此，貌似痴呆的克劳狄，在学术上也颇有建树。他是一位语言学家及博古家。当时著名的科学家和学者都与他通信，并将他们的著作题献给他。身为皇帝的他，还教给民众医治蛇咬的方法。在生日那天，他还预测日食，借以预防迷信上的忧惧，并解释其原因。在历史、文学方面，克劳狄的成就也让人惊诧，他著有《伊特鲁里亚历史》二十卷，《迦太基史》八卷，《奥古斯都史传》四十一卷，还写过《自传》，可惜全部失传。

克劳狄究竟是一位怎样的君主？学者们至今未能达成一致意见。昔日的罗马帝国已是沧海桑田，但并不影响今日学者对这一问题的浓厚兴趣。

意大利里米尼省的提比略大桥，提比略建造的工程之一，该大桥改善了供水系统，减轻了食物短缺问题。克劳狄在位期间，仿照提比略，拒绝大兴土木，而是对道路、桥梁、引水管道等原有建筑进行维护整修，改善国家的公共设施。

残酷暴君
“嗜血者”尼禄

他，因宫廷政变而握上罗马帝国的最高权柄；他，因残暴统治而被杀害；他，也因残暴成为罗马历史上最臭名昭著的君王。

尼禄是罗马帝国朱里亚·克劳狄王朝的最后一任皇帝，也是古罗马黄金时代的最后一个皇帝。尼禄因其残酷的统治、骄奢的生活等劣行而成为罗马历史上有名的暴君。

登上皇位

尼禄全名尼禄·克劳狄·德鲁苏斯·日耳曼尼库斯（Nero Claudius Drusus Germanicus，公元54—68年在位）。尼禄出生在罗马的贵族家庭。他的父亲属于罗马一个声名显赫的世家，母亲阿格里比娜的身份地位比她丈夫高很多，她是当时皇帝卡利古拉的妹妹。当尼禄3岁的时候，他的父亲去世，由其母亲阿格里比娜抚养长大。阿格里比娜后来嫁给了当时的罗马皇帝克劳狄。

年老的克劳狄在体力和智力等方面明显减退，据说即使正在主持召开重要的会议，克劳狄也常常打瞌睡。随着尼禄的渐渐成人，皇后阿格里比娜把全部希望寄托在儿子身上。为了让尼禄能早日当上皇帝，阿格里比娜一方面以关心克劳狄身体健康为名，将其调离皇宫，让他到环境幽雅的海岛上去疗养；另一方面，开始策划拥立尼禄当皇帝。公元54年的一个夜晚，阿格里比娜劝说克劳狄吃下毒蘑菇，克劳狄没说一句话吃下了蘑菇，然后就撒手西归了。这一年，尼禄在母亲策动的宫廷政变中成为罗马皇帝。

尼禄（公元36—68年），克劳狄王朝最后一个皇帝。尼禄在位前期，让民众休养生息，但后期弑母杀妻，极尽挥霍享乐。公元68年，在内外交困和众叛亲离之下自杀。

尼禄统治最初几年可以说是罗马历史上最为繁荣兴旺的年代。尼禄在私人教师和顾问森尼卡的帮助和指导下，实行一系列惠民政策。他降低了税收，制定了给老人以年金、给穷人以补助的法律。与此同时，尼禄还规定：罗马的显赫家庭成员要为平民进行业余表演。元老院议员的妻子必须登台表演，贵族要骑着大象走绷索。在竞技场上，经常进行囚徒和武士斗兽表演，尼禄本人也参加战车比赛。尼禄的这些举措都赢得老百姓的欢心。

弑母杀妻

但好景不长，尼禄的罪恶本性很快膨胀起来。他杀死了自己的母亲和妻子，做出其他一些令民众

尼禄的母亲阿格里比娜，克劳狄的第四任妻子。图为尼禄和母亲阿格里比娜雕像。

极端憎恶的举动。

阿格里比娜对尼禄一向管制甚严，即使尼禄当上皇帝后，阿格里比娜也要自作主张地为尼禄挑选妻子。但问题在于，尼禄并不喜欢母亲为自己挑选的妻子，反而喜欢一个美丽的女奴。这当然导致阿格里比娜的愤怒。有一次，阿格里比娜气急败坏地说："你如果继续喜欢那个女奴，我就让你从现在的位置上下来。"尼禄听后非常惊恐，他知道母亲的脾气，决定先下手为强，杀死母亲。

公元59年，尼禄假装感谢母亲的养育之恩，写了一封情真意切的信，让母亲来罗马皇宫。当阿格里比娜来到皇宫后，尼禄与母亲谈了很长时间，表达了自己的感激之情。不过，在这期间，尼禄故意在阿格里比娜回去要乘坐的船上捣鬼，蓄意淹死母亲。多亏阿格里比娜会游泳，才脱离危险。但尼禄仍不放弃，又派去一个刽子手，赶到他母亲的房

知识链接：尼禄节

尼禄在位期间，为表彰自己创下的"伟业"，于公元60年创办了第一届"尼禄节"。这届之后，尼禄规定，"尼禄节"每五年举行一次。举办期间，他召集罗马城内有名的艺术家与他一道歌功颂德、粉饰太平。隆重热烈、彰显盛世的"尼禄节"总共才举办了两届，还没有等到第三届，尼禄就死了。

间，将其杀死。阿格里比娜死后，尼禄一人独揽皇权。

尼禄的第一次婚姻是15岁时与克劳狄之女屋大维娅的婚姻。成为皇帝后，尼禄爱上了屋大维娅的侍女阿克代，于是打算与屋大维娅离婚。之后经过辛尼加与阿格里比娜的劝说才作罢，但夫妻关系已名存实亡。没过多久，尼禄又喜欢上宠臣奥托的妻子波培娅·萨宾娜。为使她成为皇后，尼禄便以通奸的罪名，将屋大维娅放逐到一个岛上并杀死了

波培娅·萨宾娜（Poppaea Sabina），尼禄的宠臣奥托的妻子。波培娅·萨宾娜极得尼禄欢心，尼禄为得到萨宾纳，以通奸罪将自己的妻子屋大维娅放逐并杀害。

尼禄统治后期，极尽挥霍享乐，不理朝政，喜欢女性的打扮，经常参加朗诵等演出，并举办“尼禄节”，尼禄自己也以“天才演员”自居。

她，娶回萨宾娜。萨宾娜曾为尼禄生下一个女儿，但不幸夭折。尼禄在一次大发雷霆时，一脚将怀有身孕的萨宾娜踢死。尼禄的第三任妻子是斯塔提娅·美撒里娜。为得到已为人妇的美撒里娜，尼禄逼迫她的丈夫维斯提努斯自杀。

卸下元首制的伪装

不仅如此，尼禄开始挥霍浪费。他外出野游时，要由1000辆华丽的马车列队护送。国库空虚时，他把私人财产充公。他还废除了早年制定的减税法以及对老人和穷人的补助法，霸占寺庙财产。与此同时，尼禄还以“天才演员”和“杰出艺术家”自诩，经常参加朗诵、歌唱、演奏乃至角斗的演出，并举办“尼禄节”。他还首开先例，把真正的杀戮和处死的场面搬上舞台。公元64年，罗马城发生大火，尼禄借机残忍杀害基督教徒。

公元65年，罗马贵族以皮索为首组成谋杀尼禄的集团，但事泄未果。事发后，尼禄处死了皮索等元老院议员、当时的名人以及卫队官员，并勒令其老师辛尼加自杀。到这个时候，尼禄已经彻底卸下元首制的伪装，将自己与神相等同。他在万众瞩目之下接受了亚美尼亚人送给他的“太阳神”这一称号，还在当时的铸币上面刻上他自己作为高高在上的皇帝的图像，而且还将罗马城以自己的名字命名为尼禄城。

多行不义必自毙

尼禄的暴虐残酷、肆意挥霍和骄傲自大激起罗马各阶层的普遍不满，反抗斗争日益高涨。在他上

尼禄因发脾气踢死妻子波培娅·萨宾娜。当时萨宾娜已有身孕，因此尼禄等于将未出世的孩子和妻子一并杀害。

台的第七年，即公元61年，不列颠半岛南部的伊塞尼族女王鲍狄卡就领导当地人民群众奋起反抗尼禄的残暴统治。当时，起义军队挫败罗马军团，占领了卡穆洛敦和伦丁尼姆等城市，还杀死了生活在当地的7万罗马商人和移民。罗马军队见势不妙，急忙增加军队。鲍狄卡领导的军队最终因为寡不敌众而失败，鲍狄卡本人则服毒自杀。此后，66年巴勒斯坦地区的犹太人在阶级和民族的双重压迫下发起对当地罗马人的起义。在这次起义过程中，犹太人最初明显占据上风。起义一开始，犹太人歼灭了驻扎在耶路撒冷的全部罗马驻军。罗马军队恐慌之下即刻从叙利亚调来军队，但还是不敢贸然进攻耶路撒冷。不久，皇帝尼禄派遣罗马常胜大将韦帕芗率军五万人前去镇压。但孰料遭到犹太人顽强抵抗，战事一拖再拖。

知识链接：鲍狄卡

有关鲍狄卡的资料不多，但还是可根据古罗马史学家的记载了解一些情况。据说她的丈夫是艾西尼国王普拉苏塔古斯。另据迪奥·卡西乌斯的记载，也可知晓一二："（鲍狄卡）身材高大，外貌可怖，并且有着一副粗嘎刺耳的嗓音。茂密的鲜红色头发直披到膝部；她戴着一条黄金项链，穿一件色彩鲜亮的束腰外衣，在束腰外衣上罩着一顶厚斗篷，用一枚领针扣紧。"

公元68年，韦帕芗对犹太人的镇压还未结束，高卢总督文德克斯又率军起义。文德克斯以推翻"丑角元首"为口号，不仅得到备受压榨的高卢部落的支持，还得到一些西部行省总督和军队的响应。正在希腊演出的尼禄，得知帝国各地发生叛乱，仓皇回到罗马。然而在意大利和罗马的近卫军背叛了他，元老院已废掉他的王位，宣布他为全国公敌，并判决他"应该像奴隶一样，被缚在柱子上用鞭子抽打而死"。尼禄想到这种酷刑吓得不知所措，他觉得不如自杀还能减少痛苦。他临死也不忘他的表演才能，拿着匕首挥来挥去，但就是不敢刺中喉咙。当追兵闯入皇宫时，他在奴隶的帮助下，结束了自己的性命，终年32岁。

尼禄因其残暴行径引起罗马各阶层普遍不满，终于导致不列颠人、犹太人、高卢人等的不断反抗。正在希腊演出的尼禄回到罗马后众叛亲离，被近卫军和元老院抛弃，尼禄因害怕酷刑选择自杀。

让繁华古城变为废墟的古罗马城大火
谁是纵火者？

紧接着就发生了一场灾难。我们现在无法确证是由于偶然因素还是由于国王邪恶意念的唆使所致——这两种说法都有众多的支持者。现在来看，这是罗马城所经历的一次最恐怖、最具破坏性的火灾。

——塔西佗《罗马帝国编年史》

曾为欧洲世界政治、文化、经济、商品贸易中心的古罗马城，就在公元64年夏日的一场大火中成为一片废墟。后来的罗马城虽经历代统治者的整修，但依然无法重现它昔日的繁华景象。

来自尼禄金殿的绘画，这座金殿建在公元64年罗马城大火所肆虐过的土地之上。

罗马城大火

公元64年7月18日，对罗马城来说是个灾难的日子。这天傍晚，罗马城发生大火。由于当时正刮着大风，火借着风势迅速蔓延，最后酿成了可怕的火灾。

这场大火烧了一个多星期。大火过后，城市中的14个区只有4个区幸免于难，其中有3个区完全成为焦土。罗马建筑大半被烧毁，很多宏伟壮丽的宫殿、神庙和公共建筑物被烧毁，在战争中掠夺来的金银财宝、艺术珍品以及不朽的古老文献原稿也被焚毁。

火灾发生后，整个罗马城义愤填膺，为消除群众的不满情绪，转移注意力，尼禄把基督徒当作替罪羊，公开折磨他们，施以残酷的刑罚：有的被钉在十字架上，浑身浇满油，天黑的时候点火燃烧当作灯火照明；有的被蒙上兽皮，让恶狗咬死后吃掉。

大火因何而起？

对于这场大火的纵火者，古今史学界一直有着激烈的争论。更多人认为，这是一场人为纵火案，尼禄皇帝是最大的嫌疑者。

塔西佗描写道：“当大火吞噬城市时，没人敢去救火，因为有些人不断发出威胁，不许人们去救火。还有一些人竟公然到处投掷火把。他们喊着，他们是奉命这样做的。”虽然塔西佗的这段记载没有言明尼禄是纵火者，但又无处不暗含这个判断。

也有人说，尼禄想要扩建宫殿，而罗马城周边住满了罗马平民，几乎难以开工建造，所以他命

根据传说，彼得因为暴君尼禄迫害基督徒逃离罗马。在阿彼恩路上，他碰见基督正扛着十字架。彼得问道：“主啊！你要到哪去？”主答道：“因为彼得遗弃了信仰他的群众，我将回去再次被钉死在十字架上。”彼得于是返回，并且因此而殉道，后被尊为教会首领和第一个教皇。图为油画《主啊！你要到哪去?》。

知识链接：罗马帝国的“城市”

罗马帝国是一个由城市集合而成的帝国。这里的城市并非一个有城墙防卫的工商业中心，而是一个范围广阔的行政区划单位。农业是城市经济的基础，辅助以工商业。城市人口的上层是在郊区等地广占土地的地主，中层不少是农业居民，也有工商业者，下层则是奴隶、依附居民以及流氓无产者等。

令手下趁着夜深人静之际纵火，以遂其愿。据史料记载，尼禄曾多次表示，他不喜欢罗马城的建筑和曲折狭窄的街道，真想用一把火烧掉，按自己的意图重新建造罗马城。苏维托尼乌斯说道：“他（指尼禄）以不喜欢难看的旧建筑和曲折狭窄的旧街道为借口，竟然如此公开地点着了这座城市，以致几位前任的执政官在自己的庄园上，发现尼禄的侍从拿着麻屑和火把，根本不敢上前捉拿他们。”

有人说，从大火发生时尼禄的表现来看，他也难以摆脱唆使亲信纵火的嫌疑。据记载，当罗马城变成一片火海时，尼禄坐视不救，却和着七弦琴歌唱一支特洛伊城在焚毁中的诗篇。据说有一个人在一次聊天中说：“我死后，愿大地一片火海。”尼禄马上打断这个人的话：“不，在我还活着的时候，就会使大地变成一片火海。”不仅如此，大火过后，尼禄乘机在废墟上营造“黄金之屋”。在这座“金屋”里，除宫廷建筑中必不可少的金堆玉砌之外，还有林苑、田园、水榭和浴场等。整个宫殿用黄金、宝石和珍珠装饰，餐厅的天花板用象牙镶边。

现在也有学者不同意这种看法。苏联学者科瓦略夫认为：从尼禄的一贯作风推断，自称为艺术家的尼禄不应在满月的日子（即 7 月 18 日）欣赏大火。在明亮的月光下，他的“艺术作品”肯定达不到最佳的效果。罗马城的火灾只能是一次偶发事件，不能因尼禄是一个荒诞残暴的皇帝，就认为他是纵火犯。

罗马城大火究竟因何而起，是人为因素故意为之还是天灾因素无意使之？至今也难以给出一个确定答案。也许正因如此，我们才对过去的历史有着浓厚兴趣。

陶瓶画：古罗马皇帝尼禄观看裸体的歌妓舞女表演。

局势动荡的"四帝之年"

四帝内乱

我正要写的这段历史，是充满了灾难的历史，在这里面有恐怖的战争，激烈的内讧，这些内讧即使没有大动干戈也是恐怖的。

——塔西佗《历史》

尼禄死后，行省军团纷纷拥立皇帝，在短短一年内（公元68—69年），就更换了四位皇帝，因此这一年又称"四帝之年"。四帝分别是伽尔巴、奥托、维特里乌斯、韦帕芗。他们均不属于恺撒或奥古斯都的血缘亲属，而是在罗马城以外的军团供职。"四帝之年"在一定程度上显示了罗马军队对"帝国秘密"的诠释。

西班牙总督伽尔巴

伽尔巴全名塞尔维乌斯·苏尔皮基乌斯·伽尔巴（Servius Sulpicius Galba，公元前5—公元69年）。他出身名门望族，祖父曾任罗马帝国大法官，父亲曾任罗马执政官。还在年幼时，伽尔巴就深得屋大维和提比略等人的喜爱。根据传闻，屋大维曾在众位元老贵族面前对年仅10岁的伽尔巴说："孩子，将来你也会尝到我这权力的滋味。"

伽尔巴，罗马四帝时代首位皇帝，历任罗马执政官、行省长官等。公元68年，伽尔巴在西班牙煽动军队造反后称帝。但伽尔巴也是一位暴君，还不愿犒赏将士，最终因众叛亲离，统治罗马7个月后惨遭杀害。

伽尔巴成年后加入行伍，35岁时退出现役，久历高官，如罗马执政官、行省长官、总督等，公元57年，62岁的伽尔巴光荣退休。公元60年，伽尔巴复出。

公元68年，已经70多岁高龄的西班牙地区将军伽尔巴煽动军队造反称帝。元老院的元老们立即承认伽尔巴为新的罗马帝国皇帝，并授予他奥古斯都的称号，同时宣布尼禄为全国公敌，并判处死刑，人人得而诛之。众叛亲离的尼禄最终选择自杀，克劳狄王朝就此结束。

伽尔巴也是一个不亚于尼禄的暴君。伽尔巴进入罗马以后便开始大量清洗异己，其不经审判就处死嫌疑人和撤除职位的行为让之前支持他的罗马各阶层大失所望。连和他一起从西班牙来到罗马的士兵们也开始不满了，因为当初他们支持伽尔巴的原因是他答应事成之后会给他们一些奖赏，但事成后伽尔巴却食言了，他不愿意拿出一分钱来犒赏将士。甚至在士兵们提醒皇帝应该兑现当初的承诺时，他居然说："我习惯于征兵，不习惯于买兵。"言下之意已经昭然若揭。现在，伽尔巴也面临和尼禄当时一样的境况，罗马城内谣言四起，暗潮涌动，最终惨遭杀害。从他在西班牙成功进军罗马成为罗马皇帝到最后被部下刺杀为止，伽尔巴共统治罗马7个月。

伽尔巴的盟友奥托

伽尔巴在世时，膝下无子，所以继承人问题一直困扰着他，在外人看来，近卫军长官马尔库斯·萨尔维乌斯·奥托（Marcus Salvius Otho，公元32—69年）似乎是最合适的继承人选，但伽尔巴本人似乎更偏爱一个叫皮索的罗马人。在一次公开的集会上，伽尔巴突然宣布皮索为自己的继承人，这让奥托大失所望，谋反之心油然而起。在伽尔巴宣布皮索为自己继承人后的第六天，奥托携近卫军在罗马市中心广场发动叛乱，将正在举行献祭的伽尔巴杀死。伽尔巴被杀，奥托在士兵的拥护下前往元老院，声称自己是顺从民意不得已才接受王位的，元老院在威逼之下只好承认奥托为皇帝。

公元69年1月，奥托成为皇帝，在位仅98天。奥托在对待军队的态度上比伽尔巴“明智”许多，不管财政有多么紧张困难，他绝不在军队身上节约开支，随时准备贿赂、收买军队。但是在政治上，奥托简直称得上是一个“低能儿”，他上台后居然

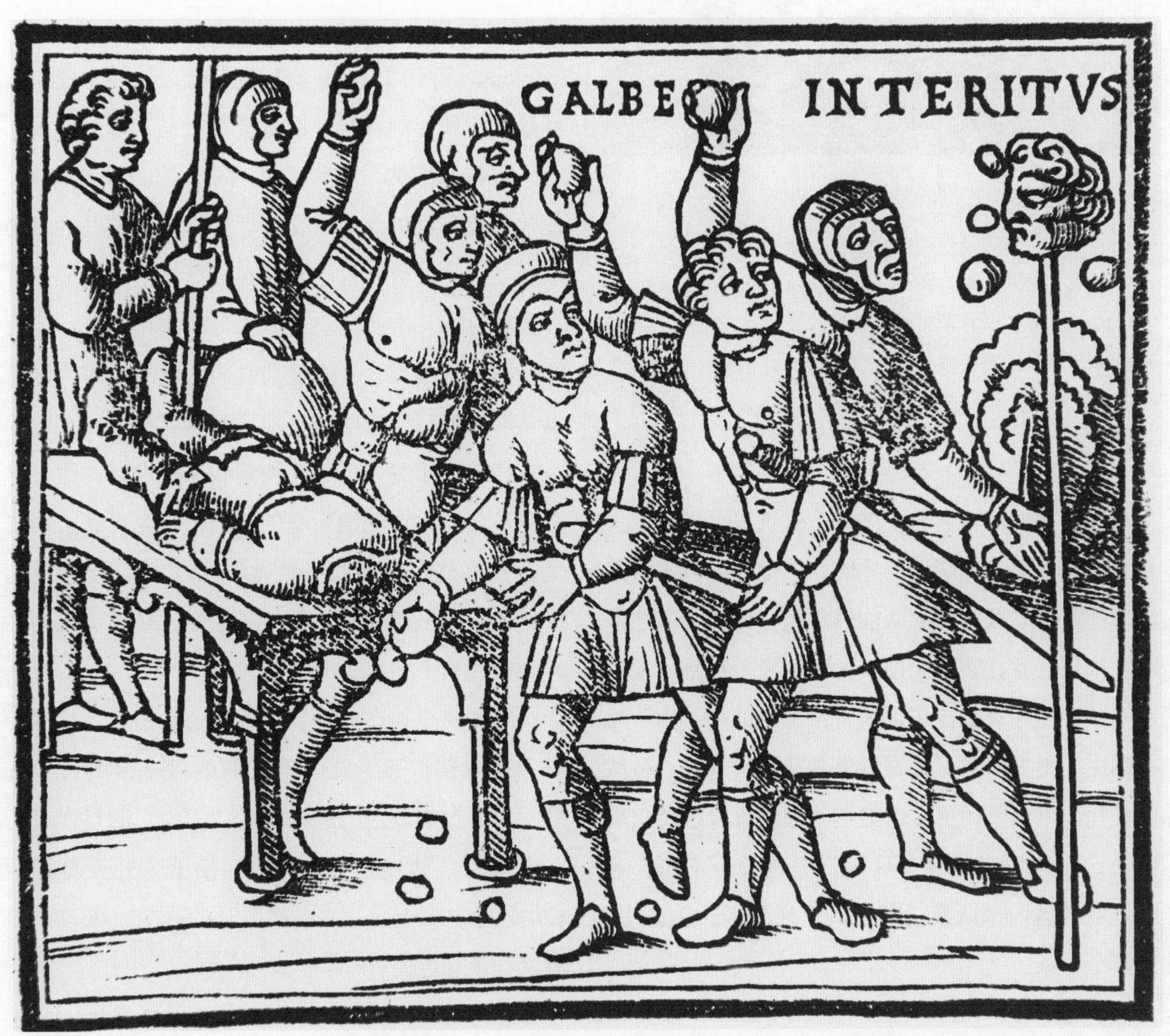

16世纪创作的罗马皇帝伽尔巴被部下刺杀后并被人用乱石击打头部的木雕画。伽尔巴称帝后，冷酷残暴，排除异己，引起罗马上下普遍不满，最终被部下刺杀。

奥托，罗马四帝时代第二位皇帝，伽尔巴手下的近卫军长官。因伽尔巴偏爱皮索并曾宣布皮索为继承人，奥托便率领近卫军公然反叛并杀死伽尔巴，登上王位，后来奥斯提亚的军队发生叛乱冲进罗马城，奥托最终抵挡不住选择自杀。

知识链接：前期罗马帝国

前期罗马帝国指从公元前27年到192年的这段时间。在此期间，罗马经历了克劳狄王朝、四帝内乱期、弗拉维王朝和安敦尼王朝，罗马进入了长达两百多年的所谓的“罗马和平”时期。前期的罗马帝国不仅内战停止，国家统一，交通改善，经济繁荣，而且也是文化发展的黄金时代。

为臭名昭著的尼禄恢复了名誉。这件事可以看出奥托除了脑子里有搞阴谋的才能，其他才能真不敢恭维。即使罗马城内的军队能够收买，但罗马城之外呢？很快，驻扎在奥斯提亚的军队发生叛乱，冲进罗马城，奥托只能让步，犒赏叛军。但是矛盾并没有解决，奥托与敌对者维特里乌斯剑拔弩张，虽然向奥托效忠的军团更多，但集结程度没有维特里乌斯快，在这场帝位争夺战中，奥托处于下风。这时，罗马城内军队发生骚乱，奥托看到大势已去，选择了自杀。

下日耳曼总督维特里乌斯

奥托即位后的第二天，罗马日耳曼行省的军团就拥护奥鲁斯·维特里乌斯（Aulus Vitellius Germanicus，公元15—69年）为皇帝，并授予他“日耳曼尼库斯”的称号，准备进军罗马。

维特里乌斯，绰号“胖子”，出身小吏家庭。他曾与克劳狄以及尼禄交好，曾担任过罗马的最高祭司、代执政官和营造官，在尼禄统治时期成为日耳曼的总督。维特里乌斯并无什么突出才能，但有两个擅长的地方。一个是会吃。据记载，每当维特里乌斯和尼禄谈起吃来，他那胖脸就放光。据说他一日四餐，早餐、中餐、晚餐和长夜饮宴。为尝尽美味，他经常在吃饱后吃催吐药，吐完再吃。第二是会拍马屁。这项长处使他当上了“封疆大吏”。维特里乌斯虽然无能，但运气很好，在与奥托的对峙中顺利当上皇帝。

维特里乌斯在成为罗马真正的皇帝后，任意行事，在没获得元老院的承认前就以皇帝的口号行事。他不仅继续以前奢靡的生活方式，而且也成为一个暴君，他先是不经过审问便下令处死奥托的120名近卫军士兵，在前往罗马的途中，纵容士兵沿途烧杀劫掠。

维特里乌斯的倒行逆施导致叛乱的发生。公元69年7月，帝国的东方行省拥戴韦帕芗称帝。三个月后，双方交战，支持韦帕芗的军队获胜。惊恐

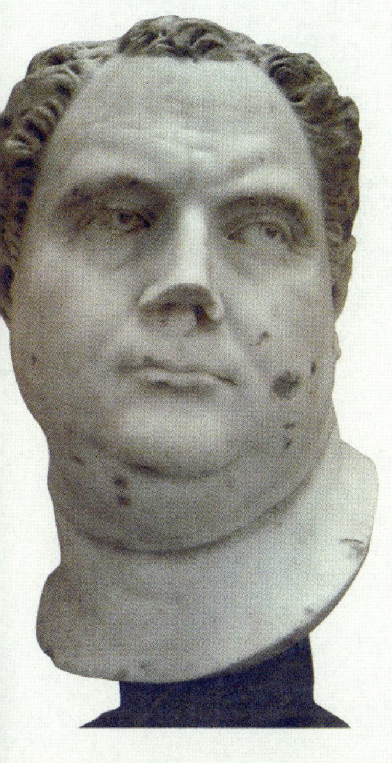

维特里乌斯，罗马四帝时代第三位皇帝。奥托即位后第二天，作为日耳曼总督的维特里乌斯就被拥护为皇帝，进军罗马，最终打败奥托当上皇帝。他在位期间，极尽豪奢残暴，最终被东方的韦帕芗打败。

之下的维特里乌斯想着先保全自己的性命，于是同韦帕芗的哥哥萨宾努斯进行了谈判，说他自己愿意让位。但此后不久，维特里乌斯却在军队的拥护下接受了“恺撒”这一称号。次日，维特里乌斯指派他的军队杀死了萨宾努斯。公元 69 年 12 月，韦帕芗进攻罗马，杀死了维特里乌斯。维特里乌斯统治罗马总共 8 个月。

弗拉维王朝的开创者韦帕芗

提图斯·弗拉维乌斯·韦帕芗（Titus Flavius Vespasianus，公元 9—79 年）是反对维特里乌斯诸多势力中最具威胁的一支力量，因为他获得了东部行省和多瑙河地区军团的有力支持。公元 69 年 7 月，韦帕芗率军攻打维特里乌斯。结果维特里乌斯惨败，活捉后倍遭羞辱被杀。公元 68—69 年的内战最终以东方军队的司令官韦伯芗称帝告终。这次战争之后，韦帕芗挥师回到罗马，正式称帝，建立了弗拉维王朝。

“四帝之年”证明，屋大维确立的体制仍然不能阻止内战的发生。这场内乱说明了军队在帝位传递过程中的主导和重要作用，拥有强大军队的武夫悍将逐步成为皇帝的“最佳人选”。四帝都由军队拥立，而不是由元老院和罗马人民拥立，军队以自己的“实际行动”表现出了对元老院的蔑视与轻慢，使其在皇帝选择与任命方面的作用无足轻重，因为皇帝的任何任命得到军队的“同意乃是绝对必要的”。韦伯芗入主罗马同样是军队选择的结果，不过，韦帕芗成功地控制了军队，控制了局势。

知识链接：弗拉维王朝

罗马帝国前期的第二个王朝（公元 69—96 年）。弗拉维王朝上接“四帝之年”，下启安敦尼王朝。王朝由韦帕芗开创。因韦帕芗属于弗拉维家族，故名。该王朝共有三帝统治，即韦帕芗（公元 69—79 年）、提图斯（公元 79—81 年）、图善密（公元 81—96 年）。公元 96 年 9 月 18 日，图善密在寝宫被刺杀，标志着弗拉维王朝的结束。

韦帕芗，罗马四帝时代最后一位皇帝，弗拉维王朝的开创者，东方行省军团首领。在奥托与维特里乌斯混战之际，韦帕芗前往意大利北部地区，最终大败维特里乌斯。公元 69 年，回到罗马称帝，创立弗拉维王朝。

秩序的重建者 韦帕芗

韦帕乡结束了罗马帝国自尼禄去世后 18 个月以来的战乱纷争局势。

公元 69 年，在高卢、莱茵河以及东方的罗马军队拥立自己的司令官韦帕芗为皇帝，与不甘失败的维特里乌斯在罗马城郊最后会战，维特里乌斯遭到彻底失败。公元 69 年，韦帕芗进入罗马，恢复了罗马帝国的统治秩序。

重拾自信，崭露头角

韦帕芗的父亲是一位骑士，曾在公元前 1 世纪罗马内战中担任庞培阵营内的百夫长，失败后逃回家，后来从事商业活动。他的母亲是努尔西亚地方的名门望族。公元 9 年，韦帕芗出生在萨宾地区。不幸的是，他出生不久后，父亲就去世了。或许是童年的孤独和不幸让他对生活不再抱有什么美好的期望，韦帕芗在步入成年最初几年，对自己以后的事业没有什么规划，得过且过。他的母亲目睹这一情况，既怜爱他又非常气愤。最后，她思考了很久，决定找韦帕芗谈话。就这样，在经过与母亲一番深入的交谈后，韦帕芗开始积极面对以后的人生。

27 岁那年，韦帕芗担任色雷斯地区的司令官，开始自己的军政生涯。随后又先后担任过罗马的财务官、营造官和大法官等职位。克劳狄登上罗马王位后，韦帕芗被任命为日耳曼军团的副将。两年后，他又被调到不列颠，和不列颠军团统帅普劳提乌斯一起镇压当地的叛乱，他的军事能力得到充分发挥，通过与当地敌人的 30 多次战争，攻下了 20 多座城镇和维克替斯岛。赫赫战功为他赢得了尼禄为其举办的凯旋式。

公元 51 年，韦帕芗又以候补资格被选为执政官。公元 54 年，尼禄继承皇位。相传在尼禄的一次音乐会上，韦帕芗因为打瞌睡得罪皇帝而被疏远，为躲避迫害他归隐乡间。公元 63 年，他再次受到尼禄重用，担任阿非利加行省的总督。

结束纷扰的“四帝之年”

公元 66 年，处于统治阶级和民族双重压迫下

公元 69 年，韦帕芗创立弗拉维王朝，统一罗马，结束了罗马帝国的战乱纷争，恢复了罗马帝国的统治秩序。图为韦帕芗半跪接受帝位。

尼禄统治末期，因犹太行省欠税，当地驻军入侵耶路撒冷圣殿并洗劫一空，引起犹太人的愤懑，遂奋起反抗，掀起了一股起义浪潮。图为犹太人为保护圣殿抬着犹太圣殿里的烛台离开。

的犹太人揭竿而起，反对罗马的统治。事情起因于犹太行省拖欠行省税，驻扎在当地的罗马军队在长官的带领下进入犹太人在耶路撒冷的圣殿，将圣殿内的奉献品和财物作为税款洗劫一空。该举动被犹太人认为是严重的亵渎行为，激发了犹太人的宗教反抗情绪，起义者全歼耶路撒冷的罗马驻军。公元 66 年，尼禄派遣罗马叙利亚军团协同犹太王国的阿古力巴二世前往平定叛乱，但他们不敢贸然进攻耶路撒冷，最后撤退了。起义浪潮进一步在罗马帝国其他行省的犹太人之间散播开来。尼禄意识到事态的严重性，公元 67 年，他决定将韦帕芗调回，任命他为军团统帅，并由他率领三个新增派的军团，立即前往叛乱地区镇压起义，但进展缓慢。

公元 68 年年末，正当韦帕芗准备挥师南下耶路撒冷的时候，伽尔巴在西班牙发动叛乱，“嗜血者”尼禄在起义中被迫自杀。韦帕芗决定暂停南下，停止了军事行动，静观其变。公元 69 年 4 月，贝德里亚库姆战役中奥托失败自杀，维特里乌斯登上罗马皇位。失败的潘诺尼亚军团不服，他们联合莫埃西亚军团和叙利亚军团，共同拥立犹太军团的韦帕芗为皇帝。不久之后，埃及行省的长官也表态，公开支持韦帕芗。获得他们的支持后，公元 69 年 7 月 1 日，韦帕芗称帝。随后，他率军进入埃及亚历山大城，坐镇指挥军队。同年 9 月，韦帕芗率领的军队进入意大利并连战连捷，于 12 月攻入罗马城，杀死了维特里乌斯。至此，韦帕芗可以说是已经坐稳了江山。这也标志着，罗马帝国已经结束了之前的“分裂”状态，开始了弗拉维王朝的统治。

治国有方

韦帕芗是一个厉行节俭、励精图治的开明君主。长期的内战使罗马帝国经济凋零，国库空虚，社会混乱。为此，他推行了一系列整顿社会秩序和发展经济的措施。

在经济方面，通过开源和节流两种方式恢复经济。在开源方面，他恢复了拍卖税，增加行省的税捐，还征收各种名目繁多的捐税。对此，塔西佗与苏埃托尼乌斯对韦帕芗冠以“贪财”之名。但是，韦帕芗的这种做法只不过是很好地利用了一些不义之财，而且，他这样做，也是无奈之举。这正如古罗马又一位著名历史学家苏埃托尼乌斯在《罗马十二帝王传》中所说的："由于国库和皇帝金库空虚，他不得不征收苛捐和进行敲诈勒索。"在节流方面，他以身作则，一改之前罗马皇帝奢靡的生活方式，减少宫廷支出。同时，他又慷慨地将聚敛和节省的钱财，用于恢复在战乱和自然灾害中遭到破坏的城市建设。

在政治方面，韦帕芗加强皇权，扩大帝国的统治基础。他自任监察官，重新登记和审查元老院贵族和骑士阶级的人员，采取措施把高卢和西班牙等地千余名富有贵族升为元老和骑士，又将罗马公民权和拉丁公民权广泛地授予行省居民。与此同时，韦帕芗还罢黜了罗马上层机构中的腐败分子，大量吸收在行省中具有一定威望的奴隶主上层参加元老院，并给予他们津贴。显然，韦帕芗的这些措施延续了尼禄在位时曾经采用的方案，扩大了罗马帝国的统治基础。自此以后，罗马帝国的政权机构不再局限于意大利奴隶主的利益，而开始为整个地中海世界的奴隶主阶级服务。此外，韦帕芗还大力整顿军队纪律，假借惩罚和克扣赏银等方式，打击了罗马帝国士兵不可一世的嚣张气焰。韦帕芗还迫使元老院通过全权法，赋予他广泛的权力，使他有权采取他认为对国家利益有用的一切措施。

在军队方面，为避免自己和前几位皇帝的立废由军队决定的命运，韦帕芗整顿军纪，以强势的惩罚和克扣军饷的方法抑制了军队的嚣张跋扈气势。同时，他采取措施，加强对军队的控制，规定近卫军在意大利人中间招募，各地驻军的兵源皆由行省解决。驻军兵源的行省化对于罗马军团士兵的构成

知识链接：贝德里亚库姆战役

发生于贝德里亚库姆（今意大利北部）的罗马帝国内战。公元69年4月，第一次贝德里亚库姆战役爆发。拥护维特里乌斯派的军队，从莱茵河军区南下，与支持奥托皇帝的军队在此会战，维特里乌斯派得胜。同年10月，第二次贝德里亚库姆战役开始。拥护韦帕芗的东方军团在此地与维特里乌斯派的军团展开攻防战，韦帕芗派最终取胜。

公元69年4月，罗马四帝时代第二位皇帝奥托与第三位皇帝维特里乌斯之间的决战，史称第一次贝德里亚库姆战役。最终奥托兵败，自杀身亡，维特里乌斯赢得胜利，登上罗马皇位。

公元 71 年，为纪念弗拉维王朝的创立者韦帕芗征服犹太人发行的刻有其头像的钱币。韦帕芗在位期间，经济、政治、军事、社会秩序等方面都得到了极大的发展，罗马一派繁荣景象，罗马和平时代再次到来。

知识链接：雅努斯神

传说雅努斯神（Janus）有两副面孔（又称“两面神”），向前的一副老年人面孔面向未来，向后的一副青年人面孔面向过去。1 月的英文（January）即来自它。雅努斯神不仅象征一切事物的开始与终结，还是战争与和平之神。每遇战事，罗马人就将雅努斯神庙的大门敞开，表示雅努斯出来帮他们作战。而在和平时期将庙门关闭，表示雅努斯正坐在神庙里保护人们的平安。

产生了重大的影响。在克劳狄王朝和弗拉维王朝时期，罗马基本上遵循屋大维遗嘱中提出的不扩大帝国疆域的外交政策，在领土扩展方面作为甚少。此外，韦帕芗为达到改编军队和改善帝国财政的目的，任用骑士代替被释放的奴隶来管理罗马帝国的一些机构。

在稳定社会秩序方面，韦帕芗即位后，先派其子提图斯率军攻打耶路撒冷，残酷镇压了犹太人的起义，随后，又平定了高卢和莱茵河行省的起义。与此同时，韦帕芗不拘泥于正常的程序，而是用抽签的方式选定一批特派专员，负责尽快地审理长期积压的诉讼案件，维护私有财产，特别是把在战争中侵吞的公民财产归还，从而稳定了人心，恢复了社会的稳定。

在韦帕芗的统治下，罗马帝国迅速稳定，他获得了罗马臣民和后世史学家的高度评价。罗马的雅努斯神庙关闭，象征着罗马和平时代的再度降临。公元 71 年发行的钱币，正面是韦帕芗皇帝，背面则是纪念他征服犹太人的丰功伟业，韦帕芗皇帝曾宣称“皇帝应该站着死去”，公元 79 年 6 月 23 日，他挣扎地直立身体，死在搀扶者的怀里。

韦帕芗即位后，为稳定社会秩序，派其子提图斯率军攻打耶路撒冷，残酷镇压犹太人起义，图为耶路撒冷陷落后的悲惨场景。此次战争结束了犹太地区的纷争，恢复了社会秩序。

被遗忘的一代贤君
神圣的提图斯

提图斯仅执政两年，就受到罗马人民的普遍爱戴。人们记忆中的提图斯永远是慷慨、慈爱和宽容的代名词。

韦帕芗去世后，他的长子提图斯（与父同名）于公元 79 年继位。但提图斯只统治罗马帝国两年，就于公元 81 年因病去世。听闻提图斯病逝的消息后，罗马人民齐声哀悼，贵族元老们则对提图斯在位时的功绩给予充分肯定和百般颂扬。

军事天才

提图斯（Titus Flavius Vespasianus，公元 79—81 年在位）于公元 41 年出生在罗马城，从小在宫中接受教育。他的身材虽不高大，但健壮有力，而且，他的记忆力惊人，过目不忘。在行军作战方面，他和父亲一样有着极高的天赋。韦帕芗早年在不列颠和日耳曼担任军团长官时，提图斯便随从左右，成为其得力助手，并从实践作战中获得不少历练。提图斯雷厉风行的作战风格颇得韦帕芗的赏识。

公元 66 年，犹太行省发生叛乱，韦帕芗受命率领三个军团前往镇压，时任财务官的提图斯被破格提拔为军团的副指挥官，父子俩再次一同作战。公元 67 年，提图斯攻入犹太北部的塔里卡埃、加马拉两城，战事进入另一阶段。公元 68 年夏，罗马发生骚乱，尼禄自杀，伽尔巴受元老院承认为继任的皇帝。提图斯受父亲指派，到罗马祝贺新皇即位。在路途中，他听闻了罗马的情势再度混乱，便立刻返回犹太行省，静待时局。公元 69 年 7 月，韦帕芗称帝起兵，最终战胜当时的罗马皇帝维特里乌斯。韦帕芗则留下四个军团，让提图斯继续留在犹太进行战争。公元 70 年，犹太战役再度开启。提图斯强攻与围城并举，耶路撒冷因饥馑与疾病，最后终于陷落，圣殿被毁，起义者被残酷屠杀，圣物被当作战利品送往罗马。提图斯留下一个军团继续在犹太人圣地马萨达清除余党，自己则于公元 71 年在罗马与父亲举行凯旋式，庆祝这项胜利。

图密善（公元 51—96 年），弗拉维王朝最后一位皇帝，韦帕芗的幼子，提图斯的弟弟。公元 81 年，提图斯去世后，图密善继位。在位期间，他荒淫暴虐，引起罗马上下的不满，公元 96 年，被刺身亡。图为藏于法国巴黎卢浮宫的图密善雕像。

提图斯，韦帕芗长子，罗马弗拉维王朝第二任皇帝。罗马四帝时代，提图斯随父亲征战，立下赫赫战功，韦帕芗死后继位。在位短短的两年期间，一心为民，深受民众爱戴。

秉政劳民

公元79年，韦帕芗病逝，向来受他宠爱的长子提图斯继承王位。继承王位后，提图斯曾宣誓自己永不沾血腥，并接受元老院授予的大祭司职位。在其任期内，他真的遵守了自己的诺言。曾经有两名罗马贵族青年被揭发证实有谋反之心，他却没有判处他们死刑，只是简单的言语警告就宽恕了他们。此外，他的弟弟图密善因为没能继承父亲的王位，一直怀恨在心，在提图斯登上王位后多次暗算兄长，甚至公开煽动军队叛乱。但是提图斯也没有责怪他的弟弟，为了能够和弟弟重归于好，提图斯甚至宣称死后王位由他的弟弟继承。与此同时，在司法方面，他严惩没有依据的报复性的告密行为。为丰富罗马人的日常生活，他举办盛大的角斗表演，又出资兴建公共浴池和竞技场。

提图斯担任皇帝期间，罗马帝国发生三次严重灾害。在他刚继任王位不久，维苏威火山爆发，庞培和赫库兰尼姆两座城市瞬间被火山灰埋没。一年后，罗马城再次发生火灾，尼禄刚兴建不久的罗马城再度遭到毁灭性的破坏。祸不单行，火灾后不久，罗马城又出现了大规模的瘟疫。两年内发生的三次灾难让罗马城内的居民苦不堪言。面对灾难，提图斯尽力挽救。维苏威火山爆发后不久，他便设立专门的督查官，负责灾后重建工作，甚至从自己的皇帝财产中拨出一部分用于灾民。瘟疫发生后，他又任命医师遍查医书寻找方法，并亲自通过占卜和祭祀活动缓解瘟疫的肆虐。

提图斯在位期间，一直兢兢业业，一心为民，接连不断的天灾人祸让他力不从心。公元81年9月，他回到自己在萨宾地区的别墅调养身体，但最终还是被病魔夺去生命，享年43岁，在位两年多。

知识链接：维苏威火山大爆发

公元79年8月的一天中午，坎帕尼亚的维苏威火山大规模爆发，灼热的火山碎屑流在18个小时内彻底毁灭了当时极为繁华的拥有2万人的庞培古城，其他几个有名的海滨城市如赫库兰尼姆、斯塔比亚等也遭到严重破坏。灾难过后，提图斯积极进行了救济与重建工作。

罗马弗拉维王朝第二任皇帝提图斯皇帝去世后，其继位的弟弟图密善为纪念提图斯的丰功伟绩，建立了提图斯凯旋门。该建筑也是古罗马城中保留下来的最典型的三座凯旋门之一。

幸福的年代

“五贤帝时代”

如果让一个人说出，在世界历史的什么时代人类过着最为幸福、繁荣的生活，他定会毫不犹豫地说，那是从图密善去世到康茂德继位的那段时间。

——爱德华·吉本

罗马帝国历史上有一段时期，国家政通人和，经济繁荣，人民安居乐业，文化事业发达，持续了近百年（公元96—180年），令后人追思不已。这就是著名的“五贤帝时代”。所谓“五贤帝”，指该时期罗马历史上出现的五位杰出的皇帝：涅尔瓦、图拉真、哈德良、安敦尼·庇护、马可·奥勒留。

涅尔瓦的贡献

涅尔瓦（Marcus Cocceius Nerva，公元96—98年在位）原是罗马元老贵族，在罗马德高望重。图密善被刺杀之后，他被推举为帝国元首。

鉴于图密善的暴政，涅尔瓦即位之初就使用宽厚政策，恢复了元老院的地位和权势，从而缓和了元老院和元首的矛盾。此外，他又对一些制度作了必要改革。他赦免了被图密善放逐的人，发还了他们的财产，缓和敌意；建立了救济贫困农民和穷人孩子的制度，并将大量土地分配给贫民。同时，他还免除许多捐税，降低了遗产税，解除强加于犹太人的捐献。他紧缩开支以弥补国库的亏空。

涅尔瓦，“五贤帝时代”第一位皇帝。涅尔瓦原为元老贵族，德高望重，图密善死后即位。在位期间，他的政策宽厚，轻徭薄赋，减轻人民的负担，缓和了社会矛盾，并选取图拉真为继子，开创养子继承制。

除此之外，涅尔瓦的另一作为是选择图拉真为继子，并授予他“恺撒”的名字和保民官权力。涅尔瓦把图拉真过继为儿子实际上也就解决了用军事因素巩固新的统治的困难任务。可以说，这个措施是非常明智且得当，后来的史实证明他不但选对了继承人，而且开创了良好的养子继承制。涅尔瓦温和的统治方针，奠定了“五贤帝时代”的基础。

图拉真的贡献

涅尔瓦去世后，图拉真（Marcus Ulpius Nerva Traianus，公元98—117年在位）奉召继位。他鉴于前朝之失，采取了较有效的措施来缓和各方面的矛盾。图拉真依然给予元老院以充分的尊重。他改革地方行政，任命一些忠于职守的亲信到行省去做总督，改善中央和行省的关系。他还懂得培养民力的重要性，轻徭薄赋，减轻人民的负担，并用政府贷款的方式，帮助小农维持生计。此外，图拉真还沿袭涅尔瓦所创行的办法，即由政府拿出一部分税款在各地设立基金，用以养育贫苦的孤儿。他获得

图拉真皇帝的半身塑像，这位皇帝在2世纪前期将帝国的版图扩展到极致。

了元老院赠给他的“最佳元首”的称号。

图拉真虽然是治国能手，但是他骨子里的军人热血并未褪去。在位期间，他积极发动对外征服战争，先后征服了达西亚、帕提亚、亚马尼亚、两河流域等地，分置了多个行省，使罗马帝国的版图达到了空前绝后的规模。

知识链接：哈德良皇帝的犹太政策

哈德良时期，帝国总体和平，但对犹太人的政策例外。131年，哈德良发布法令，不许犹太教徒进行割礼以及阅读犹太律法。而且，哈德良决定在耶路撒冷建立殖民地和神庙。面对这种情况，20多万犹太人在“星辰之子”西门的领导下，奋起反抗。但由于实力悬殊，起义军最终惨遭屠杀，50座城市和近千座乡村遭到焚毁。

哈德良的贡献

图拉真死后不久，哈德良（Publius Aelius Traianus Hadrianus，117—138年在位）便被叙利亚军团推为元首，不久便得到元老院的批准。与图拉真不同，哈德良并不热衷于对外征服，因为他认识到对外征服带来的一系列问题，帝国的内部矛盾激化，边界地区也不稳定。于是，哈德良即位后，对外政策发生改变，放弃了大规模的进攻政策，而仅着眼于防守。哈德良先是停止了与帕提亚的战争，然后放弃了攻打亚述行省和美索不达米亚行省。接着，为了抵御日耳曼人的南侵，他在现今德意志的南部筑了一道长城。此外，他又建造了横贯东西的“哈德良城墙”，以防御苏格兰的“蛮族”的侵入。

哈德良是罗马帝国五贤帝之一，在位期间，停止东方战争，改革官僚制度和法律。他也是一位伟大的建设者，他重建了万神庙，又在不列颠岛北部建造了横贯东西的“哈德良长城”

哈德良还是一位博学多才的皇帝，在文学、艺术、数学和天文等方面都造诣颇深。出于对知识的热爱，哈德良探求知识的足迹遍布了整个帝国。稳定边界问题之后，哈德良对帝国内部的官僚机构进行了改革，为罗马帝国官僚制度的最终形成打下了坚实的基础。这一时期，骑士阶层逐渐成了帝国官僚的主要来源，成为真正的官吏阶层。

安敦尼·庇护的贡献

安敦尼·庇护（Antoninus Pius，138—161年在位）是哈德良的养子，在哈德良不幸去世后即位。在他统治时期罗马帝国达到全盛。因此，五贤帝的统治时期也被称为“安敦尼王朝”。

安敦尼可谓是一个善良淳厚之人，在他统治的23年中，他基本上继承了哈德良的政策。安敦尼对于民间的疾苦深有体会，因而他的统治也注意改善百姓的生活。他将大量的私人财产捐献给了国库，又用国库的钱购买油、米、麦、酒等生活必需品免费发放给平民。这些善行并没有让国库亏空，善于理财的安敦尼让国库保持丰盈的状态。安敦尼还奖励学术，

安敦尼·庇护，“五贤帝时代”第四位皇帝。在位23年间，继承哈德良的政策，大力发展经济，对内缓和各方面矛盾，对外抵御蛮族入侵，使罗马帝国达到全盛。

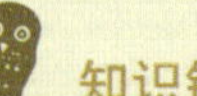

知识链接：罗马骑士阶层

随着海外扩张以及海外贸易和金融商业的发展，一些商人因经营金融、商业、放高利贷和包缴行省税收等活动而发财致富，在罗马社会中形成了一个新兴的富有阶层，即骑士。随着骑士经济地位的提高，他们对政治权力的要求也越来越高，一支新的政治力量在罗马政坛悄然兴起。

提高知识分子的地位。在军事上，这位皇帝的能力也绝不含糊。在不列颠，面对蛮族人的侵扰，罗马人奋起反击，将边境线向北推进了足足100公里。在其他地区，安敦尼也有效阻止了蛮族人的侵袭。

与其前任哈德良不同的是，安敦尼不怎么爱外出旅行，他的生活基本都是在罗马度过的。安敦尼是一位温和、仁厚、善良、和蔼可亲的君主，并被元老院授予“庇护”称号。

马可·奥勒留的贡献

161年，安敦尼的养子马可·奥勒留（Marcus Aurelius，161—180年在位）和弟弟维鲁斯二位元首共同执政。这个时期，罗马面临蛮族的多次入侵。169年，维鲁斯因病去世，抵抗蛮族的任务落在了马可·奥勒留一人身上。他以坚强的意志与出色的能力奋力维持帝国，允许那些愿意为罗马服役的部落定居在帝国北部边境，以便从中吸引雇佣军补充帝国军力。从此以后，日耳曼人也就逐渐成了罗马雇佣军的主要来源，罗马军队也开始了它的蛮族化进程。

五贤帝统治时期，罗马帝国的文治武功均达到巅峰状态，国力的强盛使得帝国能够长期处于并维持安定与繁荣。生活在这个时代的罗马人，被视为最幸福的罗马人，他们享受着国家的富强与安定，也享受着生活的安逸与富足，可谓人类最幸福的年代。古罗马学者阿里斯提德斯曾在他的《罗马演说》中作如是描述：

“现在整个世界都好像是在欢度假期一样，脱下了古代的战袍，穿上了自由欢乐的锦袍。所有的城市都已经放弃了它们旧有的争端，希望在一件单纯的事情上取胜，那就是每个城市都希望使它自己

图为皇帝马可·奥勒留的骑马青铜雕像，他是五贤帝的最后一位皇帝。“五贤帝”于公元96—180年统治期间，给予罗马人一段稳定安乐的时期。

图为通过杀弟登基的皇帝卡拉卡拉的半身塑像。213年，卡拉卡拉巡视莱茵河防线与日耳曼长城，大约半年的时间，他将只有壕沟和栅栏的地方改成由石头和砖瓦所组成的防线。此举使“五贤帝时代”的防线大为加强。

变得更快乐、更美丽。到处都是游戏场、林园、神庙、工厂和学校……城市到处充满了光明和美丽，整个大地都好像是元首的花园一样。友好的烽火从它的平原上升起，而那些战争的硝烟就好像是随风飘去，到了山海以外去了，代替它们的是说不尽的美景和欢快……希腊人和外国人都可以空着手，或是满载着金钱，到处自由的旅行，好像是在自己家里一样……只要做了一个罗马人，或者是陛下的臣民，即可以拥有安全的保障。荷马曾经说过：“大地是属于大家的，而您却使这句话变成了现实，因为您已经测量了整个的世界，在河川上架了许多的桥梁，把山地开成了驿道，在沙漠中建立基地，使万物都文明化，使其具有纪律和生命。”

阿里斯提德斯的这番描述肯定带有夸张的成分，但也在很大程度上反映出“五贤帝时代”人们的幸福生活。

“五贤帝时代”的最后一位帝王奥勒留死后，其子康茂德即位，安敦尼王朝和平与稳定的局面开始动摇。

广角

图拉真的征讨

图拉真作为“五贤帝时代”的“最佳元首”，曾肆行武力扩张。其在位后期，罗马帝国的疆域最广，达到了历史上最远的疆界。

公元98年，涅尔瓦因病去世，战功卓著的日耳曼总督——图拉真即位。图拉真一直随父亲在军队里长大，后从军，成为一位有名的军事指挥员。公元91年，他曾出任过执政官。

屋大维去世之前，曾嘱咐后人不要越过边界入侵蛮族地区，以免拖垮罗马帝国。但屋大维之后的继位者并未完全遵守他的遗嘱。图拉真即是其中一位。

图拉真曾先后两次用兵于多瑙河流域的达西亚(今罗马尼亚)。第一次是在101—102年，他亲自率领大军20万人渡过多瑙河，攻陷了达西亚人的都城萨尔米泽杰图萨。但达西亚民风强悍，不会轻易服输。时隔三年，达西亚人又重整旗鼓，反抗罗马人的统治。面对达西亚的反抗，图拉真绝不手软。106—107年，图拉真第二次大举进攻达西亚。这一次他搜山剔谷，掳获无数。达西亚人虽然奋勇抵抗，还是惨遭失败。达西亚惨败之后，图拉真将其改为行省，并让大批罗马士兵和贫民移到那里去屯垦。

图拉真对达西亚的征服使得罗马在黑海沿岸一带的势力得到进一步加强。此后，图拉真将侵略的矛头从西方移向东方，开始了一生中最后的征伐。106年，图拉真占领阿拉伯北部，设阿拉伯行省。接着在114年，图拉真以亚美尼亚王国的宗主权问题为借口，把侵略矛头指向亚洲西南部的帕提亚帝国，占领亚述，攻陷两河流域，直抵波斯湾。当时，图拉真站在波斯湾边颇有感慨，悔恨自己到了晚年才开始从事亚历山大远征的事业。图拉真是第一个也是最后一个到达波斯湾头的罗马元首。117年，图拉真病重撤军，设亚述和美索不达米亚两个行省。

在图拉真时代，罗马帝国版图扩大到最大范围。它东起两河流域，西及不列颠岛的大部分地区，南括埃及、北非，北抵莱茵河和位于多瑙河以北的达西亚。此时的罗马，势力已经如日中天。

古罗马的“万里长城”
哈德良长城

哈德良长城虽是战争的产物，但它更是和平的桥梁。

中国的万里长城在世界上享有盛誉，吸引了各国人民慕名参观。在今天的不列颠岛北部，也有一条颇具名气的长城——哈德良长城。哈德良长城为罗马帝国皇帝哈德良下令修建，距今已经将近1900年。

防御工事

117年，哈德良皇帝统治罗马。此时的罗马帝国已历经几百年的对外征战，版图辽阔，领土扩张基本完成。连年的战争已消耗了不少国力，继续扩张，可能伤及元气，也不利于管理已有疆土。在帝国北方和西方，由于边防空虚，北部的日耳曼人虎视眈眈，意欲南侵。因此，哈德良在位时期，主要政策就是对外谋求和平共处，对内加强边疆防守。于是，哈德良长城的修建于122年拉开序幕。

哈德良长城，位于不列颠岛，罗马“五贤帝时代”第三任皇帝哈德良统治时期修建的防御性长城。该长城包括城墙、瞭望塔、里堡和城堡等，从修建伊始到被遗弃，一直是罗马帝国西北边界的标志物。

哈德良长城包括城墙、瞭望塔、里堡和城堡等。哈德良长城每隔约1481米建一个里堡，最多容纳60人。每两个里堡之间，还有瞭望塔做哨所之用。长城南面修建了16个城堡，内有指挥部、粮仓、医院等，每个城堡可容纳500—1000名士兵。城墙上的守卫者一旦监测到敌情，就会快速地点上烽火，释放危险信号，并依次沿着长城传递，驻守在南侧的士兵看到便会迅速做出回应。这样的设置大大加强了城墙的防卫能力。

哈德良长城全长118千米，用了约75万立方米的石头砌成，从英国东海岸的泰恩河口，绵延至西海岸的索尔韦湾，东西横贯不列颠岛。在城墙的南北两侧都挖有壕沟，宽约3米，深约9米。南侧的壕沟距离城墙比较远，南北两侧各有一道高土屯，土屯与城墙之间建有一条军用道路。长城沿途穿越大片的不毛之地和河流，复杂的地理环境增加了修建的难度，也导致修建计划几经改变。例如，西部的城墙起初选用草泥建造，后来改用石块。城墙的宽度也几经变化。这项工程即便对实力雄厚的罗马帝国而言，也是一项工作量极其庞大的建筑工程。

哈德良长城自修建以后，长城附近从未发生过大的战争。

历史价值

随着罗马帝国的衰落，哈德良长城的防御功能日渐衰微。383年，哈德良长城弃守。476年西罗

位于英国的豪斯赛德要塞遗迹，124 年开始修建，是哈德良长城的辅助性堡垒。

知识链接：安敦尼长城

罗马人在英国修建的一段长 59 千米的城墙，与哈德良长城、日耳曼长城（德国段）同属古罗马长城的重要组成部分。安敦尼长城为罗马皇帝安敦尼·庇护下令在苏格兰境内克莱德河与福斯湾之间的地带修建，目的也是为了抵御“蛮族”主要是日耳曼人的入侵。这段长城始建于 142 年，后于 196 年被废弃。

马帝国灭亡后，哈德良长城更是丧失了原有的存在价值。

哈德良长城的原有价值虽然丧失，但却树立了罗马睦邻友好的强国形象。不列颠岛的发展自此进入了和平阶段，大量军队的驻守，既保卫了一方和平，也拉动了当地经济的发展。军人及随军家属的各种生活需求推动了工商业的发展，各种商贩、工匠在此从事商业活动。同时，长城北部的外人也被允许通过关口和罗马人进行商贸往来，甚至移民进入罗马境内生活。长城两侧的城镇规模不断扩大，呈现出繁荣和平的发展景象。

1987 年，哈德良长城被列为世界文化遗产。英国政府也采取了一系列措施保护长城，并将其开发成英国著名的旅游景点，当地居民的收入也得到提高。21 世纪以来，哈德良长城附近的一些学校与中国长城附近的学校建立了联系。由此，长城成为连接两国青年的情感纽带，增进了彼此的了解和认识。英国博塞德学校的一名学生曾这样说过：“再过一段时间，我们将去中国河北省，去认识中国的长城。中国长城始自河北省，到了那里的学校后，我们将向他们提一些问题。比如，为什么要把长城比喻为一条龙。”

哈德良长城里堡。哈德良长城的组成部分，每隔一定距离修建一个，最多容纳 60 人，里堡之间有瞭望塔作为哨所。

“从一个黄金帝国沦为一个铁锈之国”

五贤帝的后继者康茂德

他是勇猛的斗士，他也是力不从心的皇帝。

所谓天下大势，分久必合，合久必分，世间万物总难逃盛极而衰的轮回，强大的罗马帝国也不例外。经历了“五贤帝时代”的幸福时光，盛极一时的罗马帝国忧患渐生，作为五贤帝的后继者，康茂德将如何面对？遗憾的是，他的准备似乎并不充分。

疏离朝政

与“五贤帝时代”的养子继位不同，康茂德（Commodus，180—192 年在位）是马可·奥勒留的亲生儿子。这个亲生儿子虽备受父亲宠爱，5 岁便名列“恺撒”，16 岁受封为帅，17 岁共治帝国，但他却远不如“五贤帝时代”的养子们让人省心。

康茂德即位之初，虽统治策略与父亲不同，与昔日的敌人签订了条件优厚的停战和约，尚可归为政治理念不同，不能说他不是一位合格的君主。但后来发生了一件事，让康茂德性情大变，直至彻底疏离朝政。

182 年，康茂德在剧院险遭暗杀，刺客在被严刑拷打之后，供出幕后主使竟是皇帝的亲姐姐鲁琪拉。得知真相的康茂德万念俱灰，处决了涉案人员，流放了鲁琪拉，自己也一蹶不振，怠于政事。更严重的是，康茂德染上了极重的疑心病，总担心重臣们加害自己。

康茂德即位不久就将国家政务交给近卫军长官治理，自己则躲到宫廷深处，每日游玩打猎，经常参与角斗士或野兽的角斗。他这样做，或许是因为他认为自己最大的危险是帝国上层人士的刺杀，因此最好远离朝政，也或许是他希望将身体锻炼得更

康茂德疏于朝政，终日玩乐，经常参加角斗士或斗兽比赛，因为他是皇帝，所以总是被安排取得胜利。

图为《角斗士》电影中的康茂德

强壮一些，以此对抗突然的谋杀。

生活广场：与康茂德相关的电影

美国于20世纪60年代和2000年分别上映的《罗马帝国沦亡录》和《角斗士》都是描述康茂德执政时期的电影。在《罗马帝国沦亡录》中，康茂德治国无方且性情残暴，导致了罗马帝国的最终灭亡。《角斗士》反映了康茂德的残酷本性。他因害怕立下显赫战功的马克西蒙斯夺位，便意图杀死马克西蒙斯和他的家人。马克西蒙斯有幸躲过追杀，后沦为一名角斗士，杀死了康茂德。

倒行逆施

康茂德统治初期虽荒废政务，但国家在近卫军长官佩伦尼斯的掌控下还算稳定。184年，佩伦尼斯镇压了不列颠境内的叛乱。佩伦尼斯的功绩引起嫉妒，寝宫侍从克利安德向康茂德进谗言，康茂德的疑心病又犯了，处死了佩伦尼斯，让克利安德执掌国政。克利安德掌握大权后，倒行逆施，出售官职，加重税收，激起民变。康茂德为平息民愤，将克利安德处死。

克利安德之死、身边大臣的腐败，并没有引起康茂德的足够重视，他依然我行我素。当怀疑哪位官员有谋杀他的嫌疑时，他就以阴谋罪逮捕，不经审判直接处死。

康茂德的所作所为弄得元老院与近卫军高层人心惶惶，于是他们决定谋杀康茂德。结果，康茂德的情妇玛琪亚与近卫军长官莱图斯，趁着康茂德洗浴之时，派了与康茂德有着深仇大恨的角斗士马克西蒙斯杀死了他。罗马人对于康茂德的仇恨，并没有因为他死去而停止，元老院对康茂德施加了除忆诅咒，还要人们从记忆中彻底抹掉这个人。

康茂德承接的帝国，是历史上最为光辉与强盛的罗马，而在他执政末期，罗马已经开始走向衰落。但是，如果说罗马的衰落是由康茂德一手造成的，责任全部在他，倒也不是完全合理。实际上，在马可·奥勒留统治时期，常年无果的征战已经耗费了大量国力，尤其是长达十年的日耳曼战争，使得帝国到了精疲力竭的地步，当时的各种矛盾只是掩盖在表面的繁荣之下。但是，对于帝国的衰落，康茂德还是负有很大责任。在帝国危机初现端倪的时候，他并没有做出任何实质性的努力来挽救帝国危机，反而自暴自弃，一心痴迷游玩和角斗，不仅没有挽狂澜于既倒，反而对帝国衰落起到了推波助澜的作用。正是因为这个原因，希腊历史学家狄奥做出了这样的概括，在康茂德的统治下，罗马“从一个黄金帝国沦为一个铁锈之国”。

康茂德因姐姐鲁琪拉刺杀事件性情大变，患上疑心病，任意杀人，沉迷于游戏或决斗，疏于朝政，纲纪败坏，最终被马克西蒙斯杀死。

3世纪危机
皇帝乱立

235—284年，罗马帝国共有20多个元首更替，其中18个死于非命，他们的命运就是当时政局混乱的写照。

235年，塞维鲁王朝寿终正寝。随后，马克西米努斯被黄袍加身。但他只当了三年皇帝就惨遭杀害。他的去世使罗马帝国再次风雨飘摇。在此之后至284年，帝国元首的废立甚至生命都掌握在士兵手中，后世学者因此将这个时间段称为3世纪危机时期。

知识链接：塞维鲁王朝

罗马帝国的奴隶制王朝（193—235年），因原潘诺尼亚总督北非人塞普蒂米乌斯·塞维鲁的创建而得名，共有9位皇帝。235年，罗马军队爆发叛乱，最后一任皇帝亚历山大·塞维鲁被杀。马克西米努斯即位，结束了塞维鲁王朝。

第一位蛮族出身的罗马皇帝马克西米努斯

塞维鲁王朝末期，色雷斯行省中农夫家庭出身的盖乌斯·尤利乌斯·维卢斯·马克西米努斯（Gaius Julius Verus Maximinus，235—238年在位）因其勇猛，获得末代皇帝亚历山大·塞维鲁的赏识，从一名农夫成为最高军事指挥官。马克西米努斯并没有用忠诚回报皇帝的赏识，他觉察到军中的不满情绪，与中国历史上的赵匡胤一样，上演了一出黄袍加身的好戏。

马克西米努斯上位之后，犯下诸多暴行，荼毒生灵，激起人民反抗。元老院世袭贵族戈尔狄安父子在元老院的支持下发动起义，准备以武力对抗。237年，年轻的戈尔狄安在率军抵抗毛里塔尼亚总督卡培里阿奴斯的攻击时，壮烈牺牲。年迈的老戈尔狄安在听到消息之后，无比悲痛，也自杀身亡。

马克西米努斯，出身蛮族的罗马皇帝。马克西米努斯是塞维鲁王朝末代皇帝亚历山大·塞维鲁率领下的最高指挥官。235年，他将塞维鲁杀害，成为皇帝。在位期间，马克西米努斯倒行逆施，遭到罗马上下的反抗。后因军队内部发生叛乱，被杀身亡。

戈尔狄安父子去世之后，罗马陷入一片混乱。一位名叫图拉真的议员，呼吁元老院支持马克西米努斯和巴尔比努斯为皇帝，议员们立即表示支持。马克西米努斯和巴尔比努斯均不再年轻，一位60岁，一位则已经74岁。但是，这两人似乎并没有得到民众的支持。为避免冲突，老戈尔狄安的孙子、小戈尔狄安的侄子戈尔狄安三世（Marcus Antonius Gordianus Pius，238—244年在位）获得恺撒头衔。这个时候，一直在外领军的马克西米努斯已经率军进攻罗马。正在帝国危在旦夕的时刻，马克西米努斯军队内部发生阴谋事件，马克西米努斯被杀，戈尔狄安三世即位。

戈尔狄安三世家世显赫，爷爷和叔叔均为元老院世袭贵族，因此马克西米努斯死后，他被推举为皇帝。但戈尔狄安三世因年幼，无法控制军队，不久菲利普煽动士兵将他谋杀。

戈尔狄安三世及其他短命皇帝

戈尔狄安三世虽然因为家世原因受到元老院的爱戴，但他毕竟年龄过小，难以控制军队。实际上，近卫军控制了罗马和行省，与宦官沆瀣一气，将帝国官职公开卖给无能之辈。后来，戈尔狄安三世得到米西特修斯的辅佐，取得一些战争的胜利。不幸的是，米西特修斯不久中毒身亡，菲利普担任军队统帅，煽动士兵对戈尔狄安三世的不满。戈尔狄安三世不久后被谋杀，而菲利普则被军队拥立为帝。

菲利普即位后，一些行省总督并不心悦诚服。244 年，罗马建城1000 周年节日刚过不久，梅西亚军团就发动了暴乱，菲利普派德西乌斯前去平定。虽然他很快平定了，但却被告知，自己曾经信任并加以重任的德西乌斯，竟被士兵拥立为帝。249 年，德西乌斯率军攻打意大利，菲利普被杀，德西乌斯正式成为罗马皇帝。但德西乌斯的统治只持续了两年，他在与哥特人的作战中被杀。

图为年幼的戈尔狄安三世接受皇位

德西乌斯死后，一部分人拥立加卢斯为帝，一部分人拥立德西乌斯十几岁的儿子霍斯蒂利安为帝，但后者不久死于瘟疫，加卢斯于是即位为帝。他上台后，将其儿子沃卢锡安努斯设为共治皇帝。但他们的日子并不好过，多次遭受哥特人和波斯人的侵袭。将军埃米利安努斯发动叛乱，宫廷内部发动政变，加卢斯父子被杀。埃米利安努斯则被拥立为帝，但他只统治了不到 4 个月，就被瓦勒良所杀。

瓦勒良即位之后，将长子加里恩努斯立为共治皇帝。两人共同统治了帝国大约 7 年。后来，瓦勒良在与波斯的战争中兵败被俘，帝国威望一落千丈，他本人不久后也病逝波斯。之后，加里恩努斯又独自统治了 8 年。期间，他曾经大败日耳曼人，取得了辉煌的胜利。

为罗马帝国带来安定

克劳狄二世

在位时，他执政亲民，安定边境；去世后，他被元老院尊奉为神。

加里恩努斯在位时期，罗马帝国政局混乱，出现了“三十僭主”的局面。但加里恩努斯并未重视。此后不久，驻防多瑙河地区的将领奥勒留发动叛乱。加里恩努斯终于觉醒，一举击败叛军。不幸的是，加里恩努斯突然去世。弥留之际，他指定克劳狄二世为罗马帝国继承人。

初登帝位，执政亲民

克劳狄二世（Claudius Ⅱ，268—270 年在位）来自伊利里亚。268 年 9 月，克劳狄二世作为加里恩努斯皇帝的最高将领，指挥罗马军队击溃了哥特人。加里恩努斯在这次战役之后很快就死了，而克劳狄二世被宣布为皇帝，并得称号“Divus Claudius Gothicus”，意为“神圣的、打败哥特人的克劳狄皇帝”。

克劳狄二世即位之后，他先是安排好了加里恩努斯的家人，然后开始重振罗马。有一天，一个老妇人前来向克劳狄控诉，说她世袭的产业被先帝的一个将领给侵占了，而这个将领正是克劳狄二世本人。克劳狄二世被老妇训得面红耳赤，马上将产业归还。原来，先帝在位时，为了讨好地方大员和军界高官，常常赏赐他们，而当国库不够用的时候，就会搜刮民财。克劳狄二世以身作则，扭转了这个风气，受到了民众的赞扬。

268 年，克劳狄二世作为加里恩努斯皇帝的最高将领打败哥特人。加里恩努斯去世后即位。克劳狄二世在位期间，经济上轻徭薄赋，军事上抵御哥特人，征服了阿勒曼尼人，在征讨汪达尔人时染上瘟疫去世。

剑指蛮族，安定边境

对罗马帝国而言，当时的困境不仅在于内部的叛乱，还有外部虎视眈眈的蛮族。此时，哥特人的力量逐渐壮大，日耳曼人和萨尔马提亚人等其他蛮族人，都投到了哥特人旗下，他们集结了 32 万人的兵力，直奔马其顿行省的帖萨洛尼卡城。克劳狄二世御驾亲征，率领帝国军队来与蛮族决一死战。哥特人作战虽然勇猛有余，但谋略不足，加上军中瘟疫肆虐，最终被克劳狄二世制服。

在获得最终胜利之前，所有人都忐忑不安，克劳狄二世在写给元老院的一封信中，深情写道：“各位议员：已经知道有 32 万哥特人入侵罗马的领土，要是我击败他们，各位的感激就是我服务的酬劳；万一我失败了，请大家记住我是加里恩努斯的继承者。”幸运的是，命运眷顾了罗马，眷顾了这位行伍出身的皇帝。

克劳狄二世的旷世奇功，受到罗马人的广泛赞誉，对帝国的衰落已颇感痛心的人们，仿佛看到了以一己之力扭转帝国命运，将帝国从蛮族手中拯救

图为哥特人袭击罗马

知识链接：伊利里亚王朝

罗马帝国的一个王朝（268—284 年），因历任统治者都来自伊利里亚而得名，一共传 7 个皇帝，统治 16 年。克劳狄二世（268—270 年）、奥勒良（270—275 年）、塔奇塔斯（275—276 年）、普罗布斯（276—282 年）、卡瑞斯（282—283 年）、卡林和钮莫里安共治（283—284 年）。

出来的希望，他们将克劳狄二世称为“哥特人的克星”。之后，克劳狄二世马不停蹄，又开始了新一轮的征战，击败了另一支蛮族军队——日耳曼人部落阿勒曼尼人。

解除了蛮族入侵的威胁，克劳狄二世开始收拾那些趁着帝国危难而独立的割据者。克劳狄二世的第一个目标是高卢。高卢已经从罗马割据了十年，地理范围大约在不列颠、高卢和伊比利亚半岛等地。克劳狄二世经过一系列作战，成功收复了部分地区，后来汪达尔人入侵，克劳狄二世就准备先制服汪达尔人。正在筹备之际，他不幸身染瘟疫，最终医治无效，在全国的哀恸和颂赞声中去世了。

克劳狄二世身为皇帝，他深爱着自己的国家，执政亲民，剑指蛮族。他在位虽然只有短短的两年，但在一定程度上延缓了罗马帝国的衰落进程，使得帝国从危机四伏的局面中解脱了出来，给帝国带来了安定的环境。正是由于其高尚的品格与伟大的功绩，这位“伊利里亚诸帝”中的第一位皇帝，在后来被元老院宣布为“神”。

克劳狄二世与哥特人在贝纳库斯湖的决战。哥特人遭受瘟疫，战斗力严重受损，克劳狄二世依靠谋略取得了胜利，抵挡了哥特人的入侵。

罗马帝国的重新统一
“世界光复者”奥勒良的奋战

奥勒良从一个普通的士兵最终成为罗马帝国的皇帝，他在位期间几乎重新统一了整个罗马帝国。

罗马帝国皇帝奥勒良，原名为鲁奇乌斯·多米提乌斯·奥勒里安努斯（Lucius Domitius Aurelianus，270—275 年在位）在位期间，收复了罗马帝国被外族侵占割据的大量领土，几乎重现了罗马帝国昔日的辉煌，被称为“世界光复者”。

从佃户之子到罗马皇帝

奥勒良出身不明，他父母的姓名不见史册。一些历史学者根据遗留下来的为数不多的相关史料推断，他的父亲也是一位军人，退伍之后在一位元老院议员家里做佃户，而他的母亲则是一名女巫，在太阳神神殿工作。

奥勒良深知，靠他这样的出身，在乱世中很难扬名立万，唯一的出路就在军营。于是，奥勒良很早就投身军营。最初，他只是一名普通的士兵。但胸怀大志的他知道如何才能脱颖而出，他在军营中因为三件事情而为人所知：其一，勇猛过人；其二，严格遵守纪律；其三，优秀的指挥能力。

凭借这三点，奥勒良在军营渐渐获得赏识。他从一名普通的士兵不断晋升，先后担任百夫长、军事护民官、军团副将、营区统领、将领，后来被封为“公爵”，并在哥特战争开始的时候成为骑兵主将。越来越多华丽的赞词，开始出现在他身上，如“伊利里亚的救星”“光复高卢的名将”和“媲美西庇阿的将领”等。一位元老院议员克里尼图斯，还将女儿嫁给了他。

奥勒良，佃户出身，凭借自身努力从士兵一步步当上将领，立下赫赫战功，在克劳狄二世去世后即位。

克劳狄二世去世前，将王位传给奥勒良。但奥勒良的即位并非一帆风顺，因为克劳狄二世的兄弟也觊觎王位。不过，他的兄弟最终被奥勒良的英雄气概所折服，甘拜下风，俯首称臣。

从治国理政到光复世界

行伍出身的奥勒良深知军队对于国家的重要，登上王位之后，他开始整顿军队。据说，有一次，一个士兵勾引一个有夫之妇，奥勒良知道之后，命人将两棵树用力拉在一起，用绳子绑住，然后将那名倒霉的士兵绑在两棵树上，再把绳子砍断，这两棵树突然崩开，将这名士兵活活撕成两半。这样的惩罚看似残酷，但是为了能够得到一支军纪严明的军队，奥勒良只好坚持。

克劳狄二世去世之后，原来被他震慑的蛮族人又开始蠢蠢欲动，哥特人和汪达尔人又聚集在一起，实力重新壮大起来。奥勒良则率军与新的联军作战，双方进行了旷日持久的战斗，似乎只有夜晚

奥勒良统治时期修建的城墙，被称为奥勒良长城。该城墙厚 10 多英尺，高 26 英尺，城墙环绕罗马整个七座山丘，保卫了罗马城市的安全。

知识链接：阿勒曼尼人

日耳曼人中的一支，始终是一个松散的部落联盟。213 年，罗马人进攻阿勒曼尼人的记载中，最早提到此名。5 世纪末，阿勒曼尼人扩张到阿尔萨斯和瑞士北部，在这些地区使用德语。496 年，它被克洛维征服，并入法兰克王国版图。法语与西班牙语中“德国”一词即衍生于这一支人的名称。

的到来，才能让战事稍歇。终于，筋疲力尽的双方决定签订和约，奥勒良与蛮族首领达成协议，罗马人撤至多瑙河沿岸，实际上是放弃了达西亚地区。奥勒良看似退让，实际上有自己的考虑，将遥远的达西亚的人口迁至多瑙河地区，可以增加多瑙河南岸的实力和人口。

后来，阿勒曼尼人组织了 4 万骑兵、8 万步兵前来进攻罗马，他们在洗劫之后，满载战利品撤离。奥勒良则率人占据多瑙河岸的有利地带，在蛮族人渡河过半的时候，突然发动攻击，蛮族人面对突如其来的袭击大为惊慌，在遭到失败之后只能派出使者谈判。奥勒良拒绝了联盟的要求，要蛮族人投降。就在僵持时刻，奥勒良因故要亲临潘诺尼亚，蛮族人趁机打开了一条血路，逃出了包围。不过，奥勒良回来之后，又果断出击，经历三场战役，彻底打败了阿勒曼尼人。

在消除蛮族之患后，奥勒良着手解决帝国内部的分裂势力。271 年夏末，奥勒良率军征伐巴尔米拉王国，在试图劝降无效后，奥勒良开始诉诸武力，先后两次击败对方。272 年，奥勒良俘虏了巴尔米拉女王，收复了该地区。之后，奥勒良率军西进，与高卢国王泰特里库斯达成协议。至此，原来松散的帝国重新统一，奥勒良获赠“世界光复者”的称号，元老院为他举行了大凯旋仪式。后来，奥勒良被暗杀，去世后，元老院将其封为“神”。

奥勒良统治时期，对外消除蛮族之患，对内征伐巴尔米拉王国，272 年俘虏了巴尔米拉女王，后征服高卢，巩固了罗马的统治，为罗马带来了久违的和平。图为奥勒良与和平女神握手的雕塑。

古罗马的文明传承 “新罗马”君士坦丁堡的建成

没有一个西方国家的首都，在帝国统治的连续性和范围方面，能与拜占庭首都君士坦丁堡的辉煌历史相媲美。

——斯塔夫里阿诺斯

土耳其的伊斯坦布尔曾是中世纪拜占庭帝国首都，即君士坦丁堡，它由君士坦丁大帝主持修建。对君士坦丁而言，除承认基督教的合法地位外，修建君士坦丁堡可以说是他做的另外一件重要事情。

修建君士坦丁堡的原因

君士坦丁大帝将罗马帝国的都城从罗马古城迁往君士坦丁堡的原因之一是3世纪危机的爆发。3世纪危机几乎席卷了罗马帝国全境，其中西部尤为明显。经济方面，奴隶制经济几乎已经达到了崩溃的边缘，农业萎缩，商业凋敝，城市衰落。政治方面，混乱无序，不仅贫民和奴隶揭竿而起，帝国周边的大批蛮族侵入帝国境内，而且帝国内部的权力阶层也割据一方，拥兵自重。较之于西部，罗马帝国东部的状况则好得多。由于其经济成分多样，因此受到的冲击较小。拜占庭农业是奴隶制生产（多为中小型田庄）、永佃制和代耕制（自由小农租种土地的制度）等多种经济制度并行，其中的小农经济占据主导地位。因此，在帝国西部已经出现严重的奴隶制农业危机时，帝国东部似乎不仅并未受到明显冲击，而且还得到一定程度的发展。与此同时，在帝国东部，其手工业中的奴隶劳动和自由小生产者劳动并存，受到奴隶制生产危机的影响较小。因此，在4世纪初期，帝国东部的手工业生产仍然稳定发展。此外，君士坦丁堡由于控制了东西

君士坦丁大帝，罗马帝国皇帝、君士坦丁王朝的开创者。在位期间，兴建新都君士坦丁堡，晚年皈依了基督教。图为君士坦丁大帝的圣徒像。

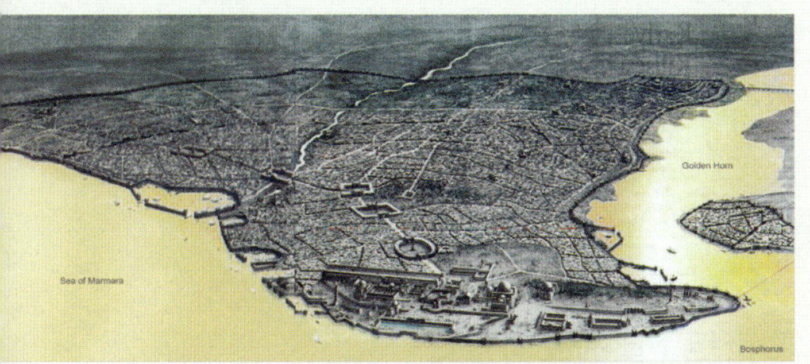

君士坦丁堡成为 9—11 世纪欧洲最大、最富有的城市。

知识链接：博斯普鲁斯海峡

位于今土耳其境内，又称伊斯坦布尔海峡。博斯普鲁斯海峡全长 30 千米，与达达尼尔海峡和马尔马拉海峡统称为土耳其海峡。由于它将土耳其的亚洲部分和欧洲部分分割开来，因此是连接亚洲和欧洲最方便的桥头堡。同时由于该海峡沟通了黑海和马尔马拉海，因此它也是自黑海经马尔马拉海和爱琴海到东地中海的海上交通枢纽。

方交通的汇聚点而占据了非常重要的贸易位置，因此帝国东部的东西方贸易非常活跃。

君士坦丁大帝迁都的另外一个原因就是拜占庭具有非常优越的地理位置。君士坦丁堡分布在七座山丘上，坐落于一个海拔 100 米的丘陵上，其北面是金海湾，南面是马尔马拉海，东边扼守着赫勒斯滂海峡的入口，西边可以俯瞰到色雷斯平原的全貌，因此君士坦丁堡就好比一座天造地设的要塞，易守难攻。此外，由于君士坦丁堡雄踞博斯普鲁斯海峡的西岸，扼守黑海和地中海、欧洲和亚洲两大交通要道，使其可以利用便利的水陆交通发展商业贸易。近代英国历史学家爱德华·吉本就曾说道：“它（指君士坦丁堡）仿佛正是大自然专为一个庞大的君主国家设计的中心点和都城。这座位于北纬 41°线上的皇都正好可以从它的七座小山丘上俯视着欧亚两大洲的海岸。”

君士坦丁堡的修建

324 年，君士坦丁在完成帝国统一大业后，发布命令修建“新罗马”（即君士坦丁堡）。325 年，建筑工程正式开工。经过六年施工，330 年，新都修建完成。

君士坦丁大帝似乎要竭尽一切财富、劳力和智慧修建新都城。他下令搜集珍贵物品，动用军队将罗马、雅典、亚历山大等地的建筑和艺术杰作以及爱琴海岛屿出产的各色大理石和黑海沿岸原始森林中的优质木材大量地运往“新罗马”的建筑工地。为了能够尽快修建好新都城，君士坦丁不仅召集了大批优秀的建筑人才和能工巧匠，任命身边重臣准

1422 年，由佛罗伦萨制作的君士坦丁堡地图，也是现存最古老的城市地图之一。

der werlt Blat CCXLIX

Von bestreitung der statt Constantinopel im .M.cccc.liii.iar beschehen.

Constantinopel die statt ein stül des orientischen kaiserthumbs vnd ein einige behawsũg kriechischer weißheit ist in disem iar am andern tag des monats Junij von Machumeto dem fürsten der Türckẽ fünfftzig tag belegert mit gewalt vnnd waffen bestritten. verwüestet vnd befleckt worden im dritten iar des reichs desselben Machumets. der dañ dise statt zu land vnd wasser vmbschrencket vnd vil vnzallich körbe mit weydẽ gezeündt damit sich die feynd bedeckten an die graben rucket vnd den thurn bey sant Romans thor mit einer großẽ mechtigen büchßen zerrüedet vnd nyderschoße also das der einfal des erckers oder der worweere den grabẽ außfüllet vnd also ebnet das die feind darüber einen weg haben mochten. Als aber der Türck die mawrn an dreyen orten mit staynen verletzet vnd schier verzweiflet do vnderstund er sich auß ertrachtung eins treülosen verheyten cristen schiffe von der höhe vber einen pühel abzelassen. Nw hett die statt ein lange vnd enge pforten gegen dem auffgang der sunnen aneinander gepundne schiff vnd mit einer ketten befestigt. daselbsthinein zekomen den feyndẽ nicht müglich was. vnd auff das aber der Türck die statt noch mer einzweñgen vnd vmblegerñ möcht so ließe er in der höhe auf dem pühel den weg ebnen vnd die schiff auß vnderlegten fassen wol bey .lxx. roßlawffen schieben vnd machet vom gestadt gegen Constantinopel ein prugk bey .xxx. roßlawffen lang von holtz mit weyn fassen vnderlegt darauff das heer zu der mawrn lawffen mocht. Also wardt die statt Constantinopel vnnd auch Pera gestürmet. die mawr vnd die thor beschoßen. vnd die öber mawr erstigen. also das die feinnd die burger in der statt mit staynwerffen ser beschedigten vnd in dem einlawff der pforten bey achthunndert rittern auß den Lateinischen vnd Kriechischen ermörten vñ erschlügen vnd eroberten die statt. Alda warde der Kriechisch kayser Constantinus paleologus enthawbt. alle menschen sechs iar vnd darüber alt erschlagen. die priester vnd alle closterlewt mit mancherlay marter vnd peyn getödt. vnd das ander volck mit dem schwert ermordt. vnd ein sölchs plütuergießen das plütig beche durch die stat fluß. So warden die heilligen gotzhewßer vnnd tempel erbermdlich vnd grawsamlich befleckt vñ enteret vnd vil vnmenschlicher boßheit vñ myßtat durch die wütenden Türcken gegen dem cristenlichen plüt geübt. vnd das geschahe nach erpawung der statt Constãtinopel M.c.xxx. iar. oder da bey.

1493 年出版的《纽伦堡纪事报》中描述了被奥斯曼帝国占领后的君士坦丁堡。

备建筑工程的开工，而且，他还灵活地使用军队，在需要的时候将其转变为建设新都城的主要力量。

君士坦丁大帝不仅亲自测量和圈定新城界标，还参与城市的规划和建筑设计。当他圈定的界标范围远远超出一位随从宫廷大臣的想象时，这位宫廷大臣疑惑地问道：“陛下，您还要往前走多远呢？”君士坦丁回答道：“朕还要继续往前走，直到为我引路的上帝认为合适为止。”因此，随后建成的新罗马的面积远远超过故都罗马城。

“新罗马”修建完成后，330 年 5 月 11 日，君士坦丁立即下令举行新都落成的庆典活动。这次庆典活动连续举办了 40 天，民众载歌载舞，尽情狂欢。为纪念君士坦丁大帝的功德，从此以后，人们又将“新罗马”称为“君士坦丁堡”，即“君士坦丁的城市”。

君士坦丁堡的空间布置

在君士坦丁堡的中心，坐落着皇宫，向外则是南北朝向的中央大道。皇宫也被称为“圣宫”，位于七座山丘当中地势最高的小山丘上，为全城的制高点。皇宫的地面用洁白的大理石铺设而成，阳台也设计得非常讲究，窗户上刻着精致的花纹，柱廊非常雄伟，这一建筑与金色的阳光和蓝色的大海相互映衬，非常美丽。

皇宫的西边建有奥古斯都广场和圣索菲亚大教堂，东南角则是竞技场。奥古斯都广场的面积约为 7500 平方米（长和宽分别约为 150 米和 50 米），是该城最大的广场。至于圣索菲亚大教堂，前面章节已有论述，这里不再赘言。除圣索菲亚大教堂之外，君士坦丁大帝还在布赖车尼亚街区建立圣女教堂，在圣・普里斯库斯和圣・尼古拉斯附近建立起圣徒教堂，等等。君士坦丁堡竞技场的面积非常庞大，长约 400 米，宽约 180 米，赛车道可以容纳 10 辆马车并排奔跑。在竞技场的中央展台上面，竖立着许多雕刻着各种各样图案的柱子和方尖碑。竞技场的看台则用红白蓝绿四种颜色的花岗岩分区建造，可以同时容纳 10 万观众。竞技场的外墙由四层拱形门廊构成，上面装饰着各种精美绝伦的雕刻图案。

除此之外，君士坦丁堡还建起许多精美的建筑，其中很多都继承了古罗马城的建筑传统，如元老院议事大厦、公共图书馆、剧场、浴池、用于审理案件和民众集会的大厅、贵族官邸等，另还建有谷仓、引水渠等基础设施，以及济贫机构如贫困病

中世纪君士坦丁堡在古代基建上加固的防御工事

知识链接：君士坦丁采取措施促进新都发展

新都建成后，君士坦丁采取诸多措施促进其发展，其中一项重要措施就是增加城市的居民人数。为此，他批准罗马贵族免费迁入新都的贵族住宅，鼓励原罗马城骑士以上的贵族全部迁居新都。这一措施使得君士坦丁堡的人口大大增加。当代拜占庭学者根据该城粮食进口的记载推算，至4世纪末期，该城大约有50万到100万人。这一数字在整个中世纪欧洲的城市中非常少见。

人的收容所、济贫院、贫困病人的避难所等。为方便居民购买所需生活用品，促进商品贸易的发展，查士丁尼时期还在阿纳普拉斯的一座教堂附近建立了一个非常大的公共市场。由于这个市场靠近海岸，所以海陆贸易非常方便。

在皇宫的外围，原来的旧城墙被改建成皇宫的外墙，而在外墙的周围则筑有水陆防御工事。城墙是水陆防御工事的基础，这对于君士坦丁堡而言更是如此。因为该城的防守重点就是博斯普鲁斯海峡。一旦将此海峡封锁住，那么君士坦丁堡靠海的三面也就有了安全保障。君士坦丁堡的城墙分成两路向西延伸，其高度大约在12—15米之间。同时，在该城的西边还修建了一段长度为4300米的城墙。

君士坦丁堡建成之后，罗马帝国的中心从西部转移到东部，在1453年穆罕默德二世率领奥斯曼土耳其军队攻破这座古城之前的近千年时间里，君士坦丁堡一直是拜占庭文明的中心，也是欧洲地中海世界的经济、政治和文化中心，对东西方文化的交流起到了非常重要的作用。

这座兴建于拜占庭帝国时期的圣索菲亚大教堂仍然流露出帝国强悍的景象。

罗马帝国分裂的文化因素之一

希腊语和拉丁语的使用

罗马帝国境内使用希腊语和拉丁语两种语言，在一定程度上加速了帝国的衰亡。

中国古代秦国统一六国时期，就实行“书同文”的政策，力求语言统一，从而加强了秦帝国的文化和思想统一。而在罗马帝国时期，却有两种通用语言——希腊语和拉丁语。

源远流长的希腊语

希腊语在西方文明中是一种重要的语言，早在公元前 14 世纪就由希腊人（迈锡尼人）创制产生。他们根据“线性文字 A”设计出“线性文字 B”。到公元前 8 世纪时，希腊人又在闪米特语的基础上，创制出不同于“线性文字 B”的希腊语，并迅速传播到整个希腊世界。公元前 4 世纪，随着马其顿亚历山大帝国的兴起，希腊语也成为其主要用语。之前的希腊语有许多方言，随着亚历山大的征服，这些发音和形态有所差异的各种希腊方言变成一种“共同语”，即发音非常一致的希腊语变体。这也算是希腊化时期的重要成果之一。后来，在罗马成为一个地跨欧亚非的大帝国时，“共同语”就为地中海区域讲希腊语的民众所使用。“共同语”结构清晰，表达清楚，在当时的应用很是广泛。罗马帝国时期，不仅大量的希腊语古典作品流传后世，而且帝国境内尤其是那些希腊化省份的许多作家都用希腊语进行创作。拜占庭帝国时期，这种“共同语”又在发音和语法规则上产生了一些变化，由此出现了各种地方性变体。

希腊字母，公元前 14 世纪由希腊人（迈锡尼人）创造产生，此后不断发展。公元前 4 世纪，随着马其顿亚历山大帝国的兴起而广为使用。罗马帝国时期，罗马人在希腊语的基础上创造拉丁语，拉丁语遂成为罗马帝国的官方语言。

后来居上的拉丁语

拉丁语同样是罗马帝国的通用语言之一。约公元前 7 世纪时，在借鉴和模仿希腊语的基础上，罗马人创造了拉丁语。拉丁语是一种拼音文字，最初

知识链接：罗马帝国的正式分裂

395 年，狄奥多西去世。去世前，他让长子阿卡狄乌斯治理罗马帝国的东方，让次子荷诺利乌斯统治帝国的西方。自此，罗马帝国正式分裂为西罗马帝国和东罗马帝国。西罗马以罗马为首都，东罗马以君士坦丁堡为首都。

奥林匹亚，位于伯罗奔尼撒半岛上的古希腊。奥林匹亚被认为是古代奥运会的遗址，从公元前 8 世纪到 4 世纪，奥林匹克运动会每四年举办一次。图为刻画在石头上的古老文字：希腊奥林匹亚。

知识链接：罗马帝国分裂的原因

罗马帝国的分裂，不仅由于其内部动乱和蛮族入侵，而且也有着深刻的经济和文化方面的原因。就经济方面而言，分裂是帝国境内的经济普遍衰落的结果；就文化方面而言，是因为帝国虽在政治上是统一的，但在文化上呈现分裂状态，东部和西部分别属于希腊和拉丁两种不同的文化体系。就此而言，帝国很早就蕴藏着分裂的因素。

为 21 个，后扩展为 26 个。拉丁语形体简单，书写简便，流传很快。此后，它紧随罗马军团胜利的步伐，进军意大利，远播地中海沿岸，成为环地中海地区的主要文字之一。公元前 27 年，随着罗马帝国的建立，拉丁语被确定为罗马帝国的官方语言。这时的许多法典法令、文学作品、科学著作等都用拉丁语写作。

罗马人在帝国境内大力传播自己的民族语言——拉丁语。罗马人传播拉丁语一方面是通过强制手段要求人们学习拉丁语，另一方面则通过控制人才的上升渠道诱使人们学习拉丁语。不过，拉丁语在传播的过程中，遇到了强大的对手希腊语而未能完全普及。其原因一方面是因为希腊语具有无可替代的优越性，另一方面是因为罗马人在语言使用上的宽容态度。罗马人对希腊语很是推崇，而不是硬生生将其同化。许多罗马军政要员雇佣希腊人当老师，例如，包括恺撒皇帝在内的许多人接受希腊典籍的教育，哈德良学习希腊设计艺术，建造万神庙等。

4—5 世纪，拜占庭处于从古典文化向中世纪拜占庭文化的过渡期。在此期间，帝国境内的各种文化发生碰撞。拜占庭皇帝狄奥多西二世即位后，“后起之秀”拉丁语的地位不断下降，又逐渐被它的“前辈”希腊语所取代。在此基础上日益盛行的希腊文化传统与基督教思想和东方风格相融合，最后形成风格独特的拜占庭文化。

当两种语言同时成为一个国家的官方语言时，一般会出现三种情况：同化、冲突、和平共处。显然，很长一段时间内，希腊语和拉丁语在帝国境内是和平共处的。拉丁语和希腊语这两种语言都未能被对方同化，固守着自己所代表文化的边界。希腊语和拉丁语作为罗马帝国境内的两种语言，在很大程度上阻碍了罗马帝国境内的民众在交流上的畅通，文化认同上的二元对立，最终加速了罗马帝国的分裂。

图为古老的拉丁铭文

西罗马帝国的灭亡

人民起义和蛮族入侵

正是在人民起义和蛮族入侵的不断冲击和打击下，西罗马帝国江河日下，最后走向灭亡。

395年，罗马帝国分裂为东西两部分。分裂后的罗马已奄奄一息，临近末日。从4世纪中叶起，奴隶、隶农等发起的反抗斗争不断，几乎席卷帝国各地。与此同时，蛮族大批迁徙并进攻罗马。罗马帝国的灭亡只是一个时间问题。

人民起义

3世纪危机时，罗马帝国日趋没落，出现了严重的经济危机，广大劳动群众遭受着深重的苦难，甚至食不果腹。但统治者依然过着奢侈浪费和醉生梦死的生活。尽管一些有识之士认识到如果一直这样下去的话将会导致罗马灭亡，但统治者依然我行我素。

巴高达运动是3世纪60年代高卢地区下层民众在马特努斯的领导下反抗罗马的起义运动。罗马帝国分裂后期，又出现严重的经济危机，广大民众不堪忍受统治者的残酷统治，奋起反抗，巴高达运动就是其中的代表，拉开了反抗罗马的序幕。

这种明显的反差最终激起民众纷纷拿起武器，反抗罗马政府的昏庸统治。在这些斗争中，规模最大且持续时间最长的应该是高卢地区的（今法国、比利时、瑞士、卢森堡一带）巴高达运动。“巴高达”一词为“战士”之意，源于克勒特语“斗争”一词。巴高达运动于3世纪60年代开始。

这次运动以鲁格敦高卢为斗争中心，并以农民为步兵，牧人为骑兵组织军队。起义者消灭了许多大庄园主，攻克了许多城市。7个月后，起义者攻克了鲁格敦高卢的奥古斯托敦城。随后，起义者选举埃里安和阿曼德两位首领为皇帝，并自铸钱币，对罗马的统治构成了严重威胁。286年，罗马皇帝戴克里先的共治者马克西米安前往高卢地区镇压这次运动。战事初期，马克西米安率领下的军队非常畏惧巴高达起义者，好几次都临阵脱逃。后来，马克西米安以“十一抽杀律”处罚退却士兵，起到了一定的作用。最终在罗马人的优势兵力进攻下，巴高达运动被挫败，许多巴高达战士英勇战死。但在战争中突围的巴高达战士仍然在高卢各地坚持斗争。这次运动虽然最终为统治者所镇压，但它揭开了罗马帝国晚期人民群众斗争运动的序幕。

从4世纪中叶开始，罗马帝国的劳动民众纷纷掀起反抗罗马统治者的斗争。反抗斗争首先在

巴高达运动中反抗罗马帝国的士兵

知识链接：西罗马帝国灭亡之谜

西罗马帝国的灭亡是世界历史上一个重大事件。关于它的灭亡原因，已有很多学者给出自己的解释，其中主要的观点包括：铅中毒论、生活放荡奢侈论、日耳曼人入侵论、基督教作用论、语言的不统一，等等。这些观点都有一定的合理性，不过恩格斯的阐释似乎更为全面深刻：帝国内部的人民运动和帝国外部的日耳曼人入侵这两者的交互作用是导致罗马帝国灭亡的主要原因。

帝国西部进行。368—369 年，不列颠地区的纳税者发动暴动。408 年，巴高达运动再次兴起。这一年，当罗马统帅撒拉率领一支罗马军队从高卢返回意大利，经过阿尔卑斯山的时候，巴高达士兵突然袭击了这支军队，缴获了他们先进的武器装备。由此，巴高达士兵的战斗力大大增强了。435 年，巴高达起义军将领巴托率领部下对罗马发动了更大规模的进攻，随后在高卢的许多地方建立了自己的政权。罗马当局见势不妙，急忙率军前去镇压。结果，449 年，巴高达起义军再次被击败。不过，巴高达起义军并未被完全剿灭，剩余部分转移到西班牙继续进行反抗罗马政府的斗争。在巴高达运动的影响下，西班牙、北非、色雷斯、多瑙河等地区也奋起反抗罗马当局的统治。

北非地区的奴隶、农民以及土著居民柏柏尔人在 4 世纪 30 年代也发动了阿哥尼斯特运动，共同反对罗马的统治。起义者袭击了庄园主和高利贷者，还将奴隶的名单和债券烧毁。历经 10 年，阿哥尼斯特运动发展到了最高潮。罗马上层做出决策，必须通过暴力方式将其镇压，否则后患无穷。很快，罗马出动精锐部队无数，终于平息了这次运动。不过，阿哥尼斯特运动中的残余部队仍在坚持斗争。372 年，他们加入费尔姆领导的起义斗争，声势浩大，几乎波及毛里塔尼亚的所有地区。起义坚持两年，最终在罗马的残酷镇压下彻底失败。

由此看出，罗马帝国晚期，人民起义持续一个世纪之久，起义范围几乎波及罗马帝国的各个地区。这些起义沉重打击了罗马帝国的统治秩序，加速了罗马帝国的灭亡。

蛮族入侵

在人民起义的同时，帝国外部的蛮族西哥特人、汪达尔人、法兰克人以及勃艮第人不断侵入罗

4 世纪下半叶，匈奴人西迁，导致日耳曼民族大迁徙，开始了对罗马的不断入侵。罗马此时内忧外患，未能抵挡蛮族入侵。图为罗马人抵御蛮族的石雕。

马帝国境内，建立了自己的王国。

4 世纪下半叶，匈奴人突然向西进发，导致日耳曼民族的大迁徙。375 年，西哥特人为躲避匈奴，进入罗马避难，但却遭到罗马政府的勒索和欺压。于是，不堪其苦的西哥特人愤然起义。这时，当地的奴隶、隶农以及色雷斯地区的矿工，也加入西哥特人的起义队伍。罗马皇帝瓦伦斯（Flavivs Ivlivs Valens，364—378 年在位）率军前去镇压，但却遭到惨败，而且还丧了命。瓦伦斯去世后，狄奥多西一世继位（379—395 年在位）。为暂时缓和矛盾，狄奥多西一世不情愿地与西哥特人签订了合约，将色雷斯和马其顿的土地划分给他们定居，并给他们供给粮食，起义才平息下来。

395 年，罗马帝国分裂后，力量进一步削弱，西哥特人瞄准时机，在阿拉里克的领导下反抗罗马帝国。起义队伍从巴尔干半岛出发，然后进军意大利。行军途中，许多奴隶、隶农和农民加入起义队伍，声势浩大。403 年，西哥特人第一次兵临罗马城下。408 年，阿拉里克率军包围了罗马，勒索了大量钱财，才暂时退兵。410 年，阿拉里克再次围困罗马。

8 月 24 日晚，罗马城内的奴隶打开城门，西哥特人一拥而入，这座曾被誉为“永恒之城”的罗马城首次陷落。入城后，西哥特人洗劫了整整 6 天，罗马城遭到严重破坏。412 年，西哥特人离开意大利，向西进入南部高卢和西班牙，继而将早先占领了西班牙的汪达尔人逐走，并于 419 年建立了西哥特王国。

429 年，汪达尔人在遭受西哥特人的严重打击后，从西班牙南下北非。439 年，他们在阿非利加建立了汪达尔王国。455 年，汪达尔人从北非渡海进攻意大利，并效法阿拉里克洗劫罗马城。汪达尔人在罗马大肆抢掠 15 天，经过这次劫掠，罗马城已经面目全非，全城最后只剩下 7000 多名居民。

420 年，法兰克人入侵高卢，并不断向邻近地区渗透。与此同时，勃艮第人占领了高卢的东南部。5 世纪中叶，高卢陷于分裂。481 年，法兰克人在高卢北部建立了法兰克王国。

正当罗马人与日耳曼人不断征战之时，447 年，

因匈奴西迁，西哥特人、汪达尔人等蛮族进入罗马避难，遭到罗马政府勒索后起义，罗马帝国皇帝瓦伦斯率军镇压不利，在哈德良堡战役中遭受惨败，后被烧死。图为硬币上的瓦伦斯像。

阿拉里克出身贵族，是西哥特人的首领，阿拉里克，意为“所有人的统治者”。罗马帝国分裂后他率领西哥特人进军罗马城，将罗马城洗劫6天之久，后进入南部高卢和西班牙。

匈奴人首领“上帝之鞭”阿提拉率军50万进犯东罗马，狄奥多西二世（408—450年在位）纳贡求和。不久，阿提拉向西罗马进兵。西罗马大将阿提乌斯迅速与西哥特人结成联盟对付阿提拉。451年6月，匈奴大军进入高卢，与西罗马、西哥特联军在高卢北部的沙龙城附近发生激战。此次战役十分惨烈，双方损失惨重。据说一日之内，战死者达15万人，西哥特国王狄奥多里克阵亡，阿提拉亦被迫退至莱茵河北岸。452年，阿提拉又率军进攻意大利，很快兵临罗马城下。不久，双方缔结城下之盟。阿提拉撤军。

到5世纪70年代，在人民起义和蛮族进攻的沉重打击下，西罗马帝国已土崩瓦解。它的大部分地区已被蛮族占领，开始退缩至意大利半岛。476年9月，西罗马帝国最后一位君主罗慕路斯被日耳曼首领奥多亚克废黜，并僭取罗马国王的称号。这一事件标志着西罗马帝国的最后灭亡。自此以后，西欧和北非的奴隶制社会结束，开始进入一个新的社会阶段，即封建社会。不过，东罗马帝国由于其情况的复杂性和特殊性，不但没有衰亡，还继续繁荣了几百年。

452年，教皇利奥一世带领罗马使团与阿提拉谈判，成功劝退了阿提拉对意大利北部的入侵。图为《利奥一世会面阿提拉》，是拉斐尔于1513年创作的艺术作品。

恢复昔日罗马帝国版图
查士丁尼的对外政策

查士丁尼在位期间，拜占庭征服了汪达尔王国和东哥特王国，不仅阻挡了周边蛮族对帝国边疆的骚扰，甚至几乎恢复了昔日罗马帝国的版图。

476年，西罗马帝国在野蛮强悍的蛮族入侵下，终于走到了尽头。西罗马帝国虽然灭亡了，但东罗马帝国仍然在向前发展。查士丁尼即位之后，东罗马呈现出一派繁荣景象。但是，西罗马的灭亡使查士丁尼忧心忡忡，力图拼命守住已有的江山。于是，他在位期间开始了大规模的对外征伐。

壮志凌云

查士丁尼大帝（Justinianus，527—565年在位）为拜占庭帝国皇帝（东罗马帝国因其首都君士坦丁堡旧名为拜占庭，亦称拜占庭帝国）。查士丁尼出身显贵，从小就受到良好教育。518年，长大成人的查士丁尼开始协助叔父（此时的罗马帝国皇帝）管理国家政事。

东罗马帝国皇帝查士丁尼，史称查士丁尼大帝。其在位期间，政治上恢复罗马以往制度，缓和了社会矛盾，军事上对东方和平，对西方征伐，促进了东西方文化交流。565年去世。

527年，他的叔父去世，查士丁尼继任。自继位起，查士丁尼就将恢复罗马帝国的昔日荣光作为奋斗目标。为实现这一目标，他在各个方面制定了详细的计划。其中，在对外政策方面，查士丁尼力图重建古罗马的版图。为此，他首先在经济和财政上做了充分准备。经多年准备后，查士丁尼开始实施自己的计划。

查士丁尼对外征服的总方针是：对东方和平，对西方战争。532年，他结束了对波斯长达五年的断断续续的战争，并不惜以缴纳1.1万磅黄金为代价缔结了“永久和约”。稳定东方之后，查士丁尼将作战精力主要集中在西方。

征讨西方

533年，查士丁尼派遣大将贝利撒留进攻北非的汪达尔王国。贝利撒留于6月率军进入北非，3个月后，他就攻下了汪达尔的首都迦太基。半年后，汪达尔王国灭亡。

征服汪达尔之后，拜占庭转战意大利的东哥特王国。535年初，贝利撒留率军8000人登陆西西

拜占庭帝国统帅贝利撒留（约 505—565 年），帮助查士丁尼大帝征服西方，在镇压“尼卡起义”时解救被困的查士丁尼，立下赫赫战功。后在 562 年被指控参与谋反，遭到监禁，被释后不久去世。

知识链接：贝利撒留

贝利撒留被称为“常胜将军”。527—530 年，拜占庭对波斯发动战争，贝利撒留率军击败 4 万波斯—阿拉伯联军，名声大振。532 年，他镇压尼卡起义，解救被困皇帝，又立新功。533—534 年，率军攻灭汪达尔王国，占领北非，为其征战事业的巅峰。562 年，他被控参与反查士丁尼的阴谋，遭监禁。后获释，不久抑郁而死。

里岛。次年 6 月，贝利撒留的军队攻入意大利半岛，半年之后，贝利撒留就攻下罗马。但此时瘟疫爆发，贝利撒留率军撤离。其后，540 年，贝利撒留攻陷东哥特王国的首都拉文那，并俘虏了该国国王。但东哥特王国不甘失败。543 年，新国王托提拉收复了那不勒斯。545 年，托提拉围攻罗马，次年 12 月，罗马城陷落。554 年，查士丁尼派遣拜占庭大将纳尔西斯镇压东哥特王国。最后，东哥特王国彻底灭亡。就在此时，查士丁尼看到西哥特王国内讧不断，派遣军队占领西班牙的东南沿海地区。至此，拜占庭帝国对西方的征服战争已经达到极限。

查士丁尼在对西方进行一系列武力上的征服后，又以非武力的形式着手恢复罗马以往的制度。554 年，他颁布《国务诏书》，废除之前颁布的打击奴隶主的法令和措施，重新恢复奴隶主的土地、财产和特权。但在执行过程中，由于年代久远，没有多少证据可查，而且，这些政策与当时形势已经不相符合，难以落实。于是，查士丁尼不得不顺乎形势，简化释放奴隶的手续，取消释放奴隶的限额，禁止卖子或卖身为奴。此外还规定，得到其主人同意的奴隶可担任神职，若未得到其同意，但任期超过一年者，也可继续担任。再者，已被释放的奴隶可担任元老院议员或其他高级官员。查士丁尼执行政策的前后变化说明，西欧的变化和发展趋势已经不可改变。即使如此，长远来看，拜占庭作为东欧的经济、政治和文化中心，它对西欧北非的征服，极大促进了东西方文化交流和社会之间的交往。565 年，查士丁尼大帝去世。不久之后，拜占庭帝国再度走向衰落。

533 年，查士丁尼派遣统帅贝利撒留征伐北非汪达尔王国，贝利撒留顺利攻下该王国首都迦太基，取得辉煌胜利。

昔日辉煌

帕提亚帝国

帕提亚是伊朗古代奴隶制帝国，它曾在公元前2世纪至公元前1世纪达到了盛世。

帕提亚帝国从公元前247年建立到226年灭亡，前后延续将近500年。其所在区域在今伊朗高原东北、里海东南一带，这里先后经历了波斯帝国、亚历山大帝国和塞琉古帝国的统治。帕提亚帝国也称安息帝国。前者的叫法源自该帝国的部族名称（帕奈人），后者的叫法源自该帝国的开国君主的名字（阿尔萨息）。西方沿用前种叫法，中国采用后一种叫法。

知识链接：帕提亚帝国的“爱希腊”情结

帕提亚帝国虽长期与希腊-马其顿人为敌，却宣称自己是希腊文化的爱好者、希腊人之友。这一貌似矛盾的现象产生的根本原因是，帕提亚囿于自身文化的落后以及地缘政治的变化，难以避免境内希腊文化遗产和周边希腊化世界的强大影响，建国初期尤其如此。“爱希腊”既是一种具有明确目的的政治宣传，也是帕提亚对希腊文化欣然接受并为己所用的真情表白。

建立与兴盛

约公元前3世纪，一支被称为帕奈人的游牧部落从里海东南岸迁入伊朗高地，在第一任统治者阿尔萨息一世的率领下，于公元前250年征服帕提亚行省，并因此得名帕提亚人。公元前247年，阿尔萨息带领帕提亚人杀死了塞琉古帝国总督，将其势力逐出伊朗，以尼萨（今土库曼斯坦首都阿什哈巴德）为都城建立了帕提亚帝国。

约1—2世纪帕提亚帝国黄金饰品，镶嵌绿松石，形状为一只展开翅膀的老鹰抓着一个小动物。

其后，塞琉古帝国派军队镇压，一度挫败了帕提亚人。但塞琉古帝国因内部纷争而无暇顾及帕提亚，帕提亚人这才得到喘息的机会。在此后的几十年里，帕提亚的国力并未超过塞琉古，帕提亚甚至要向塞琉古称臣纳贡。但是，这一被动局面由于一位杰出帝王的出现而得到改变。他就是帕提亚帝国最伟大的君主密特里达特一世。

公元前171年，密特里达特一世登基（公元前171—前138年在位）。即位不久，密特里达特一世就率部队将塞琉古赶出美索不达米亚，使美索不达米亚成为帕提亚的中心。随后，密特里达特一世首先进攻中亚的巴克特里亚王国，巩固东境，继而西进，占领米底及伊朗西北部各省，最后于公元前

帕提亚帝国，古代伊朗奴隶制国家，先后经历波斯帝国、亚历山大帝国、塞琉古帝国。密特里达特一世在位时，成为西亚地区最强大的帝国。226 年，帝国内部的萨珊家族发动叛乱，建立萨珊帝国取代帕提亚帝国。图为位于土库曼斯坦的帕提亚帝国的部分遗址。

知识链接：帕提亚帝国与中国的友好往来

帕提亚帝国与中国的交往由来已久，并一直保持着友好关系。公元前 115 年，汉朝遣使节至帕提亚，密特里达特二世令 2 万骑迎于东界。公元 87 年，帕提亚王遣使来中国献上狮子和苻拔。101 年，帕提亚国王满屈又遣使献上狮子及条支大鸟。148 年，帕提亚帝国的王子安清来中国传布佛教，译经多种。

141 年进入底格里斯河畔的塞琉西亚。经过密特里达特一世的一系列征服，帕提亚一举成为西亚地区最强大的帝国。其领域北至里海，南至波斯湾，东至印度，西至幼发拉底河，面积达到 200 多万平方公里。在此后的大约 3 个世纪里，帕提亚帝国一直维持着地区霸权。

与罗马的长期战争

然而到 1 世纪，随着贵霜帝国和罗马帝国的崛起，帕提亚的发展空间受到严重挤压。当然，实力犹存的帕提亚帝国不会选择坐以待毙，它采取了积极的抵御措施，特别是与罗马对亚美尼亚进行了激烈的争夺，但双方都不占上风。你来我往，反反复复，持续了半个世纪之久。这种争夺是一种漫长的消耗战，双方的国力在旷日持久的战争中都遭受到极大削弱。帕提亚和罗马之间，谁也没有力量战胜对方。由于内部矛盾和对外战争，帕提亚到这时候开始衰落了。

帕提亚最后一位国王阿尔班达五世在位期间(213—226 年)，曾率军队打退入侵的罗马人，并攻入罗马境内，使得罗马皇帝不得不签订城下之盟，以重金求和。然而，在阿尔班达五世得胜之时，孰料后院起火，帝国内部的萨珊家族乘机发动叛乱，其首领阿尔达希尔占领了帕提亚的大部分地区。于是，阿尔班达五世与阿尔达希尔之间发生了三次战役。最后，226 年，阿尔班达五世在伊斯法罕西北的霍尔米兹达干之战中阵亡，帕提亚帝国由此宣告灭亡，取而代之的是新兴的萨珊帝国。这是西亚封建制史的开端。

帕提亚智者马赛克。马赛克艺术包括壁画和镶嵌画，以人物形象为主要内容。

伊朗重获霸主地位
萨珊帝国

萨珊文明是伊朗民族一千年来历史发展的顶峰，代表了它的最高成就。

萨珊帝国相对高寿，但平静的表面下却是暗流湍急，时刻都能把萨珊淹没。萨珊立国伊始，就与贵霜帝国和罗马帝国处于紧张的对峙状态。最终，萨珊在与罗马的持久对抗中，精疲力竭，于7世纪屈服在阿拉伯人的统治之下。

建立与兴盛

224年，统治伊朗西南部法尔斯行省的总督阿尔达希尔一世推翻摇摇欲坠的帕提亚帝国，建立萨珊帝国（224—651年）。对阿尔达希尔一世和其他波斯人而言，这意味着伊朗再次获得霸主地位，也意味着阿契美尼德王朝黄金时代的再次降临。226年，阿尔达希尔一世在泰锡加冕，自称“诸王之王”，从此开始极力扩张。他占领原帕提亚帝国的广大地区，又北征亚美尼亚，粉碎帕提亚遗族与大月氏人的联合，巩固了帝国边境。

萨珊王朝皇帝沙普尔一世，自称“伊朗和非伊朗的诸王之王”。在位期间，他南征北战，极大地扩大了帝国版图，曾入侵罗马三次，还俘虏了罗马皇帝奥勒良。浮雕图片展现了沙普尔一世在埃德萨（美索不达米亚古城）战胜奥勒良的情景。

沙普尔一世在位期间（239—272年），三次沉重打击罗马。260年，沙普尔一世第三次大败罗马军于埃德萨附近，还俘虏了日后成为罗马皇帝的奥勒良。通过战争，沙普尔一世统治的领土共有27个省，东境远达今锡尔河流域和印度河的中上游。沙普尔一世自称“伊朗和非伊朗的诸王之王”。

4世纪，沙普尔一世的后继者仍不断发动对周边地区的战争。他们先是发动对西边邻居拜占庭的进攻，但与对方长时间相持不下，谁也没有战胜谁。迫于游牧民族匈尼特人和嚈哒人对萨珊帝国东部边境的威胁，萨珊国王菲鲁兹（457—484年在位）发起战争。但他还未消除匈尼特人和嚈哒人的威胁，就在战争中战死。

知识链接：阿契美尼德王朝

阿契美尼德王朝，也称波斯第一帝国，是古波斯把版图扩张到中亚西亚大部分地区的第一个君主制帝国，也是第一个横跨欧亚非三洲的帝国。约公元前549年，居鲁士二世统一波斯，建立阿契美尼德王朝。公元前330年，在亚历山大大帝的进攻下，帝国都城陷落，大流士三世在逃亡中被害，帝国灭亡。

萨珊艺术继承了阿契美尼德王朝时期的传统并融合古代东西方的风格，在建筑、浮雕、金银加工、丝织品等方面造诣颇深，对东西方文化影响深远。图中盘子上展现的是巴赫拉姆五世和阿扎德故事中的一个狩猎场景。

日本大和封建制国家

4世纪初，大和国兴起于本州中部（今奈良地区）。因其地处大和盆地，故名大和国。5世纪初，大和国征服周边各地，建立起日本列岛第一个统一的国家政权。大化二年（646年），大和国开始“大化改新”，日本社会迈入封建文明时代。大和国奠定了日本民族国家的主体。

库思老一世时（531—579年在位），萨珊帝国处于极盛时代。558年，库思老一世与西突厥联合，击溃嚈哒帝国。572年，为断绝拜占庭从海上取得中国丝绸的通路，库思老一世的军队占领了阿拉伯半岛南端的也门。572—590年，拜占庭又与西突厥联合，发动对伊朗的长期战争。

旧业已随征战尽，更堪江上鼓鼙声

库思老一世之子霍尔米兹德四世在位期间（579—590年），继续与拜占庭进行战争。602年，萨珊帝国国王巴赫拉姆六世再次对拜占庭发动战争，率领军队征服了整个小亚细亚，洗劫叙利亚，占领安条克、大马士革、耶路撒冷，最后于619年占领埃及。

与拜占庭的战争在库思老二世时期达到高潮，拜占庭帝国濒临崩溃。库思老二世继而占领叙利亚和埃及，并在614年攻下耶路撒冷。然而，627年，拜占庭皇帝赫拉克留斯阻止了萨珊帝国的扩张，赢得了关键的尼尼微之战的胜利。萨珊帝国大败，库思老二世后来被废，不久被杀。萨珊帝国实力大损，政局激烈动荡，迅速走向崩溃。

萨珊帝国诸位国王发动的代价高昂的战争已经让萨珊帝国奄奄一息，处于崩溃的边缘。此时，萨珊帝国若有一位强有力的统治者继位，或许还能挽回些许局面。但是，命运之神并未眷顾萨珊。632年，萨珊帝国的末代君主，年龄尚幼的伊嗣埃三世即位。他年龄过小，根本没有治理国家的经验。就在这一时期，国内的各大贵族钩心斗角，拉帮结派，力图控制萨珊帝国。637年，阿拉伯人大举入侵萨珊帝国。萨珊帝国在内外交困中，于642年被阿拉伯人打败。651年，伊嗣埃三世被臣民暗杀，萨珊帝国走向灭亡。

约540年前后，萨珊王朝库思老一世在位期间开始建造阿凡卡萨，它位于底格里斯河东岸巴格达附近。它不仅在所有萨珊王朝建筑中颇负盛名，而且是建筑历史上的一个里程碑。图为阿凡卡萨遗址。

古代中亚：文明交汇枢纽

居于欧亚大陆交通要冲的中亚地区，是世界古代文明交流汇聚之地。与世界其他地区一样，中亚拥有自旧石器时代至今的悠久历史。由于独特的地理位置，以及周边文明的先后影响，古代中亚呈现出多种民族、文化、宗教并存和更替的特殊现象。

纵观古代中亚的历史，犹如站在高楼上俯视车水马龙的十字路口，道路上人来人往，来自四面八方的人们聚合后散开、驻足后前行，如此循环往复、难有休止。历史上，一个又一个强盛的帝国、一个又一个兴起的民族、一个又一个伟大的宗教来到这里，留在这里。最终，他们从这里走得更远，或者逐渐消失在中亚的荒漠与草原上。

中亚也诞生和孕育了很多光辉的文化与民族，这里是雅利安人的故乡，这里是琐罗亚斯德教的起源地之一，然而他们先后离开了襁褓，投身更为广阔的舞台。很难判断这些先辈对后来的中亚具有怎样的影响。在伊斯兰化、突厥化之后的中亚地区，人们只能在考古发现中探寻他们的踪迹。

荒漠中的珍珠
绿洲文明

中亚文明有两个不同的地带，即北部的牧民地区和南部的农民地区，这些农民居住在绿洲的土地上。

——《中亚文明史》

历史上，亚洲内陆曾在很长时间里处于相对湿润的环境下。受南方农业文明影响，中亚地区曾出现过一批以种植业为主的聚居点，在阿姆河、锡尔河等流域，一个个古老的城市如珍珠一般散布在蛮荒的大地上。中亚绿洲文明的发展，与自然环境密切相关。当气候变化导致水源充足时，中亚绿洲灌溉农业经济就相对比较发达。而气候较干旱时，农业的分布范围会相应收缩。

农业城市

公元前7000年前后，源自美索不达米亚的种植业传入中亚的绿洲，考古学家从里海到帕米尔高原，都发现了这一时期的农业遗迹。大约在公元前6000年，今天的土库曼斯坦境内形成了哲通文化（Dzheytun Culture），这是中亚地区最为古老的农业文化。哲通人处于新石器时代晚期，使用各种经过精细加工的石器和骨器，并且开始使用天然的红铜。由于在他们的遗址中发现了大量女性塑像，学术界认为当时应该是母系氏族社会。

到了公元前3000年，绿洲的农业居民进入青铜时代，中亚开始出现大量人口聚居的城市。当时中亚气候湿润，降水量远远高于现在，为绿洲地区发展灌溉农业提供了良好条件。城市居民与美索不达米亚平原和印度河流域的古代文明，保持了紧密的商贸、文化联系。然而在公元前2200年前后，中亚遭遇严重干旱，此后虽然有所恢复，却再也没有达到之前的状态。在这场旱灾中，咸海水位下降了约2.5米，水面缩小了19平方千米，阿姆河、锡尔河水量也大幅减少。受干旱影响，原本繁荣一时的农业经济陷入严重衰败，很多城市被废弃，或者变成小型定居点。

安德罗诺沃文化

安德罗诺沃文化分布范围广泛，大约西起乌拉尔山脉，东到叶尼塞河沿岸，北抵西伯利亚森林，南达中亚草原。他们拥有自己的种植业，使用较少需要灌渠的旱耕模式。公元前2200年以后，随着中亚降水量的不断减少，安德罗诺沃文化对那里的大部分地区造成深远影响。

古代中国人将帕米尔高原称为“葱岭”，陆上丝绸之路的南道、中道都需要从这里经过。在塔吉克语中，“帕米尔”是世界屋脊的意思。图为位于吉尔吉斯斯坦的帕米尔高原全景。

2000 年，科考队伍在辛塔施塔河畔发现了公元前 2218 年的一座遗址。该遗址属于安德罗诺沃文化，在那里，出土了目前已知最早的双轮马车。有的学者据此主张，这里是马车的起源地。

安德罗诺沃文化以今天的哈萨克斯坦地区为中心，居民主要经营定居的畜牧和锄耕农业，已经驯化了牛、马、羊等家畜，并开始掌握了骑马的技术。他们种植大麦和小麦，并拥有青铜镰刀和砍刀、石锄、石磨盘和石磨棒等农具。有人依据考古发现，推测当时已经产生缝制衣服靴帽的皮革业和毛织业。在这一时期，中亚冶金业非常发达，居民开始挖掘金属矿藏。他们开凿矿坑，用青铜铸造武器和日用器皿。人们在安德罗诺沃文化的遗址中，发现了铜制的斧、矛、镞、刀、锯、镰、鱼钩和针，乃至金属串珠、饰牌、耳环等饰物。

哈萨克斯坦的卡拉塔乌岩画：摔跤。21 世纪初，考古学者在哈萨克斯坦南部的卡拉塔乌山上，发现了数十处旧石器时代遗址。他们在那里找到大量砾石工具，以及众多岩画作品。

知识链接：安诺石印

20 世纪初，西方考古学家在土库曼斯坦的安诺（Anno）绿洲发现了两座伟大的史前文化遗址。其中较晚的一座存在于公元前 3500 年至公元前 2000 年，是一座由城墙拱卫的农业城市。2004 年，美国宾夕法尼亚大学的研究人员在安诺遗址发现了一枚精美的印章。印章用质量较好的黑色石材雕刻而成，背部雕琢了方便使用的圆钮。印面正方，边长约 2.5 厘米，刻有 3 个或 5 个符号。通过测定，这枚印章大概在公元前 2300 年埋入地下。

距今 4000 年左右，安德罗诺沃人在今天哈萨克斯坦的卡拉塔乌山（Karatau）雕刻了一批岩画，其中的马车形象与一千多年后殷商甲骨文中的“车”字几乎完全一致。有的学者认为，中国古代的战车就来自安德罗诺沃文化。最迟不晚于公元前 15 世纪，拥有战车的安德罗诺沃人开始迅速扩张，这使他们的影响力远达今天的伊朗、巴基斯坦及中国的西北部。在对外战争与内部冲突中，中亚开始出现了铁器和拥有复杂防御工程的城堡，形成了卡拉里（Kalaly）、底捷提（Djety）等一批带有地方特色的绿洲文明。

第 142—143 页：帕米尔高原

帕米尔高原海拔 4000—7700 米，拥有许多高峰。该高原是地球上两条巨大山带（阿尔卑斯—喜马拉雅山带和帕米尔—楚科奇山带）的山结，也是亚洲大陆南部和中部地区主要山脉的汇集处，包括喜马拉雅山脉、喀喇昆仑山脉、昆仑山脉、天山山脉、兴都库什山脉五大山脉，它群山起伏，连绵逶迤，雪峰群立，耸入云天。帕米尔高原在人类历史上的作用不容忽视，它屏障了古代中国的西部安全，也是中原文明与中亚文明的通道，某种程度上也是两种文化的分水岭。

最早的游牧征服者

斯基泰人

斯基泰人饮他在战场上杀死的第一个人的血，把在战争中杀死的所有死人的首级带到他的君主那里去，便可以分到一份掳获物，否则就不能得到。

——希罗多德

古代的中亚草原上，曾活跃着许多剽悍的游牧民族，他们骁勇善战，持续侵扰旧大陆西端和南部的农耕民族，从那里抢劫财富，占领土地。这些民族中，最早产生巨大影响的是斯基泰人（Scythians）。

早期的斯基泰人

斯基泰人又译西古提人、西徐亚人或赛西亚人。古代伊朗人将他们称为塞克人（Saka），按生活习惯又分为"戴尖帽的塞克人""饮豪麻汁的塞克人""海那边的塞克人"。在中国史书《史记》《汉书》中，将他们记载为塞种、尖帽塞人或萨迦人。斯基泰人的活动区域，从西方的乌拉尔山脉一直到中国的鄂尔多斯沙漠，他们发明了骑马的技术，是历史记载中最早的游牧民族。

按照考古发掘和文献记载的描述，斯基泰人身材高大健壮，蓝眼隆鼻，留着胡须；戴着尖顶的帽子，帽檐过耳；上身穿着宽大的衣服，下身穿裤子以便于骑马；总是随身携带着弓箭。现代语言学家考证，他们使用的语言属于印欧语系伊朗语族。大约在公元前8世纪末，斯基泰人开始向西方迁移，他们作战勇猛，对敌人凶狠残暴，善于打造锋利的铁制武器，给沿途的文明国家留下了深刻印象。古希腊史学家希罗多德在《历史》中提到斯基泰人的武力："他们拥有骑兵和步兵(两者是分开的)，此外还有弓兵和枪兵，更有使用战斧的习惯。"

按照古希腊文献的记载，斯基泰人的君主拥有无上的权力，他将自己统治的土地划分为若干个行政区，安排官长负责司法、课税等工作。每个行政区内包含很多由部落、氏族组成的村落或定居点，战斗时，这些村落也是基本的作战单位，每一个成年男子都是战士。

一个银金矿（金银合金）的瓶子，上头刻着一位男人正在拔牙，这是公元前4世纪的一位希腊工匠为一位斯基泰贵族所制作的。

大迁徙与希腊化

斯基泰人声称自己曾生活在一个"羽毛自

图为发现于乌克兰的一把黄金梳子，图案为一位骑士预备杀了被打倒在地的敌人，推断是斯基泰人工匠的作品。

天上降下”的地方，有人认为这可能意味着他们曾在寒冷的雪原居住过。希罗多德指出，据说斯基泰人在战争中败给了东方的其他民族，在敌人的压力下，他们被迫西迁，并最终进入小亚细亚半岛。

很多学者相信，这次民族大迁徙源于周朝对西戎的战争。据《史记·秦本纪》记载，大约在公元前8世纪中叶，周宣王派秦庄公讨伐西戎，战败的西戎被迫离开故土，从而引发了一系列“连锁反应”般的迁徙运动。西戎向阿姆河流域退却后，赶走了生活在那里的马萨格泰人（Massagetai）。马萨格泰人则进入斯基泰人领地，迫使斯基泰人西迁。斯基泰人西迁到了高加索地区，遭到当地辛梅里安人（Cimmerian）的反抗。经过数十年的战争，徒步作战的辛梅里安人终究没有敌过骁勇的斯基泰骑兵，战败西逃，取得胜利的斯基泰人在小亚细亚一带建立了自己的王国，并有一部分部落迁入多瑙河流域。

当时正是古希腊文明的黄金时代，西迁的斯基泰人很快接受了希腊文化，并开始了农业生产。

知识链接：血腥的饮器

斯基泰人喜好用俘虏的首级制作饮器，这一做法后来曾在亚洲的游牧民族中流行。他们将“眉毛以下的各部锯去，并把剩下的部分弄干净。如果这个人是一个穷人，那么他只是把外部包上生牛皮来使用。但如果他是个富人，则外面包上牛皮之后，里面还要镀上金，再把它当做杯子来使用”。

在古希腊人的著作中，斯基泰人被描述为主神宙斯的后裔。传说风流成性的宙斯与第聂伯河河神的女儿生育了一个名叫塔尔吉塔欧斯（Tajtaus）的男孩，这位私生子成年后留下三个儿子，分别形成了三个斯基泰部落。不过，也有人声称斯基泰人是宙斯的儿子、希腊神话中大力神赫拉克勒斯（Heracles）的后裔，他在一个名叫斯基泰的地方，与一个半人半蛇的神秘生物生下了三个儿子。

位于黑海与里海之间的高加索山，是亚洲和欧洲的地理分界线。在希腊神话中，为人类盗取火种的普罗米修斯就曾被囚禁在这里。现在这一地区分别属于俄罗斯、格鲁吉亚、阿塞拜疆等国。

中亚草原

雅利安人的故乡

牲畜的驯养和繁殖以及较大规模的畜群的形成，看来是使雅利安人和闪米特人从其余的野蛮人群中分离出来的原因。

——恩格斯

在欧亚大陆的历史上，一支被后世称为雅利安人的族群曾对西亚、南亚地区产生了巨大影响。“雅利安”（Aryan）一词源于古印度的梵语，意思是高尚、崇高。恩格斯在《家庭、私有制和国家的起源》中，指出雅利安人最初应该游牧于阿姆河、锡尔河流域的草原上。现在学术界普遍认为，他们的起源地是里海东方的广大草原地区。

雅利安人的扩散

欧洲学者认为，雅利安人最迟形成于公元前2500年。公元前2000年左右，他们开始在中亚广泛活动。大约在公元前1800年，雅利安人开始向南方扩张，在迁徙的过程中，他们分化为两大部分。一部分向东南进发，最后到达印度，他们在那里取得了空前的胜利，并建立了按血统划分社会等级的种姓制度。另一部分向西方和西南方迁移，最终进入肥沃的新月地带，这些人后来被称为伊朗人（Iyan），即雅利安人的变音。伊朗人中有两个强大的部落，分别是米底和波斯。

德国学者奥古斯特·施莱歇尔（August Schleicher，1821—1868年）在研究印欧语系时，曾将其比作一棵树。树干是设想中的原始印欧语，支干是各种主要印欧语，细支是主要印欧语的现代方言。他创造性地将生物学描绘成生物进化类别的树形图，引进语言领域。

源于天山山脉的锡尔河是中亚最长的河流，流经图兰低地注入咸海。它是中亚农耕文化的“母亲河”，其流域拥有很多古老的城市。

早期的考古发现认为，雅利安人可能与定居的安德罗诺沃文化有关，很多遗迹表明，两者至少存在密切的交往。雅利安人侧重于养殖家畜，欧洲学者描述道："日益前进的游牧民族——住在印度河和恒河地区，以及当时水草更丰富的奥克苏斯河和亚克萨尔特河流域的雅利安人，住在幼发拉底河和底格里斯河流域的闪米特人——已经有了马、骆驼、驴、牛、绵羊、山羊和猪等畜群。这些财产，只需加以看管和最简单的照顾，就可以愈来愈多地繁殖起来，供给非常充裕的乳肉食物。以前一切获取食物的方法，现在都退居次要地位了。"

不过随着畜牧业的发展，固定居住地周围的牧场无法供应日益庞大的牧群，雅利安人开始频繁迁徙，更换草场，逐渐演变为一支游牧民族。

知识链接：雅利安人在中国

在大量雅利安人南下伊朗、印度的时候，也有一部分雅利安人越过葱岭，进入中国西部。现代学者通过分析、研究大月氏统治者在中亚发行的钱币，判断他们也是一支属于印欧语系的民族。按照这一说法，雅利安人扩张的最东端，曾到达中国甘肃、内蒙古一带，直到他们被匈奴人击退为止。

雅利安人与印欧人

16世纪时，一位到印度果阿（Goa）传教的意大利牧师，惊讶地发现印度语言和意大利语相近，可能有某种联系。之后，随着西方列强向西亚、南亚的渗透和扩张，越来越多的欧洲学者投入印度、伊朗语言的研究中。通过对比，他们发现梵语、古波斯语和古希腊语、拉丁语和日耳曼语等欧洲语言，无论是底层词汇，还是基本语法都有很强的一致性。英国现代历史学家汤因比指出："19世纪发现的全部语言和波斯、印度北部的语言，古典伊朗语和古典梵语，都彼此有关，好像都是一个巨大的语言家庭的成员似的。"

西方学术界将这些关系密切的语言称为印欧语系。1786年，英国东方学家威廉·琼斯提出，造成这种相同的原因，是由于它们同出一源。欧洲学者们注意到，"印欧语系在今天分散在两块被彼此隔绝的地区，一块在欧洲，一块在伊朗和印度。这是因为在突厥语的传播者尚未在这里定居下来以前，欧亚草原上的印欧语的传播者曾在这一带传播这种语言"。

既然这样多的语言都有一个共同的来源，那么也就应该存在一个共同的母语。近代以来，欧洲学者们得出了一个大致相同的看法，即曾存在一个古老的"印欧人"，雅利安人是印欧人的东支，希腊、罗马等欧洲民族是印欧人的西支。

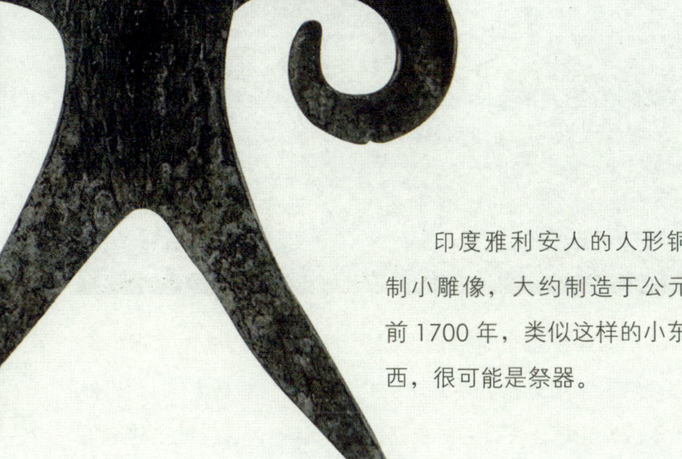

印度雅利安人的人形铜制小雕像，大约制造于公元前1700年，类似这样的小东西，很可能是祭器。

阿契美尼德王朝的中亚版图

波斯人的征服

不管在波斯和印度兴起或衰落的专制政府有多少，它们中间每一个都十分清楚地知道自己首先是河谷灌溉的总的经营者。
——恩格斯

大约在公元前6世纪，一支自称“波斯”的雅利安人从中亚迁出后，在今天的伊朗地区建立了强大的波斯帝国。波斯由众多部族组成，开创帝国的统治者出身阿契美尼德部族，所以史学家将之称为阿契美尼德王朝。伴随着波斯人的扩张，他们又回到自己的故土，占据了中亚南部适宜耕作的大部分区域。

居鲁士北上

公元前558年，居鲁士（Cyrus，公元前590年—前529年）继位，那时的波斯还是一个很小的邦国。在他的统治下，波斯人战胜了米底和巴比伦王国，使波斯成为伊朗地区的唯一强国，并计划远征埃及。为了解除后顾之忧，一劳永逸地消弭中亚游牧部落的侵扰，居鲁士用了数年时间征服了巴克特里亚及附近地方，还在锡尔河附近建立了居鲁士城（Cyropolis）等据点，以此控制交通要道，作为进攻和防备游牧民族的基地。

征服中亚部分地区后，居鲁士在今天的塔吉克斯坦境内，修筑了用自己名字命名的边境要塞“居鲁士城”。可能出于威慑当地居民，彰显波斯国力的目的，这座城市建造得极尽华丽、庄严。图为居鲁士城遗址发现的雕刻。

经过一段时间的准备，波斯人决定越过阿姆河，征服对岸的玛撒该塔伊人（Massagetae）。据希罗多德描述说：“当居鲁士把巴比伦人这个民族也征服了之后，他就想把玛撒该塔伊人也收归自己的统治之下。”那时，玛撒该塔伊人由一位丧偶的女王统治。最初，居鲁士派人向女王求婚，试图兵不血刃地使对方屈服，但被拒绝了。公元前529年，波斯人的军队攻入玛撒该塔伊人控制的地区，俘虏并杀死了女王的一个儿子。被激怒的游牧民们与波斯人展开了决战：“据说在一开始的时候，他们双方在对峙的情况下相互射箭。箭很快射完，他们便猛冲上来用枪、斧之类的武器进行了殊死的厮杀。据说，他们便这样地斩杀了很长的一段时间，任何一方都不想退却。结果是玛撒该塔伊人取得了胜利，波斯的军队大部分死在那里，而居鲁士本人也在统治了29年之后，于这一场战争中战死了。”

波斯人的统治

公元前522年，继承居鲁士事业的大流士

(Darius，公元前 558—前 486 年）继续发起了对中亚游牧民族的战争，沉重打击了自己的敌人。虽然，他也没能最终征服玛撒该塔伊人，但大流士巩固并完善了波斯帝国在中亚南部的统治，派遣地方官员向被征服地区征收税款，管理灌溉系统。

一份史料详细记录了波斯人对花剌子模地区水利设施的管理："从这周边的诸山中，有一条称为阿开司的大河流出来。这条大河分成五个支流，在先前它们分别穿过五道峡谷面，灌溉了上面所说的土地。然而，自从波斯的统治开始以后，花剌子模人就倒霉了。国王封锁了山中的峡谷，并用闸门把每一个山路封闭起来，这样水就不能流出来，山中的平原就变成了一个湖。结果以前使用这条河的水的人们不能再用了，因而处于十分困难的地位。夏天他们需要水灌溉他们播种的小米和胡麻，只要没有水，他们就只能让家中的妇女到波斯去，在国王的宫殿门前高声哭号。国王终于下令把通到他们中间最需要水的人那里去的闸门放开，而当这块地方把水吸足了的时候，闸门就关上了。于是国王下令再为其他那些最需要水的人开放另一个闸门。而在他开放闸门的时候，在租税之外，还要征收大量的金钱。"虽然波斯统治者的目的可能是获取财富，但他们确实在中亚南部建立起一系列先进的灌溉设施，极大促进了当地种植业的发展。

知识链接：坎儿井

在古代伊朗，很早就流行一种挖掘地下水渠的办法。波斯人称这种地下渠为坎儿井（karez)。古代希腊学者曾描述过这种水渠，指出坎儿井一般是私人兴建的，他们用它来灌溉土地。在阿契美尼德王朝时期，这种修建地下水渠的方法开始在中亚推广，并逐渐传入中国新疆地区。

源于帕米尔高原的阿姆河是中亚地区水量最大的内陆河，也是咸海的两大水源之一。阿姆河流域孕育了许多古老的绿洲文明，河流沿岸的平原上，拥有非常发达的灌溉农业区。

亚历山大东征
希腊人的统治

我对于亚历山大最羡慕的地方，不是他的那些战役，而是他的政治意识。

——拿破仑·波拿巴

公元前4世纪，马其顿王国在巴尔干半岛崛起。由于波斯帝国曾发起针对古希腊诸城邦的战争，马其顿王亚历山大（Alexander，公元前356—前323年）打着为希腊人复仇的旗号东征波斯，并占据了阿契美尼德王朝统治的中亚部分地区。

亚历山大大帝雕塑。据文献记载，亚历山大大帝拥有狮子般的发型，“这位强壮英俊的指挥官一只眼睛漆黑如夜，一只眼睛湛蓝如天，终日骑着他的忠诚战马‘布塞夫拉斯’驰骋战场。”

追击残敌

亚历山大击败波斯人后，内外交困的阿契美尼德王朝陷入内讧，实力更加衰弱。少数忠诚于阿契美尼德王朝的军队后退至中亚南部的巴克特里亚，试图在那里抵抗希腊人的大军。亚历山大并没有放过自己的敌人，他带领2.5万人的军队一路东进，很快逼近巴克特里亚。波斯人已经失去了与之为敌的信心，他们望风而逃，烧毁了当地储存的粮食，破坏道路、桥梁，并焚烧渡船，然后越过阿姆河，遁入索格底亚那地区的古城脑塔卡（Nautaca）。抵抗者撤离后，希腊人兵不血刃地占领了巴克特里亚。

然而，波斯人坚壁清野的做法，并没有阻止亚历山大的军队乘胜追击，他们使用皮筏子等工具渡过阿姆河，顺利抵达索格底亚那。当地贵族无意为波斯人战斗，他们背叛了阿契美尼德王朝的末代君主，将之交给希腊人。不过亚历山大仍然对索格底亚那人发起了战争，他们攻占了脑塔卡，并于公元前329年控制了索格底亚那的大部分地区。但希腊人在当地的统治并不顺利，索格底亚那人不愿顺从于新的征服者，他们设伏杀死了很多希腊士兵。亚历山大残酷镇压了敢于抵抗的当地居民，他焚烧村落，破坏田园，据说亚历山大的军队直接杀死了数十万人。在抵抗战争中，很多索格底亚那人不愿被俘或投降，跳崖而死。

亚历山大·厄什哈特的意思是"最远的亚历山大城"。以这座城市为中心，亚历山大大帝在中亚地区建立了希腊人的统治机构，大量的希腊人、马其顿人、波斯人在这一时期迁移至此。图为亚历山大·厄什哈特遗址。

知识链接：希腊人的杀戮

亚历山大去世的消息传出后，留驻各地的希腊军队和移民出现骚动，很多人想要返回希腊。据说在中亚的索格底亚那、巴克特里亚地区，大约有2万名步兵和3000名骑兵聚集起来，企图回到故乡。当地的统治者大为震惊、惶恐，他们相信这将危及希腊人对中亚的统治稳定，于是派人阻止他们前进。交涉失败后，马其顿上层统治者们劝诱他们解除武装，然后残忍地将之全部处死。

希腊人的统治

经过血腥镇压，亚历山大占领并摧毁了很多城市，并从希腊迁来大量移民，巩固了自己在中亚的统治。他在锡尔河南岸建立了一座新城，取名亚历山大·厄什哈特，用以防御锡尔河以北游牧民族的进犯。

为了拉拢当地贵族，平息被征服地区的反抗，亚历山大改变了过去的强硬姿态。他开始与当地上层联姻，鼓励希腊移民与当地居民通婚，并按照阿契美尼德王朝的做法，向各地委派行政官长。后来，亚历山大还试图采用波斯帝国的政治制度、文化礼节，他穿上当地君主的皇袍，要求部属跪拜行礼。亚历山大成功争取到部分当地势力的归附，但却在希腊人中间引起广泛不满。公元前323年，亚历山大在扎里亚斯普（Zariaspa）宴请马其顿王国的将领们时，爆发了一场尖锐的辩论。保守人物拒绝按照波斯礼仪，向国王跪拜行礼。最终亚历山大作出让步，所有的臣民都必须向自己跪拜，但马其顿人不用。据说当时矛盾非常尖锐，部分马其顿贵族密谋杀死亚历山大。在另外一次酒宴中，亚历山大亲手杀死了一位"胡言乱语"的亲信将领，尽管他曾在战场上救过亚历山大的性命。

公元前323年，亚历山大在巴比伦病故，他所创建的庞大帝国随之土崩瓦解。包括中亚南部在内，马其顿帝国在亚洲的大部分领土由亚历山大的部将、原巴比伦总督塞琉古（Seleucus，公元前358—前281年）统治，史称塞琉古王朝。塞琉古王朝的历代君主继续执行亚历山大的殖民政策，在中亚建立了更多的希腊人定居点。

17世纪法国画家夏尔·勒·布伦（Charles le Brun，1619—1690年）在自己的作品中，描绘了他设想中的波斯皇后投降亚历山大场面。公元前333年秋季，亚历山大率领的马其顿军队击败了波斯帝国，波斯君主的母亲、皇后和两个公主都被亚历山大俘虏。

古老的中亚王国

巴克特里亚

> 大夏在大宛西南二千余里，妫水南。其俗土著，有城屋。
>
> ——《史记》

在今天的中亚南部及阿富汗北部地区，曾存在过一个名叫巴克特里亚的古老王国。欧洲人称之为吐火罗斯坦，即中国史书中提到的“大夏”，那里是古代丝绸之路中段最为重要的地区之一。

早期的古国

公元前两千多年，巴克特里亚地区曾出现过一个被称为那摩加（Namazga）的农耕文化，该文化可能受到美索不达米亚地区的影响。当时，那里的居民是一支使用印欧语系的白种人，与斯基泰人具有某种亲缘关系。尽管在各个历史时期，不断有外来民族迁入甚至统治这一地区，但当地居民的主要组成长期没有发生变化，始终以东伊朗人和中亚游牧民族为主。

早在公元前6世纪中叶，生活在巴克特里亚的东伊朗人已经建立了自己的城邦国家，在古代伊朗文献中，他们被称为巴克特里亚人。据说琐罗亚斯德教的创建者琐罗亚斯德（Zoroaster，公元前628—前551年）就是巴克特里亚人，他的传教活动曾经得到当地统治者的支持和保护。琐罗亚斯德教经典《阿维斯塔》（*Avesta*）中提到，当时巴克特里亚“有英武的领袖，统率着众多的军队，管治其地”。史学家们认为，这些描述表明巴克特里亚人已经形成一个较为稳定的民族共同体。据说，在米底人与亚述人的争霸战争中，巴克特里亚人曾作为一支独立的力量参与其中。

巴克特里亚王国陷入内战期间，交战双方为了标榜各自的正统性，分别追溯自己的君王世系，用他们的名号和头像制造了大量“大统币”（Pedigree Issues）。由于缺乏文献资料，这种钱币成为研究巴克特里亚王国王位传承历史的重要依据。图为巴克特里亚银币。

外来的统治者

波斯帝国的开创者居鲁士继位后，很快将巴克特里亚等地纳入帝国的统治之下。希罗多德在《历史》一书中，明确记载了巴克特里亚及其邻近部落，每年需要向波斯朝廷缴纳360塔兰特的贡赋。虽然在波斯帝国时期，东部地区不断发生反对波斯人的叛乱，但可能由于文化、血缘方面的共同点，巴克特里亚始终没有出现过离心情况。他们不但没有参与任何叛乱活动，而且成为帝国军队的重要组成部分。在波斯总督的带领下，巴克特里亚军队受命镇压了马尔吉亚那（Margiana）等地的武装起义。

马其顿国王亚历山大征服波斯帝国后，希腊人取代波斯人成为当地的统治者。公元前250年，日趋衰落的塞琉古王朝丧失了对中亚地区的控制，

德米特里银币。公元前 2 世纪，巴克特里亚王国占领了印度部分地区。在希腊文化对印度西北部造成深刻影响的同时，印度文化也逐渐影响了这些希腊移民。在这一时期的巴克特里亚银币上，出现了大象等印度风格的图案。

知识链接：巴克特里亚的郡县制

据西方史料记载，巴克特里亚王国曾实行过郡县制度。其中郡称为“Eparchy”，县称为“Hypachy”，分别由国王委派官员管理。县下又分为若干亭（Statllmo），也设有亭长等职务。这种制度与汉朝完全相同，近代中国学者认为，这些政治措施应该都是向中国学习的结果。

巴克特里亚总督狄奥多德（Diodotos，生卒年不详）宣布独立，建立了“希腊－巴克特里亚王国”（Graeco-Bactrian Kingdom）。东西方文献中，几乎没有留下关于这个国家的记载。此后有关这个王国的历史，大抵都是后世学者在考古发现基础上重建的。

通过分析当时的钱币、雕像，学术界认为巴克特里亚王国的统治阶层应该是希腊人的后裔，不过当地居民的基本成分并没有发生太大的变化，仍以土著居民为主。国王德米特里二世（Demetrius，公元前 185 年—前 165 年在位）时，巴克特里亚王国的版图扩展到兴都库什山以南的犍陀罗、旁遮普等地，这是王国的全盛时期。

但是，德米特里过于看重南方新征服的地区，甚至长驻南亚地区的奢羯罗城，不愿返回巴克特里亚。并且他任人唯亲，将印度分封给自己的亲属作为封地，这些做法引起部分希腊移民的不满。

公元前 174 年，在他滞留印度时，一个名叫欧克拉提德斯的希腊人趁机在巴克特里亚本土自立为王，并在公元前 160 年消灭了德米特里的势力。然而，欧克拉提德斯篡位后，希腊人开始陷入频繁的暗杀与内讧中，巴克特里亚王国很快衰落下来。

21 世纪初，人们在巴克特里亚地区发现了一批距今四千多年的女性雕像。这些雕像的高度一般不超过 15 厘米，具有小头大身等特征。

月氏人的振兴

贵霜帝国

后百余岁，贵霜翕侯丘就却攻灭四翕侯，自立为王，国号贵霜。

——《后汉书》

贵霜帝国是在1—3世纪，于中亚地区称雄一时的古代强国。通过几代君主的努力，帝国疆域从今天的塔吉克斯坦扩大至里海、阿富汗及恒河流域，西方学者怀疑中国新疆的部分地区也曾臣服于它。

在迦腻色迦（Kaniska，？—102年）及其承继者的统治下，贵霜帝国达到极盛，被认为是当时旧大陆的四大强国之一，与中国汉朝、罗马、帕提亚并列。

贵霜人的起源

贵霜帝国是由中国北方的古老民族——月氏人建立的。据说月氏是一支游牧民族，他们曾生活在今内蒙古的鄂尔多斯一带，后来逐渐向西部发展，大约在战国初期控制了祁连山一带的河西走廊。因而，《后汉书》等史料也说那里是月氏的故地，所谓“旧在张掖、酒泉也”。

最初，月氏人的武力比较强盛，据称“控弦十余万”，曾侵袭匈奴等游牧民族。他们喜好从事贸

贵霜帝国在中亚的勃兴，对大乘佛教的传播起到了积极作用。据中国学者统计，东汉至东晋期间来华的外国僧人中，半数来自贵霜帝国统治的区域。

祁连山脉位于中国青海省东北部与甘肃省西部边境，由多条平行山脉和宽谷组成。有学者认为它得名于古代匈奴语，意思是“天山”。

易活动，先秦文献《管子》中就有“玉起于禺氏”的记载。学术界认为，“禺氏”就是“月氏”的另外一个音译名称。近代考古发现证实了史书中的记载，月氏人在新疆塔里木盆地与黄河流域之间的早期经济、文化交流中担任了重要媒介。他们在运输美玉、宝石、丝绸和漆器的过程中，逐渐开辟了一条沿昆仑山、通过河西走廊到达中原地区的商路。这条道路，就是后来举世闻名的丝绸之路主干线之一。

此件贵霜的希腊女神阿芙洛狄忒的黄金悬饰，出土于大夏某年轻女子的墓穴中。这个悬饰大约有2000年之久，显示出希腊和印度对贵霜的影响。

公元前201年，匈奴冒顿单于（公元前234—前174年）即位。强大的匈奴军队击败了月氏，大部分月氏人被迫离开故土。在西迁过程中，他们持续受到匈奴、乌孙的攻击，月氏王也被杀死。经过多次迁徙，月氏人来到阿姆河流域的巴克特里亚地区。

帝国建立

远道而来的月氏人很快征服了巴克特里亚地区，并在那里安顿下来，当时的汉人将那里称为“大夏”，并称西迁的月氏人为大月氏。大约在1世纪，大月氏逐渐形成五个主要部族。《汉书·西域传》称大月氏：“有五翕侯：一曰休密翕侯，治和墨城；二曰双靡翕侯，治双靡城；三曰贵霜翕侯，治护澡城；四曰肸顿翕侯，治薄茅城；五曰高附翕

被刻在黄金硬币上的贵霜国王迦腻色迦，图案为他正在主持一项拜火仪式。

侯，治高附城。”

1世纪初，贵霜翕侯丘就却（Kujula Kadphises，？—约公元70年）的实力日益增强，他先后吞并了其他四个翕侯，统一了大月氏诸部，开始使用“王中之王”的称号，建立了强大的贵霜帝国。丘就却的儿子阎膏珍（Vima Kadphises，？—127年）继位后，他们已经不满足于阿富汗和中亚的领地，帝国军队南下印度，占领了恒河上游地区。不过，这时的月氏人还没有学会如何管理过于广阔的土地，阎膏珍将印度全权交给自己信赖的将军迦腻色迦治理，自己回到了中亚的都城。阎膏珍去世后，月氏统治者们陷入长达三年的内战，以印度为基地的迦腻色迦取得了胜利，成为帝国的主人。

广角

与中国汉朝的战争

1世纪，西域都护府控制的疏勒、莎车王国先后反叛汉朝。在平定叛乱的过程中，贵霜帝国积极协助汉朝的军队，并阻止康居人帮助叛军。战争结束后，月氏人认为自己为汉朝提供了巨大帮助，于是希望迎娶一位汉朝公主，通过联姻巩固两国的亲密关系。被拒绝后，贵霜帝国怨恨不已，在公元90年派出了一支由副王谢（Sahi，生卒年不详）统率的，约7万人的军队攻击西域都护府。

面对来势汹汹的月氏人，当时负责西域事务的班超（公元32—102年）手下并没有太多军队。但是他沉着应对，鼓励将士们说：“贵霜人的军队虽然很多，但从数千里之外越过葱岭而来，又有什么可怕的呢？我们只需要收集粮草，坚壁清野，据城坚守，敌人就一定会因为缺乏供给而投降。不过数十日，我们就可以取得胜利。”

果然如班超预料的那样，副王谢最初命令士兵猛攻城池，企图迅速结束战斗。被汉军抵御后，月氏人很快因为缺乏补给而延缓了攻击。不久，陷入困境的月氏人只能向班超求和，希望能够回到自己的国家。班超放回了他们，此后贵霜帝国再也没有与汉朝发生过冲突。

迦腻色迦战胜了西部的帕提亚帝国，并彻底占领了印度北部，打造了一个西起伊朗边境，东至恒河中游，北抵锡尔河、葱岭，南至纳巴达河的庞大帝国。中国史籍描述道：“周宾国，大夏国，高附国，天竺国，皆并属大月氏。”为了方便统治相对富饶的南亚次大陆，他将贵霜帝国的首都迁至印度河附近的富楼沙（Purusa），也就是今天巴基斯坦的白沙瓦（Peshawar），并在那里大规模地兴建宫殿。在迦腻色迦早期发行的钱币上，多铸有古希腊、印度的神像，后期钱币则全部铸有佛陀形象。佛教僧人称迦腻色迦晚年皈依佛教，“前后征伐，杀三亿余人。自知将来罪重，必死无疑，心生恐惧。使即忏悔，修擅持戒，建立浮居，供养众生，四事不乏，修诸功德，精进不懈”。

对西域的影响

月氏人征服巴克特里亚后，逐渐放弃游牧生活，转为定居并从事农业。他们的社会制度与文化生活，也慢慢被使用波斯语的当地居民同化。西方史料称巴克特里亚为“千城之国”，表示当地以定居为主。中国史书称大月氏国“土地风气，物类所有，民俗钱货，与安息同”。又说大月氏“既臣大夏，而居地肥饶，少寇，志安乐”。安逸的生活，消磨了月氏人向匈奴复仇、重返故乡的意愿。所以受汉武帝委派出使西域的张骞，并没能完成自己的使命。

贵霜人的黄金骨灰匣，时间可追溯到大约公元 50 年。

盛极一时的贵霜帝国，可能对当时的西域国家具有一定影响。据中国史料记载，疏勒王臣磐（？—168 年）是前任国王安国的舅舅，因为犯下过错，被送到贵霜帝国作为质子，受到贵霜君主的厚待。安国去世后，由于没有留下子嗣，疏勒国人计划拥立臣磐弟弟的遗腹子继位。臣磐得知这一消息后，向贵霜帝国的统治者请求道：“疏勒王安国没有儿子，他父亲的家族实力微弱。如果立安国母亲家族的人为王，那么我是那位遗腹子的叔父，最应该继承王位。”于是，贵霜帝国派遣一支军队，护送臣磐回到疏勒。

当地人素来敬重臣磐，又畏惧贵霜帝国的势力，于是废黜了已经登上王座的遗腹子，迎接臣磐为疏勒王。一些西方史学家据此认为，当时西域诸国都已经归属或臣服于贵霜帝国。不过，疏勒国同时也在向汉朝派送质子，当汉朝平定疏勒人的反叛时，贵霜帝国并没有干预。位于大国夹缝中的小国，可能愿意向所有能够威胁到他们的大国称臣。

繁荣与衰落

贵霜帝国崛起时，亚洲东部的汉朝进入了太平的盛世，地跨三洲的罗马帝国也摆脱了弑君和战争的阴影，进入自己的黄金时代。大约在同一时间，东西方大国分别开始了复苏与繁荣，贵霜帝国成为连接东西方贸易的最重要枢纽。商旅为统治者带来了大量财富，阔绰的君主们建立起繁华的都市，并且慷慨资助各种宗教的传播。

然而一百多年之后，月氏人面临的外部环境发生了巨大变化。在帝国西部，新兴的萨珊王朝取代了帕提亚帝国，对贵霜帝国发起了咄咄逼人的攻势。在帝国东面，蒸蒸日上的笈多王朝正在扩张，更进一步压缩了月氏人的发展空间。更为麻烦的是，贵霜帝国所依赖的国际贸易也日益萧条。在东方，中国随着东汉王朝的衰落和动乱，已经没有太多用于贸易的商品。在西方，罗马帝国的政治局势不断恶化，商业凋敝，百业不兴。不稳定的政局影响了丝绸之路的贸易体系，也导致贵霜帝国收入锐减。

大约在 3 世纪，贵霜帝国在内外交迫的环境下陷入分裂，大月氏人建立了南北两个相互对峙的王朝，最终以北方王朝失败而告终。战争进一步削弱了贵霜帝国的实力，大量月氏难民东迁故土，他们纷纷回到塔里木盆地或河西走廊，只有少数人留居中原。

汉人的远征

西域都护府

西域以孝武时始通，本三十六国，其后稍分至五十余，皆在匈奴之西，乌孙之南。

——《汉书》

在中国汉朝与匈奴的战争中，为了削弱敌人的力量，汉朝曾派遣大量使者和军队前往今天的新疆和中亚地区。公元前2世纪，汉朝开始直接影响中亚的政治、经济与文化，并成功在中亚东部地区巩固了自己的统治。后来，随着中西交流的畅通，丝绸之路沿线贸易的繁荣和发展，中亚同中国的交流、联系更加密切。

复杂的使节们

著名的汉武帝刘彻（公元前156—前87年）在位54年，在他的推动下，汉朝发起了针对匈奴的空前战争。经过数十年的征战，汉军打通了河西走廊，在那里设置了武威、张掖、酒泉、敦煌四郡，并迁移人民充实边疆，征调军队在西北地区兴建水利工程，开垦农田。汉武帝不但沉重打击了匈奴国家，还直接与新疆、中亚等地的城邦和游牧国家建立了联系。在此之后，汉朝与中亚各国之间的使节往来非常频繁。从长安出发的外交使者不但来到了中亚地区，还远赴西亚、南亚诸国。据《史记·大宛列传》记载，当时“使者相望于道。诸使

丝绸之路上的交河故城最初是车师国的都城，由于两条河水在城南交汇，所以称之为交河。汉元帝时期，汉朝在交河设立戊己校尉，在这里驻军屯田。魏晋时期，中原王朝在这里设置了交河郡，标志此地已经成为朝廷直接统治的郡县。

外国一辈，大者数百人，少者百余人。”在汉武帝统治时期，每年前往异域的汉家使节多则十余批，少则五六批。目的地较远的可能要八九年才能返回，距离近的也要数年之久。

同时，中亚及其以西各国的来使也日益增加，史称“西北外国使，更来更去”。当代学者发现，除了外交使命，这些人来中国还有一个主要目的，那就是开展商业活动。他们“善市贾，争分铢”，每一个“朝贡”使团都是一支庞大的商队。当时打着出使的旗号，从中国远赴西域的人，也并不完全是由朝廷正式派遣、领有专门使命的外交官员，而部分是富于冒险精神的商人，以及企图效法张骞出使西域获得富贵的人。自从张骞被汉武帝封为博望侯后，许多官吏、商贾，乃至士卒、农夫都踊跃上书，描述外国的珍奇异闻，请求为天子出使异邦。好大喜功的汉武帝一概予以批准，无须考察应募者的身份背景，只要他们愿意就可以获得朝廷颁发的使节证书和信物。在丝绸之路上，不少汉人因此暴富，进而吸引了更多人“出使”西域。

汗血马又称阿哈尔捷金马，原产于土库曼斯坦地区。这种马皮肤较薄，奔跑时可以看到表皮血管中的血液。其中枣红色或栗色的马匹出汗后，局部颜色会显得更加鲜艳，容易让人误以为马在流血，因此古人将之称为汗血马。

远征大宛

据说一支前往中亚的使团归国后，报告汉武帝称西域的大宛国有一种被称为“天马”的优良坐骑，当地人将它们藏在贰师城，不愿意让汉人知晓。大宛国大约位于中亚的费尔干纳盆地（Fergana Valley），即今天的乌兹别克斯坦、塔吉克斯坦和吉尔吉斯斯坦三国的交界地区。喜好骏马的汉武帝获知这一消息后，随即派遣一位名叫车令的人，携带大量贵重礼物，以及一匹纯金打造的马匹前往贰师城，请求获得天马。但是，大宛人拒绝了汉朝的请求。车令觉得无法完成使命，回国后难以交代，所以出言不逊，非议了当地的统治者，还毁掉了带去的金马。在回中原的路上，车令一行遭遇大宛人的阻拦和袭击。他们杀死了使者，并掠走了使团携带的财物。

被激怒的汉武帝决心出兵讨伐大宛，他派遣李广利统率大军，先后两次攻击大宛。由于路途遥远，粮草补给困难，汉军第一次进攻受挫。不过在第二次战争中，汉人击败了大宛军队，并包围了大宛的首都。经过四十余日的攻防战，汉军占领了外城。大宛的贵族们杀死了国王毋寡，将他的首级献给李广利，并开放全部马场供对方挑选。战后，汉朝在大宛获得了30多匹好马，以及3000多匹母马，并册立了一个名叫昧蔡的贵族作为国王。汉军撤离一年后，大宛发生政变，昧蔡被其他贵族杀害，当地人拥立毋寡的弟弟蝉封为王。新王继位后并没有采取报复行动，他派遣质子到长安，向汉武帝表示臣服。

统治西域

汉军远征大宛后，西域诸国受到很大震撼，史称“大宛既破，外国振恐”“西域震惧，多遣使来贡献”。汉朝自此对西域诸国确立了宗主地位。在

龟兹是古代西域大国，其国都遗址位于今天的新疆库车县。按中原史料记载，龟兹古城“其城三重，中有佛塔庙千所。人以田种畜牧为业，男女皆翦发垂项。王宫壮丽，焕若神居”。

当时人烟稀少、道路艰险的情况下，为了保障来往使者的安全和供给，汉朝在公元前101年设置使者校尉，率领士卒数百人在轮台、渠犁一带屯田积谷，以供应出使西域的使者，接待各国来华的使节。使者校尉，是汉朝派驻西域的第一个官职。

公元前65年，汉朝使节冯奉世护送大宛等国使者返回故土时，适逢莎车国发生叛乱。当地贵族杀死了亲汉的国王万年，以及经过莎车的汉朝使节。冯奉世当机立断，要求周边各国出兵平叛，亲自带领五千军队突袭莎车，迫使叛乱贵族自杀。大宛人再一次感受到汉朝的武力和影响力，冯奉世返回长安时，还带回了大宛国进献的名马“象龙”。

费尔干纳盆地是中亚最为富饶的地区，不但是古代东西交通要道，而且物产丰富，经济发达。在现代，该盆地以中亚五国1%的土地面积，养活了中亚地区22%的人口，被誉为“中亚明珠”。

通过战争，汉朝击败了匈奴在西域的势力，迫使日逐王等匈奴贵族投降。为了进一步强化对当地的控制，朝廷任命郑吉为西域都护，“秩比二千石”，相当于内地的“郡都尉”，作为中央派出的郡级官员统辖西域各地。《汉书·郑吉传》说：“吉于是中西域而立莫（幕）府，治乌垒城，镇抚诸国，诛伐怀集之。汉之号令班西域矣，始自张骞，而成于郑吉。”从此，汉朝的政令推行到了西域，新疆及中亚东部地区列入统一的中国版图内。当时西域各地“最凡国五十，自译长、城长、君、监、吏、大禄、百长、千长、都尉、且渠、当户、将、相至侯、王，皆配汉印绶，凡三百七十六人”。西域都护府职责繁重，他们需要维护南道、北道地区的安全，招募、组织军民屯田驻守军事要地，推行汉朝的政令。同时，西域都护府还要督察乌孙、康居等游牧国家的情势，及时向中央报告情况，并需要根据情况灵活应对，做好安抚和战争的两手准备：“可安辑，安辑之。可击，击之。”

自从公元前60年设立都护府后，汉朝一直维

1980 年，考古学者在楼兰古城发现了一批魏晋时期的汉文木简，显示当时中原王朝仍然有效统治着西域。此前，还有人在楼兰古城找到了晋代中原生产的纸张，以及手抄的《战国策》残简。

持着当地各邦国的秩序与和平。在王莽篡汉、东汉初年的动荡期间，无暇西顾的中原王朝曾委任莎车国王为“西域大都尉”，暂时履行西域都护府的职责。公元 89 年，恢复元气的东汉再次设立西域都护，完全恢复了西汉在西域的管辖。

骊靬古城遗址位于甘肃省金昌市。1994 年，当地政府在遗址附近建立了这组雕塑。据介绍，这是三尊古罗马人的花岗石塑像，他们目光深情地眺望着远方。

西域长史府

匈奴控制西域诸国时，他们在那里设置“僮仆都尉”，专门负责向各邦国征缴人口和财物。中原王朝物产丰富，制造业发达，并不像匈奴人那样需要从西域各城邦获取物资。距离长安、洛阳过于遥远的路程，也使汉朝缺乏在那里征收赋税的意图。为了保证粮草供应的稳定、便捷，汉军直接在驻扎地屯垦，因此就连基本的军需粮秣，也不必向当地居民征收。

汉朝的强力统治，为西域提供了相对安定的社会、政治环境。因此，各国“不乐匈奴”，而纷纷“慕汉”。当东汉王朝由于内部原因撤销了西域都护府，匈奴势力卷土重来的时候，诸国无不“区区东望扣关者数矣”，热切向往内地，希望汉人能够重新走出玉门关、阳关，恢复对西域的管辖。

123 年，汉朝皇帝任命班超的儿子——在西域长大的班勇担任西域长史，率领 500 名兵士屯驻在柳中城，从此开设了西域长史府，再一次恢复了对西域的保护和管理。不久，西域长史府驻地移往楼兰，管辖范围相当于今天中国新疆的大部分地区，以及中亚巴尔喀什湖以南、塔什干以东地区。西域长史这一职务，历经魏晋，一直延续到南北朝时期。在行政上，西域长史府隶属于凉州刺史。但由于凉州首府相对楼兰较远，他们实际上受敦煌郡直接领导。

近现代考古学者在楼兰古城遗址发现了汉文木简，其中最晚的出土文献写于北魏时期。按出土文献推测，当时西域长史府可能代行了楼兰王的部分权力。其衙署规模宏大，位于楼兰城内的中心位置。除了组织军队训练、屯垦，协调各城邦的关系，西域长史还负责维护楼兰地区的社会治安，编制户籍，管理居民，并处理当地的司法、刑狱。

古代中亚的商业民族
粟特人

胡旋女，胡旋女，心应弦，手应鼓。弦鼓声两袖举，回雪飘飖转蓬舞。

——白居易

粟特人是中亚地区的一个印欧语系的古老民族，他们曾生活在阿姆河、锡尔河一带，在西方文献中，粟特人被称为索格底亚那人，而在突厥语中，则被称为坎杰克人。丝绸之路开辟后，他们奔走于东西方大国之间，以擅长经商闻名于世。

粟特古国的都城撒马尔罕发掘的粟特人壁画，种类繁多，内容丰富，对于研究粟特人的历史及其丝绸之路的发展都具有很高的参考价值，备受考古学家和历史学家的青睐。

粟特人的起源

过去，史学界曾认为粟特人起源于古代的康居国，“坎杰克”就是康居的突厥语音译。不过，近年有人提出康居人原本生活在中亚北部和中国新疆的部分地区，是一个幅员辽阔的游牧国家。大约在1世纪，康居人受到匈奴的威胁，才开始逐渐迁入索格底亚那，也就是中国史籍中的粟特地区。《晋书》称：“康居国在大宛西北可二千里，与粟弋、伊列邻接。”其中粟弋就是后来的粟特，据这段记载，当时康居和粟特还不是一个国家。因此，粟特地区的原住民可能是东伊朗人的一支。与古代伊朗人一样，他们最初信仰琐罗亚斯德教。

北齐粟特人浮雕。5—8世纪，来自中亚的粟特人几乎垄断了中国的对外丝绸贸易，大量粟特人沿着丝绸之路来到中原，并长期生活在这里。在这一时期的中原墓葬中，不时发现粟特人的艺术形象。

不过，粟特人和康居人并没有太大的种族和文化差异，他们的风俗基本一致，语言可以互通。《汉书》称：“自大宛以西至安息，国虽颇异言，然大同俗，相知言。”成为康居国的一部分后，粟特人很快同化了新的居民，后来周边各民族都将康居人等同于粟特人。但是，南迁的康居人很快分裂为众多邦国。可能由于历史上康居国与贵霜帝国的联姻关系，也可能确实接受了贵霜帝国委派的官长，在隋唐时期，粟特诸国的君主们都自称是大月氏的后

在早期的丝绸之路上，粟特商人牵着骆驼，从中原王朝走到东罗马帝国，从漠北草原走到地中海东岸，从隋唐的皇宫走到突厥的汗帐，对欧亚大陆产生了重大影响，粟特语一时成为联通欧亚大陆的商业用语。

裔，并以月氏人的故地“昭武”为姓。因此在中国史籍中，这些国家又被称为“昭武九姓”。

商业民族

粟特人盛行父系的小家庭，男子成年后必须离开父母，自行谋生，史称“男年五岁，则令学书。少解，则遣学贾，以得利多为善”。“丈夫年二十，去旁国，利所在，无不至。”在出土的古代于阗文献中，粟特人被称为牵利人（Suli），其复数形式为“Suliya”，也就是商人的意思。他们主要的商业活动是从汉族地区购买丝绸、陶瓷等特产，并从中国以西的地方运来玛瑙、珍珠、镔铁和玻璃器皿。有时，他们也输送家畜和奴隶。除此之外，粟特商人还经营高利贷。

在行商的途中，粟特人的商队沿途形成了一个个聚居点，古代西域的碎叶城就是他们建立的。在古代中国的于阗、楼兰、高昌、敦煌、长安、洛阳等大小城市，也都有他们的聚居地。部分粟特商人还通过捐输等方式，在各个国家获得官职、爵位，如“长安县人史婆陀，家兴贩，资财巨富。身有勋官骑尉，其园池屋宇，衣服器玩，家僮侍妾比王侯”。部分能力出众的粟特商人，甚至成为别国君主的使节，出访各国。除了经商之外，粟特人还是很多宗教的传播者，琐罗亚斯德教、摩尼教、基督教和佛教都曾在中亚地区流行，并通过粟特人传播到其他地区。唐代佛学大师法藏法师（643—712年）就是祖籍康居的粟特人，曾被女皇武则天封为贤首国师。他是华严宗三祖和事实上的创立者，华严宗因此也被称为贤首宗。

知识链接：粟特艺术

粟特人具有很高的文化水平，绘画、音乐、舞蹈都非常发达。粟特画家曹仲达曾出仕北齐，以“湿衣贴体”的画风获得汉族士大夫的喜爱。粟特移民曹婆罗门、曹僧奴、曹明达祖孙三代擅长演奏琵琶，曹明达甚至被封为郡王。被元稹、刘禹锡等大诗人称颂的歌手何满子、米嘉荣，也是出身昭武九姓的胡人。此外，粟特艺术家们还向中原输送了著名的胡旋舞。胡旋舞又称柘枝舞，以旋转快速、动作刚劲著称，盛唐时代的诗人们纷纷吟咏赞叹，留下了许多描写细致、感情充沛的动人诗篇。

据中国史料的记载，粟特人“人多嗜酒，好歌舞于道路”，是一个非常热情奔放，喜好音乐与舞蹈的民族。隋代九部乐中的安国乐、康国乐，就是传入中原的粟特音乐。

奴隶制经济之兴衰，封建制经济之形成

从公元前753年罗马建城到公元前3世纪，罗马的农业经济相对落后，商业更是发展缓慢。

在长期的对外征服和扩张战争中，罗马掠夺了大量财富和土地，也俘获了大批奴隶，为奴隶制迅速发展提供了条件。因此，从公元前3世纪至公元前2世纪，罗马的奴隶制已经发展到了一个高级阶段，即从家内奴隶制发展到以剥削奴隶劳动、榨取剩余价值为目标的发达的奴隶制。

1—2世纪，罗马帝国的相对稳定、交通网和港口的兴建、文化技术的传播和交流以及行省和城市地位的改善，都促进了帝国前期经济的繁荣发展。但与此同时，罗马奴隶制经济的局限性和脆弱性导致其繁荣中隐藏着新的危机。奴隶制危机导致作为其补充的隶农制应运而生并逐渐盛行。

至3世纪，罗马帝国进入了一个全面危机的时代，奴隶制经济进一步衰落。这主要表现在：农业萎缩，城市衰落，财政枯竭。

在拜占庭帝国，由于其特殊的地理位置和社会经济条件，4—6世纪，帝国境内的多种农业经济成分并存，国内外贸易相当发达，马克思将君士坦丁堡称作“东西方贸易的一道金桥”。进入7世纪后期，由于国内人民起义和蛮族入侵的共同作用，拜占庭的封建制经济形成，代替了往昔占主导地位的奴隶制经济。

罗马共和时代和帝国时代的农业经济 奴隶制经济的兴衰嬗变

罗马共和时代和帝国时代的奴隶制经济不断发生着变化。

公元前2世纪，罗马的农业经济获得长足发展。到罗马帝国时代，地中海文明区的奴隶制已持续了3000年。继埃及、巴比伦青铜文明之后，波斯、希腊的铁器时代亦经历了长时期的发展。罗马在它们之后兴起并标志着古代世界的生产力已达到最高水平。

共和时代奴隶制经济的初步形成

罗马共和国早期，大多数家庭都有自己的一小块土地，主要种植谷物，间或种一些葡萄和橄榄，在附近公地上放牧几头牲畜。因此，当时人们所需多能自给。此时，社会的主要生产者是公民自己，奴隶的使用也比较少见。

奴隶工作场景。罗马共和国时期，随着对外征服，疆域不断扩大，出现许多殖民地，大量奴隶也开始出现，奴隶制迅速发展，特别是庞大的庄园出现后，奴隶因其廉价的成本，受到奴隶主的青睐，奴隶的使用更加普遍。

随着罗马地域面积的迅速扩大，所有那些新并入罗马领土的部落统辖区和新建立的罗马殖民地和拉丁殖民地，基本上也是移植罗马本部的农业生产方式。不少地区并入罗马的方式是通过战争完成的，造成了大量奴隶的存在，再加上罗马特意区别对待，所以一些地区的奴隶使用范围扩大。

公元前4世纪到公元前2世纪中叶，是罗马迅速崛起的时代。罗马经过一系列征服战争，成为地中海地区的霸主，罗马的农业经济发生明显变化。据P.A.布朗特统计，罗马的国有土地增长非常迅速，主要是分给罗马公民和同盟移民。绝大部分是小额土地，之后出现了中额地产。由于罗马缺乏训练有素的土地管理人员，加速了罗马国有土地的私有化进程，甚至出现了占有土地数量庞大的大庄园主。在庄园里，奴隶的使用比较普遍。而且，这一时期，罗马的奴隶制已经发展到了一个高级阶段，即从家内奴隶制发展到以剥削奴隶劳动、榨取剩余价值为目标的发达的奴隶制。与此同时，农业生产技术明显提高，轮作法、木板脱粒、深耕、选择优良种子等方法，大大提高了农业生产力。在意大利

奴隶逃跑后，奴隶主会派人追捕他们。被追回来的奴隶被刻上记号，同时要求佩戴铁项圈，用以标记奴隶的逃跑身份，这些奴隶将面临更严厉的监管。

知识链接：古罗马奴隶的劳动领域

罗马奴隶主最早让奴隶在矿业部门从事异常艰苦而又危险的劳动。由于农业是当时最主要的生产领域，因此，大量奴隶被束缚在奴隶主的田庄上。奴隶主剥削奴隶的另一部门是手工业。另外，还有许多奴隶属于家庭奴隶，他们一般从事家内劳动，有些甚至从事家庭教师或医生。此外，一些奴隶充当国家警察或城市消防员。最后，还有大量奴隶成为角斗士。

中南部的一些地区，牧场规模越来越大，牧场经营成为当时最有利可图的行业之一。

帝国时代奴隶制经济的发展和衰落

公元前1世纪，罗马农业经济发生了一些显著变化，其中包括：土地私有化进程加速；土地集中、土地兼并的现象明显增多，大地产开始兴起；新的剥削制度出现；农业技术有很大发展，农业产量明显提高。

从此时起，罗马的农业经济跟奴隶制息息相关。罗马奴隶主常常把奴隶当作会说话的工具，力求获得最大效益，这也是罗马农业经济能够继续发展的重要原因。同样，对奴隶的残酷剥削也导致奴隶的反抗活动，其中稍微缓和一点的是消极怠工、粗暴使用生产工具、破坏财物、虐待牲畜，等等。

1—2世纪，罗马出现了轻视农业、视农业为贱业的思想，大地产经营弊端明显，土地荒芜现象严重。意大利农业已呈下降和衰落趋势，而行省的农业发展迅速，耕地面积增加很快。1世纪时，罗马著名农学家科鲁麦拉列举了使用奴隶从事农业劳动的坏处，将罗马帝国农业经济的衰落归因于“把土地交给最不适宜的奴隶们耕种，就等于把土地交给刽子手去执刑一样”。

3世纪，罗马奴隶制经济的衰落非常明显，这表现在：一方面，奴隶制农业经济效率大幅降低，进而导致罗马帝国已经无力进行大规模的扩张；另一方面，奴隶补充的来源不足，奴隶的价格越来越贵，使用奴隶生产越来越无利可图。在这种情况下，罗马的农业经济已经濒临危机。

角斗士又称“剑斗士”，利用短剑、盾牌等进行角斗，以供观众赏乐，在当时颇受欢迎。常见的角斗士分为莫米罗角斗士、色雷斯角斗士、追击士、网斗士等。图为奴隶角斗士。

罗马帝国前期和拜占庭帝国前期的商业贸易繁荣发展

在罗马帝国前期和拜占庭帝国前期，商业贸易呈现出一派繁荣景象。

罗马共和国时期，主要以自给自足的奴隶制农业经济为主，商业活动并不多见。而且，国家对商业也不是很重视甚至有些轻视。例如，在布匿战争前的一次公民大会上，大会成员一致反对元老贵族拥有可以出航进行商业贸易的船只，认为盈利的商业有损元老们的尊严。罗马商业经济的发展状况至帝国时代得到改观。

罗马帝国前期的商业贸易

进入帝国时代，随着罗马地域的扩大、生产力的发展，商业贸易日渐繁荣。这表现在，不仅意大利本土的商业贸易比较普遍，在被罗马征服的地区，也存在着繁荣的商业贸易景象。

罗马本土商人也与地中海沿岸甚至更加遥远的埃及和印度洋诸国之间存在着频繁的商业交往。如在共和国后期，亚历山大里亚港的商人则输出埃塞俄比亚的象牙、竞技野兽与黑奴，并经由红海的港口运输所有印度和阿拉伯半岛的产品，而埃及的国家工厂出口大量的优等衣服、玻璃和纸张。屋大维在埃及奉行托勒密的重商主义政策，大大推进了亚历山大里亚港商业贸易的繁荣。再如在屋大维统治时期，罗马人就利用季节风远航至遥远的印度。根据古罗马时期最杰出的地理学家斯特拉波的记载，罗马每年都有几百艘商船来往于埃及和印度地区。尼禄在位期间，罗马与印度之间的贸易逆差竟然达到6000万塞斯特斯，这引起老普林尼的抱怨。再如，在公元前1世纪，意大利拉丁姆开始出口橄榄油。1—2世纪，叙利亚北部开发了帕提亚的商队贸易，后者的商人们带

公元前1世纪末，罗马帝国、帕提亚帝国、贵霜帝国、匈奴游牧民族、大汉帝国五股势力并存。罗马帝国奴隶制走向成熟，生产力得到发展，与这些亚洲帝国之间有着大量的贸易往来。图为各国商人群像雕刻。

出自丹麦坟墓内的罗马杯子。可见罗马商人运送奢侈品到整个帝国。

来了中国的丝绸和印度的棉花、珍珠、象牙和香料。在南部，纳巴泰人的商队携带阿拉伯半岛的熏香、香料、没药和珍贵石头，进入加沙。

拜占庭帝国前期的商业贸易

拜占庭帝国时期，出现了许多国际都市，如巴尔干半岛的君士坦丁堡、帖撒罗尼加，叙利亚的安条克，埃及的亚历山大里亚。在西罗马出现奴隶制经济危机的时候，东方城市不仅没有衰落和萧条，而且还相当繁荣。

拜占庭的国内外贸易相当发达。它不仅有国内的农业和手工业生产发展作为基础，而且拜占庭和其他国家商人奔走于欧亚各地，运销东方和西方的各种商品。中国的丝绸、印度的香料、埃及的粮食和纸草、叙利亚的织物和刺绣、斯拉夫的毛皮和蜂蜡等各种商品，都经过君士坦丁堡和拜占庭其他大城市再转运至欧亚各地。这里需要指出的是，君士坦丁堡城是欧洲当时最大的城市，也是罗马帝国最大的工商业中心。它地理位置优越，扼黑海与地中海交通的咽喉。在当时，世界各地商人频频出没于君士坦丁堡，带来了琳琅满目的各种稀有商品。由此，马克思将当时的君士坦丁堡称为“沟通东西方的金桥”。

知识链接：罗马帝国与中国之间的商业贸易

考古证实，罗马帝国与中国的商贸关系非常密切。在埃及的卡乌和幼发拉底河中游的杜拉欧罗波，发现4世纪由中国输入的丝绸。在杜拉欧罗波北部的哈来比和西北部的巴尔米拉，发现不少用中国丝在当地加工制造的丝织品。在中国，也可见到罗马的玻璃器皿、毛纺织品等。20世纪初在河南出土的古玻璃就是2—4世纪的埃及制品。

考古发掘的9世纪丝绸。丝绸是中国古代一种特有丝织品，用蚕丝织造。张骞将丝绸带到西方后，备受青睐。此后丝绸贸易不断，这条贸易通道也被称为“丝绸之路”。后来罗马帝国掌握养蚕技术，能够独立织造丝绸，便不再从中国购买丝绸或生丝。

3世纪经济危机

奴隶制经济的全面衰落

罗马奴隶制经济繁荣下隐藏的经济危机终于爆发了。

奴隶制经济是罗马社会的基础。3世纪经济危机之前，奴隶被广泛运用于各个行业，罗马帝国社会经济呈现出空前繁荣的局面。不过，帝国早期的经济繁荣建立在帝国和平和残酷剥削奴隶的基础上。帝国统治者奴隶主不仅坐享其成，且消费更加奢靡。因此，这时经济的发展有其明显的局限性和脆弱性，繁荣中必然隐藏着新的危机。到3世纪时危机就爆发了。

出自罗马壁画。画中为一盆盛满水果的玻璃碗。无花果和葡萄是最常见的水果，不过苹果、西洋梨以及枣子也很普及。

危机的表现与原因

但在这种繁荣的背后，可怕的衰落征兆已经逐渐显露。这一时期，罗马的农业生产日益凋敝。在意大利，经营葡萄与橄榄业的庄园入不敷出，生产大为萎缩。后来，农业危机陆续波及行省地区，出现了全面衰退的趋势。同时，在共和国后期和帝国前期发展起来的意大利各城市的手工业也日渐衰落。

帝国境内的人民有很大的文化差异。这幅出自埃泽萨（今土耳其东南部）的马赛克画，展现的是穿着叙利亚风格服装的一个家庭中的诸多成员。他们的名字是用叙利亚文写的。

3世纪危机主要是由于生产的成本增加而奴隶劳动生产率的降低。奴隶消极怠工，不会使用当时已经出现的先进工具，与此同时，奴隶以各种形式进行反抗斗争，奴隶价格又不断上涨。因此，使用奴隶劳动已越来越无利可图了。除此之外，之前奴隶制的盛行使得自由民瞧不起辛苦进行生产劳动的奴隶，他们也不愿意从事生产劳动。因此，随着社会的发展而贫富差距增大的时候，许多破产农民都进入城市，成为流氓无产者。他们整日无所事事，不事生产，其生存主要依赖城市公共组织的救济以及有钱人的施舍。

危机的结果

罗马的版图已扩展到极致，成为地跨欧亚非三洲的大帝国，需要大量经费维持庞大的官僚队伍和军队的开支。而政府最主要的办法是征收重税。这一时期，各个城市的议会征收税款，若有市民欠款，就由市议会人员补上。由于经济的衰退，许多市民交不上税款。在这种情况下，市议员中的许多人日渐不堪重负，将自己的土地卖出或释放奴隶，放弃市议员身份，成为无地少地者甚至隶农或流浪者。于是，对罗马帝国统治起润滑剂的中等阶层由此没落。

知识链接：庇护制

古罗马一种人身依附制度，约在公元前7世纪的“王政时代”开始萌芽，帝国时代特别是3世纪以后逐渐流行。被保护人与保护人之间的关系世袭，前者多为贫穷破产及无公民权者，托庇于后者门下，领取份地并为之献纳服役。后者为有财势的贵族，对前者负“保护”之责。4世纪末，庇护制普遍发展使得罗马皇帝甚是担忧。

除征收重税外，发行劣质货币是帝国政府解决财政赤字的另一种途径。3世纪时，足值的货币几乎绝迹罗马市场，而劣质货币的发行导致货币贬值迅速，货币贬值又导致物品价格的上涨，物品价格上涨又导致帝国政府开支的再次增加，而在开支增加的情况下，政府又增加税收，发行更多更劣质的货币。如此反复，就造成恶性循环。除此之外，劣质货币的发行还损害了商品交换的正常进行，导致商品交易的衰退和城市经济的普遍衰落，从而使得奴隶制农业本就具有的自给自足性更加明显。在商品交易和城市经济与农业经济互相作用的情况下，罗马帝国经济进一步衰退。

随着奴隶制经济的衰落，奴隶主改变了剥削方式，更愿意把土地分成小块，分租给佃农，佃农从大地主那得到“庇护”。庇护制的日渐盛行促使隶农制进一步发展。隶农的来源除了罗马帝国境内的贫苦农民和奴隶之外，还有已经迁入帝国境内的日耳曼蛮族。隶农制的经济生产关系与奴隶制的上层建筑是不相容的或者说是冲突的，这从根本上动摇了罗马奴隶制帝国的统治。

图中为帝国地方官员向民众征税的情景，来自德国纽马加一地。

隶农制的盛行
封建制生产关系的萌芽

隶农制是古罗马奴隶制发展到一定阶段的产物，它的产生标志着一种新型的生产关系，即封建制生产关系的萌芽。

罗马共和国后期，尤其是到了帝国时代，曾经盛极一时的奴隶制经济的危机征兆日益明显。在这种情形下，作为奴隶制补充的隶农制应运而生。西欧封建领主土地占有制可以在罗马奴隶社会中找到它的胚芽，这个胚芽就是罗马共和国末期的隶农制。

奴隶也是罗马人家庭中的一员，他们承担着奴隶主家庭的服务员。图为两个带着项链的奴隶正在给罗马人倒酒。

隶农制的盛行

“隶农”拉丁文为“colonus”，有人也按colonus的复数形式将其译成科洛尼（coloni）。colonus一词是从动词“coler”（耕种、种植）衍生而来的，原意为“农夫”“土地耕种者”。很显然，coloni与农业有密切的关系。由于共和国末期奴隶阶级的坚决斗争，奴隶主开始把土地分成小块，分租给佃耕者。这些佃耕者就是后来的隶农，这种生产关系称为隶农制。隶农以交付定量收获物为条件从主人手中获得小块份地。他们可以是以自力耕种自己土地的农民，也可以是以自力耕种土地的殖民地的移民。这些隶农都享有罗马公民权和其他多种法律权利。不过，隶农也有大小之分。大隶农拥有雄厚的资金和众多的奴隶，他们凭借自己拥有的这些财产，往往会在农业经营中获利颇丰。而小隶农多为无地少地的农民或奴隶。

隶农最早出现在公元前2世纪的意大利，部分破产自由农租种他人土地，被称为隶农。后来奴隶制走向衰弱，隶农人数急剧增加，此时的隶农是介于自由民与奴隶之间的农业生产者。

隶农最初向地主交纳货币地租，后又交纳占收成1/3左右的实物地租。帝国初期，隶农制逐渐流行，其来源主要是破产农民和一部分奴隶。隶农有微薄的家室经济，份地可世袭使用，但被束缚在土地上，往往被连同土地一起出售。他们虽不是奴隶，但不被认为是自由人，不能与自由人结婚。隶农制的盛行反映了罗马的奴隶制经济已有衰落的趋势。

隶农在罗马共和国末期就已出现。约公元前2世纪，意大利某些地区出现了隶农这一阶层。那时，在奴隶制大庄园中，不但有大批“戴镣铐的”奴隶劳动力，而且还存在着少量“不戴镣铐的”劳动者。他们原先是罗马破产的自由农民，因生活所迫而沦落为庄园主的雇工或佃农。庄园主往往把一些不适于使用奴隶耕种的或贫瘠的土地出租给他们，一般租期为5年，期满后契约可延长或废除。这就是最初的隶农，人数不多，影响也不大。

知识链接：隶农和奴隶的区别

与奴隶相比，隶农拥有一定的独立经济，可以租种小块土地（尽管只有使用权而无所有权），支配部分收获物（虽然数量有限），拥有少量工具，因此隶农一般较奴隶的生产积极性高。就社会政治地位而言，隶农可以充当士兵、参与法庭诉讼等。总体而言，隶农的地位和处境优于奴隶，而接近于封建时代的农奴，但又不完全等同于农奴。

进入帝国时代，隶农制获得很大发展，遍布于意大利本土和地中海沿岸各行省，隶农人数也日益增多。一些大奴隶主释放奴隶，把他们变为向自己缴纳地租的隶农。据记载，喀提林的特殊卫队就是由他的佃户和被释奴隶所组成的。在恺撒和庞培进行决战的关键时刻，德米提乌斯·埃纳诺巴尔布斯还从他的佃农和奴隶中为庞培征集了数千名士兵。许多贫苦农民因不堪帝国政府重税的盘剥和官吏的欺压，也被迫将自己的小块土地“献给”大土地占有者，以求得“保护”，充当其隶农。此外，当时很多迁居帝国边疆地区的外族移民，以及被征服的外族俘虏，也相继变成了罗马大土地占有者的隶农。在西塞罗当政的公元前1世纪，个别自治市也采用这种方法，即将大片土地租与佃农，然后再收租以维持城市之需。在瓦罗的著作中，不但多次提到隶农，而且还用不少文字详细论述了这一制度。凡此种种表明：到公元前1世纪，尤其是公元前1世纪末，隶农制在意大利已经达到了相当普及的程度。

早期隶农在法律上享有一定权利，随着帝国由盛转衰，隶农的实际地位显著下降，罗马奴隶制政权为保证国家税收，维护大土地占有者所需的劳动人手，接连颁布法令，将隶农牢牢地束缚在土地上，隶农完全变成主人的依附者。

隶农制盛行之因

共和国末期，奴隶主为缓和他们与奴隶之间的尖锐矛盾，提高土地产出，开始实行隶农制。罗马

古罗马时代，英国农民不仅需要经常为领主服役，还需缴纳各种形式的实物地租。

帝国经过两百年相对平稳的发展，慢慢走上了下坡路。实际上，早在罗马帝国经济比较繁荣之时，就已潜伏着深刻危机。表现之一就是，奴隶主对奴隶敲骨吸髓的压榨，使得奴隶失去生产积极性。至3世纪，罗马帝国爆发了普遍的社会危机，其中就包括农业收益的降低。

导致这一现象的主要原因有：奴隶来源的减少、价格陡增以及奴隶的反抗。更重要的是，像内战时期那种大规模的奴隶起义虽然还没有发生，但在当时，奴隶反抗强制劳动、破坏工具、逃亡、怠工，甚至杀死主人之类经常性的斗争并未停息。这种事实不仅有碍于农业劳动生产率的提高，还增加了农庄管理上的困难。在这种情况下，奴隶主试图采取给奴隶一定程度自由的办法，采用奴隶授产制度，提高经济收益。与此相应，某些奴隶主对奴隶的看法也有改变。以往奴隶主一直认为奴隶是“会说话的工具”。现在则不尽然，辛尼加说：“奴隶是反自然的，是和本性及其固有的自由相抵触的。”鉴于以上情况，奴隶主开始改变以往那种役使大批奴隶的经营方式，采取较为缓和的租佃剥削方式，将庄园的土地分成若干小块，租给小佃农耕种，然后向他们收取地租。

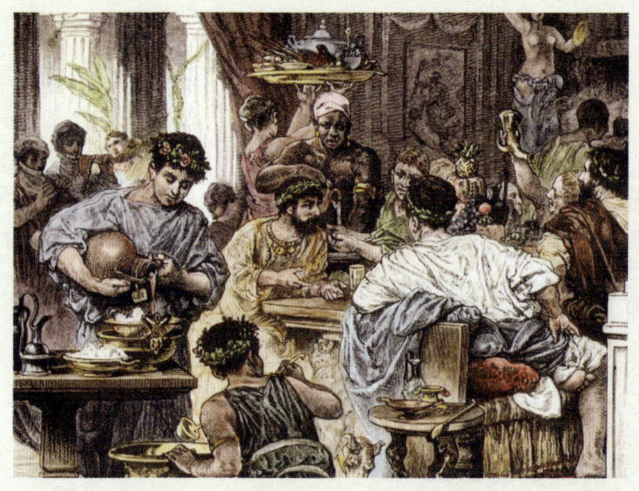

古罗马奴隶主的宴会场景。古罗马隶农制盛行时期，奴隶主极力压榨隶农，自己却过着极其奢侈的生活。

知识链接：《波提利乌斯法案》

公元前326年，在平民的压力下，罗马终于通过了《波提利乌斯法案》，废除了债务奴役制。该法规定，用来担保债务的应当是债务人的财产，而不是他的身体，禁止实行债务奴役。该法实施后，被奴役的债务奴隶获得了解放，从此平民免除了沦为债务奴隶的威胁，人身自由得到保障。

封建制生产关系的萌芽

由于农业气候的变化无常及其他因素，作为小租佃者的隶农随时都可能负债而破产。而比较贫穷的隶农，他们还要依靠地主提供的生产工具进行农业生产，有时还可能由于背负债务而将自己的财产抵押给地主（公元前326年，罗马平民迫使共和国通过了《波提利乌斯法案》，禁止以人身抵债），由此日渐固着在土地上。这些现象都说明隶农自身的人身依附性逐渐增强。3世纪危机则全面加剧了这一进程，使隶农在实际上丧失了自由民身份和独立的经济地位，终于导致隶农转变为罗马奴隶制解体时期介于自由民和奴隶之间的一种特殊类型的依附农民。4—5世纪，隶农的地位进一步发生变化，隶农成为生产的主要承担者，帝国后期隶农制的发展标志着奴隶占有制社会内部封建制生产关系的萌芽。隶农带有很强的封建性，恩格斯称之为“中世纪农奴的前辈”。

5世纪晚期，奴隶制的西罗马帝国一朝倾覆，西欧历史从此揭开了新的篇章，罗马时代遗留下来的大批隶农，逐渐演变为封建时代的农奴。隶农处境的恶化，使它与奴隶地位接近，命运相连，便于他们在反抗共同压迫者的斗争中协同一致。帝国末年风起云涌的人民起义，往往表现为更加壮阔的隶农和奴隶的联合斗争，再也不会出现斯巴达克起义时奴隶孤军奋战的局面了。

与此同时，由于剥削方式的改变，奴隶主的地位也发生了明显变化。随着集中使用奴隶劳动的大庄园开始转变为隶农制的大地产，一些大奴隶主便渐渐转化为新兴的大地产主，这就是封建主阶级的前身。那些大地产主大都成为拥兵自重、割据一方的豪强，他们公然违抗国税、兵役，拒不接纳政府命官，以致后来连皇帝也奈何他们不得。结果，大地产的发展导致了罗马帝国中央权力的削弱，大大加快了奴隶制的衰亡。

罗马共和国末期，奴隶像牲畜一样被强迫劳动及相互角斗，他们不堪忍受奴隶主的残酷剥削，公元前73—前71年，在斯巴达克的领导下，掀起了古罗马历史上著名的奴隶起义。

罗马乡村别墅马赛克镶嵌画，表现了农奴在田间劳作的场景。

7 世纪危机

拜占庭封建制经济形成

7 世纪危机加速了拜占庭帝国从奴隶制经济向封建制经济的过渡。

5—6 世纪，奴隶制经济仍是拜占庭经济的主体。在当时，不仅奴隶买卖现象普遍，帝国政府还对奴隶的价格做出了具体规定。大量奴隶不仅分布于大庄园中，还被用于家内劳动，或从事艰辛的手工业劳动。同时，隶农制也已经流行，而且，帝国还分布着不少自由民。

人民起义和蛮族入侵

但即使这样，拜占庭的封建化进程也已开始。拜占庭帝国境内的人民起义和蛮族入侵则加速了这一进程。

首先是国内的奴隶和隶农等因不堪帝国政府的剥削和压榨而不断起义。这一时期，埃及的埃凯尔在伊萨克的率领下进行暴动，波及范围甚广，拜占庭皇帝派了整个埃及和努比亚的驻守军队才平息了这场暴动。与此同时，拜占庭东方省份的叙利亚和巴勒斯坦境内的人民也掀起反对帝国统治的浪潮。而在巴尔干半岛，“斯卡马尔”运动再次爆发，主要集中在于色雷斯一带。602 年，福加斯率领多瑙河上的驻军发动起义，结果竟攻下君士坦丁堡，处死了皇帝摩里斯。在之后的 8 年里，拜占庭都由这些起义者所掌控。当然，拜占庭原来的统治者不甘心遭受如此境地，他们一直在蓄谋着重新掌握帝国政权。但由于他们未能团结一致，各自为政，虽然最后杀死了福加斯，但也加速了拜占庭奴隶制国家的衰亡。

马尔马拉海属于土耳其内海，土耳其亚洲和欧洲部分分界线的一段，是黑海和地中海之间的唯一通道，面积为 11350 平方千米，是世界上最小的海，平均深度约 494 米。马尔马拉意为“大理石”，因此处盛产大理石而得名。

其次是斯拉夫人和阿拉伯人的入侵。6 世纪初，斯拉夫人开始大规模入侵巴尔干半岛。至 6 世纪后半期，斯拉夫人的入侵规模更大，进入色雷斯、埃拉多斯、马其顿、帖撒利亚等地，建立起自己的政权。至 7 世纪初，巴尔干半岛大多地方已被他们占据。而且，他们还进入克里特岛和小亚细亚。再是阿拉伯人对拜占庭的威胁。阿拉伯人从 7 世纪 30 年代到 50 年代，经过 20 年的时间，征服了拜占庭的叙利亚、埃及、美索不达米亚和小亚细亚的大半部分。至 7 世纪后半期，阿拉伯人的势力已扩展到地中海东部地区，占领了颇有战略意义的罗德岛、克里特岛和西西里岛等岛屿。随后不久，阿拉伯人

斯拉夫人从小在马背上长大，以骁勇善战而著称，他们大多为轻骑兵，机动能力强。6 世纪初至 7 世纪，斯拉夫人基本占领了巴尔干半岛。

知识链接：斯拉夫人

欧洲大陆各民族和语言集团中人数最多的一支。学界通常将斯拉夫人分为三大族群体：东斯拉夫人、南斯拉夫人和西斯拉夫人。斯拉夫人分布范围主要集中在欧洲中部、东部和东南部，少数则跨越亚洲北部的西伯利亚地区，远达远东和太平洋地区。他们在古罗马时期与日耳曼人、凯尔特人一起被古罗马人并称为蛮族，也是现今白种人的代表民族之一。

在马尔马拉海建立了军事基地。7 世纪 70 年代的每年夏季，阿拉伯舰队都会入侵君士坦丁堡，对拜占庭帝国的生存构成了严重威胁。

总之，6—7 世纪拜占庭帝国境内奴隶和隶农的不断起义，与斯拉夫人和阿拉伯人先后大规模的入侵相汇合，使拜占庭帝国的奴隶制基础被动摇，为封建关系的发展扫清了道路。

封建制经济的形成

610 年，希拉克略（Flavius Heraclius，610—641 年在位）继承皇位，建立了希拉克略王朝(610—711 年)。希拉克略一上台，他深知拜占庭帝国奴隶制经济每况愈下，于是便着手通过改革解决这一问题。为此，他下令在全国建立一种军事义务和封建义务合二为一的军事屯田制度。希拉克略没收了战乱时期大贵族的土地，分给服军役的自由农民世袭拥有。这些自由民平时种地，战时作战，被免除徭役，只需向政府缴纳税收。这一制度在加强拜占庭帝国军队的经济基础的同时，也在有意无意中将拜占庭帝国原有的生产关系转接到小农经济上，因此也促进了原有的奴隶制经济向封建制经济转化。至 7 世纪末，拜占庭封建制经济已经初步形成。

627 年，希拉克略的军队与库斯老二世领导的波斯军在古战场尼尼微附近展开决战，拜占庭军队将波斯军队彻底击溃，打开了通往波斯陪都泰西封的战略要道，取得了对波斯人的决定性胜利，收复了波斯侵占的土地，解除了东部近百年的边患。

薪火相传，生生不息

在古罗马，“文学”的外延十分宽广，不但包括现代意义上的各种文学体裁，也涵盖了演说辞、哲学散文、历史散文等各种格律性或非格律性的文字作品。

古罗马文学与古希腊文学有着不可分割的血肉联系。王政时期和共和国前期是罗马文学的萌芽阶段，它的真正兴起是在公元前3世纪大量接触希腊文化之后。正是在汲取希腊文学精髓的基础上，罗马建立了自己的民族文学。

强大的国家支撑起了强盛的文化，罗马文学也在帝国兴起之时和屋大维的统治之下，达到了“黄金时期”。在经过1、2世纪的“白银时期”后，随着罗马帝国的衰亡，罗马文学逐渐走向了没落与终结。

从公元前1世纪到公元1世纪，这200年时间是拉丁文学的黄金时代。维吉尔和贺拉斯都是当时享有盛名的文人。每位学者都知道维吉尔的《埃涅阿斯纪》，这本描写罗马民族的史诗，诉说了罗马人早期如何来到意大利半岛的故事。贺拉斯的《歌集》则颂扬罗马的光荣与伟大，赞美屋大维的丰功伟业。

古希腊和罗马文化是后来欧洲文化的源头，文学也是如此。正是古罗马文学接过希腊的火炬，透过中世纪的黑暗，将光辉传递到了伟大的文艺复兴。

西方文学史上第一部文人史诗

维吉尔的《埃涅阿斯纪》

《埃涅阿斯纪》作为西方文学史上第一部文人史诗，有“罗马百科全书”之称，被认为是古罗马文化的最高成就。

维吉尔在诗歌领域的成就完全可以和后来笈多王朝的迦梨陀娑相媲美。维吉尔出生于意大利北部波河北岸的曼图阿，父亲是农民，凭借着勤劳和智慧发家致富，为维吉尔接受良好的教育打下了物质基础。维吉尔长大后，被送到克雷莫那、米兰、罗马等地学习，接触到当时许多一流学者，积累了丰富的知识与经验。

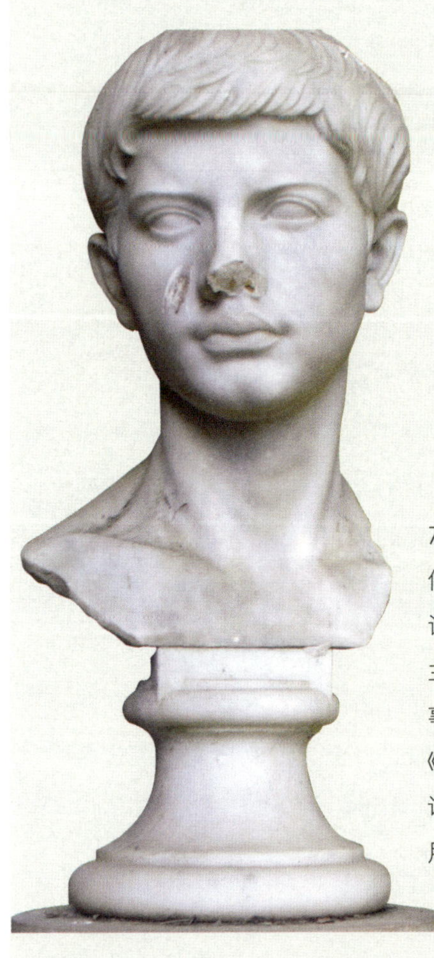

维吉尔（公元前70—前19年），古罗马伟大的史诗诗人，在史诗方面造诣极深。他的主要作品有《牧歌》《农事诗》《埃涅阿斯纪》等。《埃涅阿斯纪》最为有名，语言凝练，情节生动，用以歌颂屋大维的统治。

知识链接：普劳图斯

与安德罗尼库斯大约同时代的普劳图斯（Plautus，约公元前254—前184年），也是罗马早期最著名的戏剧作家。普劳图斯出生于意大利中北部地区一个平民家庭。他经过商，做过演员。后来在磨坊做工，并写作剧本。普劳图斯一生写了130部剧本，其中有20部流传至今，包括享有盛誉的《爱吹牛的战士》《蝗虫》《钱罐》和《俘虏》等。普劳图斯的作品有着很强的针对性和倾向性。他鄙视贵族，谈论时政，同情奴隶，在当时产生了较大影响。

“政治作品”《埃涅阿斯纪》的诞生

维吉尔的主要作品有《牧歌》《农事诗》《埃涅阿斯纪》，其中《埃涅阿斯纪》最负盛名。《埃涅阿斯纪》是古罗马文学黄金时代的巅峰之作。维吉尔约从公元前30年开始创作此部史诗，用了十多年的时间完成初稿，他本打算再用三年时间好好修改，但奈何天不遂人愿，他还没来得及修改就病逝了。后来，在屋大维的指示下，经他的朋友整理，这部伟大的作品诞生了。

《埃涅阿斯纪》是一部长达12卷的史诗。它以罗马神话中的人物特洛伊的英雄埃涅阿斯为主人公，追述了他在建城时所经历的艰难万苦及取得的辉煌成就。在撰写过程中，维吉尔将这部史诗分为三大部分。第一部分叙述特洛伊的陷落和埃涅阿斯与狄多的相遇相恋，第二部分讲埃涅阿斯忍痛告别狄多，到达意大利准备建业，却与图尔努斯发生战争，最后一部分讲述埃涅阿斯最终战胜图尔努斯，在意大利建城，开创了罗马的基业。由于埃涅阿斯是朱里亚族的始祖，屋大维又是朱里亚族的养子。因此，维吉尔创作《埃涅阿斯纪》的一个重要目的就是为屋大维歌功颂德，所以有人评论《埃涅阿斯纪》是政治作品，而维吉尔也被给予“御用文人”的称号。

知识链接：安德罗尼库斯

安德罗尼库斯（Lucius Andronicus，公元前284—前204年）是一名是被释放的希腊籍奴隶，他首次将荷马史诗《奥德赛》译成拉丁文。由于自由流畅，译文很快就在罗马传播开来。此外，他还翻译和改编了希腊的悲剧和戏剧，被翻译的剧本于公元前240年第一次演出，这是罗马舞台戏剧演出的开始。他的作品现仅存一些片段。

具有深邃思想的文人史诗

罗马作家对《荷马史诗》极其推崇，早在公元前3世纪，安德罗尼库斯已经将《荷马史诗》翻译为拉丁文。虽然之前的《荷马史诗》也是其模仿的对象，但《埃涅阿斯纪》在思想上远远超

屋大维对维吉尔的创作非常关心，并写信给维吉尔请求让他先睹为快。据说维吉尔在为屋大维诵读时，旁听的屋大维的姐姐（有说是妹妹）深受感动而晕倒。1787年由艺术家所绘制的《维吉尔对奥古斯都和屋大薇朗诵埃涅阿斯纪》，现藏于伦敦国家美术馆。

罗马时期的马赛克镶嵌画。画中展示的是维吉尔与希腊神话中两位缪斯女神克利俄（掌控历史的缪斯女神）和墨尔波墨涅（掌控悲剧的缪斯女神）在一起，维吉尔坐在中间。该画可追溯至3世纪，发现于突尼斯苏塞的哈德卢密塔姆。

狄多和埃涅阿斯，古罗马史诗诗人维吉尔的代表作《埃涅阿斯纪》中的人物。狄多为迦太基女王，在埃涅阿斯从特洛伊战争中逃亡到迦太基附近的非洲海岸时，救助了埃涅阿斯并深深爱上了他，他们在一个山洞中避雨时举行了婚礼。

出了《荷马史诗》。《荷马史诗》创作的时间是人类文化初兴时期，没有十分明确要表达的思想。而《埃涅阿斯纪》是维吉尔为缅怀先祖的崇高事业和歌颂屋大维而作，其中蕴含的思想是明确的。维吉尔生活在罗马共和国末期和帝国初期，这时的罗马正在进行大规模的对外扩张，正是奠定帝国基业的时候。在扩张中，罗马对异族的征服及给他们带来的灾难，还有罗马内部错综复杂的各种矛盾，这些现象让诗人忧心忡忡，迫使诗人去深入地思考背后的事情。他佩服屋大维是雄才大略的英雄，结束了共和国后期的混乱局面，建立了相对和平的帝国，但屋大维真的能让人民获得幸福的生活吗？帝国的未来会是什么样的，真如所宣扬的那样美好吗？这些都让诗人困惑不已，所以整部作品虽然在歌颂统治者的丰功伟绩，却也始终充满了担忧。

图为维吉尔《农事诗》部分书稿。《农事诗》力图为屋大维的农业政策服务，让农民回归田野。全书分四卷，每卷五百多行，描写谷物、橄榄、葡萄、畜牧、养蜂等。

《荷马史诗》歌颂英雄主义，英雄的所作所为是为了个人的利益；而《埃涅阿斯纪》颂扬的是民族英雄，埃涅阿斯所做的一切是为了整个民族的福祉，并且为了民族的生存和发展，还要牺牲个人，比如牺牲他与狄多的爱情。他在思想上开始关注民族和国家的命运，这是维吉尔最伟大的地方，也是那个时代的召唤。

古印度最伟大的诗人、剧作家迦梨陀娑，他的主要作品有抒情长诗《云使》、叙事诗《鸠摩罗出世》、剧本《沙恭达罗》等。《沙恭达罗》极具代表性，它语言优美，是梵文古典文学的代表作。

广角

迦梨陀娑

迦梨陀娑是印度古代最伟大的诗人，据说他被誉为超日王宫的“九宝”之一。迦梨陀娑的具体生卒年不详，大约生活于笈多王朝时期的5世纪中后期。他的作品主要有《云使》《沙恭达罗》和《鸠摩罗出世》等。

诗作《云使》描写一位药叉怠忽职守，受到主人的诅咒，被贬谪一年，期间十分思念妻子，就向天上的云诉说相思之苦，托云使把自己平安的消息带给妻子。诗人以优美的笔触展现了一幅幅印度北部的绮丽风光，表达了对祖国大地的无限赞美之情。作品中，诗人的构思更是不落窠臼。他细致入微地刻画了药叉想象云使经过的每一个地方，然后触景生情，琢磨着如何把这些都告诉妻子，经历了千山万水的云使终于来到妻子身边，诗作戛然而止，并没有描写见到妻子后的激动人心的场面。其实，主人公的思念早已融入艰难跋涉中，何须再费口舌呢？

《沙恭达罗》讲述了美貌绝伦的少女沙恭达罗与国王豆扇陀彼此相爱的故事。作品中塑造的人物形象栩栩如生，反映了那一时期社会生活的方方面面。国王豆扇陀到净修林里狩猎，碰到了一群净修的女郎，其中的沙恭达罗闭月羞花、沉鱼落雁，国王对她一见倾心，她也对英勇神武、温文尔雅的国王暗生情愫，两个人在焦灼的思念中终于走到一起。后来，怀孕的沙恭达罗来到王宫想与国王修成百年之好，不料国王神情模糊，回想不起曾与美丽的沙恭达罗相爱。极度伤心的沙恭达罗在宫中忍辱负重，为国王生下了一个儿子。后来国王恢复记忆，与沙恭达罗重归于好。

《鸠摩罗出世》讲述的是印度神话中战神鸠摩罗是怎样诞生的故事。鸠摩罗是湿婆神及其妻子雪山神女帕尔瓦蒂的长子，诞生于芦苇丛中，七天后打败塔拉卡，被天帝封为战神。

抒情诗的典范之作

贺拉斯的《歌集》

雪已四处散，青草重返原野，绿丝上枝头。大地气象新，河岸不断降，河水漫出来。

——贺拉斯《歌集》

贺拉斯（Quintus Horatius Flaccus，公元前65—前8年）是屋大维时期最著名的三位诗人之一。屋大维时期，罗马诗坛兴旺，涌现出维吉尔、贺拉斯和奥维德三位大家。贺拉斯的诗作得到当时著名文学家维吉尔的赏识，维吉尔后提携他。不过，这种提携是有条件的，那就是贺拉斯要一心一意歌颂屋大维的伟大功业。贺拉斯会意答应，由此有了伟大的作品《歌集》的诞生。

政治抒情诗的典范

贺拉斯的著作主要有《长短句集》《闲谈集》《歌集》《诗简》，其中最负盛名的是《歌集》。

《歌集》又译作《颂歌集》，它歌颂了罗马的光荣伟大，赞美了屋大维的丰功伟业，属抒情诗的典范之作。《歌集》共分四部分。第一部分主要歌颂罗马，赞扬屋大维统治下的罗马的复兴；第二部分赞扬他的推荐人麦凯纳斯的高尚品格；第三部分主要歌颂女神墨尔波墨涅；第四部分又重新赞美屋大维的千秋功业，还有致维吉尔的诗句。由于贺拉斯的《歌集》主要涉及政治，所以《歌集》又开了政治抒情诗的先河。

图为贺拉斯的雕像

《歌集》第三部分的第三十首《纪念碑》代表了贺拉斯诗歌创作的最高水平。现摘录几句供大家欣赏。

“我建造了一座纪念碑，它比青铜更坚牢，比王家的金字塔更巍峨，无论是风雨的侵蚀，北风的肆虐，或是光阴的不尽流逝，岁月的滚滚轮回都不能把它摧毁。我不会完全死去，我的许多部分将会逃脱死亡的浩劫而继续存在，人们的称誉使我永远充满生机。”诗句大气磅礴，一气呵成，语句凝练、优美、生动，既有音律上的和谐，又有思想上的深

知识链接：奥维德

奥维德（Ovidius，公元前43—公元18年）是屋大维时期的著名诗人，著作颇丰，其中以《变形记》最负盛名。该书采用希腊罗马的神话题材，描写神怎样把人变成各种植物和动物，并巧妙穿插爱情故事。由于《变形记》不符合屋大维恢复古老的道德政策，奥维德被放逐到黑海之滨的托米城，直到去世。

图为贺拉斯在创作《歌集》。1489 年创作，现藏于德国戈德堡博物馆。

度，是不可多得的优美诗篇。

探寻生活的情趣

贺拉斯与维吉尔是同时期的诗人，他们的诗歌创作有相同的地方，也有根本性的不同。处于由罗马共和国末期过渡到帝国时期的时代，他们都免不了与政治纠缠不清，都受到屋大维的巨大影响，用如椽的巨笔为屋大维歌功颂德。不同的是，维吉尔更关注国家和人民的命运，而贺拉斯更热爱探寻生活的情趣。贺拉斯的作品中有很多描写爱情、友谊和设宴饮酒之类的诗篇，给人悠闲舒适、安静祥和的氛围，这与贺拉斯深受斯多葛派哲学思想的影响有关。

此时的帝国趋于衰落，斯多葛派发展为新斯多葛主义，观点发生变化，宣扬宿命论和禁欲主义，贺拉斯受到很大影响，加上早年的经历，所以他趋向于追求生活的安逸。但他又不是完全的宿命论和禁欲主义者，从《歌集》中可以看出，他一直坚守人性的高尚以及各种汹涌澎湃的情感。

但就作品本身而言，贺拉斯的《歌集》是优秀的，它语言瑰丽，音律优美，结构美观，激情澎湃，让人想象无限。但贺拉斯作为一名知识分子，他有着缺陷。伟大的时代创造了英雄屋大维，他可以赞扬屋大维的赫赫功名，但不能缺少思考和批判。在历史的长河中，缺乏深度思考和针砭时弊的作品终究是一种遗憾。

知识链接：《诗简》

贺拉斯撰写的另一本名著。《诗简》共两卷，主要是一部诗体书信集。第一卷讲生活哲理，第二卷讲文学评论。比如，他提倡写诗要有创新性，要勇于突破，写出属于自己的特色；诗人要关注生活，从生活中汲取写作题材；诗歌创作要给人以教育和智慧，要遵从现实，不能言之无物，等等。《诗简》对欧洲古典文学影响深远。

贺拉斯还在诗歌中描写了他与情人莉迪亚的故事。他与莉迪亚郎才女貌，两情相悦，但是不久，二人又各自移情别恋，有了新的情人。后来，二人无法忘却对彼此的思念，最终冲破重重阻力，破镜重圆，留下了一段佳话。

抚今追昔思往来，人文多元是特征

进入帝国时代，罗马一跃成为地跨欧亚非的大帝国，人们的眼界变得开阔起来，希腊文化也传入罗马，因此，史学得到很大发展，产生了许多很有分量的作品。在这些作品中，有很大一部分是对先辈艰苦创业过程的追述，告诫人们当今拥有的这一切多么不易，守住已有基业多么重要。李维的《建城以来史》力图通过追述罗马历史向前推进的不易和伟大，激发罗马人民的爱国热情。塔西佗的《日耳曼尼亚志》虽用大量篇幅描述了日耳曼部落在氏族公社后期的情况，但目的在于警示日益腐朽的罗马人和罗马的专制统治。与塔西佗同时代的普鲁塔克撰写的《希腊罗马名人传》，其目的主要是通过追述罗马历史上英雄人物的命运及其道德的完美程度，表达自己的伦理思想。《希腊罗马名人传》作为传记题材的代表作，其产生也与内战时期的状况密切相关。内战时期，战争频繁残酷，社会动荡不宁，常给人一种浮生若梦的感觉。因此，史学家开始关注个人史，由此促进了传记史学的发展。

从共和时代至查士丁尼时代，罗马产生了大量的史学著作。它们虽取材不同，叙事风格和体裁迥异，但研究的中心点都是历史中最基本的元素“人”。因此，从这一方面来说，罗马史学的显著特征就是在人文性的基础上展现多元性，同时又在多元性中突出人文性。

"让我们的帝国返老还童"
李维的《建城以来史》

我想找到一种药，让我们的帝国返老还童，重新焕发青春的活力。这种能抗衰老的药就是我写的这部史书。

——李维

继共和时代的史学家老加图之后，至屋大维时代，罗马又出现了一位史学家李维。他的代表作品是《建城以来史》。该书不仅因其文辞晓畅而使李维入围奥古斯都时代文化圈的著名史家，也因其保存了大量已经失传的前代作家的作品而名垂后世。

知识链接：老加图

老加图（Cato Maior，公元前234—前149年）是第一位用拉丁文记述历史的作家，著有《创始记》。《创始记》讲述罗马自建城到第二次布匿战争结束即罗马建立至强大的历史，也包括意大利其他城邦和部落的历史。全书共7卷。第1卷写罗马建城和王政时期；第2—3卷写意大利各邦起源；第4卷记述布匿战争；第5—7卷叙述政治史。《创始记》现仅存残篇。

文辞优美的史学巨著

提图斯·李维（Titus Livius，公元前59—公元17年）是罗马帝国早期著名的史学家，他穷毕生精力撰写了史学巨著《建城以来史》。

《建城以来史》从罗马建城开始叙述，至屋大维时代末年结束，盖700余年。在书中，李维将编年与叙事两种史学范式结合在一起，开创了西方古典史学的通史体例。全书原有142卷，不幸的是，大部分毁于兵祸战乱，现仅存35卷。李维在写作该书时，在搜集材料上下了大功夫。他十分认真地阅读了以往所有涉及罗马历史的著作。因此，李维的这本史学巨著是建立在非常丰富的史料基础上的。同时，又由于李维卓越的语言才华，使《建城以来史》成为关于罗马早期史最有分量且文辞优美的一本史学著作。

古罗马帝国早期著名历史学家李维。他在看到罗马帝国的专制与腐败之后，怀念共和国时期的民主和宽容，于是撰写《建城以来史》，批判社会现实。

浓厚的爱国主义情怀

李维在写作本书时，一个首要的也是核心的理

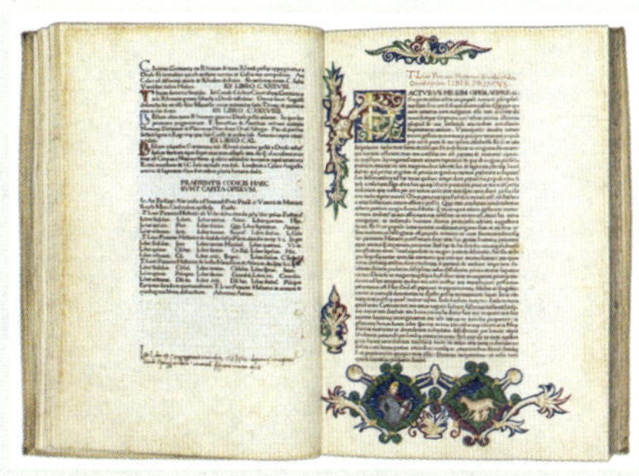

《建城以来史》书影。该书叙述了从罗马建城到屋大维时代末期的历史，原有142卷，但大多遗失，现仅存35卷，保存了大量有价值的史料。

知识链接：马塞利努斯

马塞利努斯（Marcellinus，330—400年）是罗马最后一位重要的拉丁史家，有一部长达31卷的《罗马史》留存于世，但前13卷已散佚，现仅存后18卷。该著从96年图善密元首之死写起，直至378年的亚德里亚堡之战。遗留下的内容不仅有利于我们充分了解4世纪的罗马帝国，还有利于知晓古代西方史学家对波斯和匈奴人的诸多看法。

念就是，注重通过追忆罗马建城至屋大维时期的艰辛而伟大的历史进程进行道德说教，激发罗马民众的爱国热情。

实际上，李维写作《建城以来史》有着一个非常重要的社会背景。李维生活于罗马共和国末期至罗马帝国早期，经历了时代的巨大变迁。罗马共和国时期，政治比较民主，社会环境比较宽容。而到帝国时期，罗马虽成为地跨欧亚非的大帝国，但却没有了以往的自由与民主的生活环境。国家元首实行专制主义，不免引起世人的不满，尤其是有良知和理性的知识分子，李维就是其中摇旗呐喊的典型代表。他看到帝国的专制与腐败，痛心疾首，决心撰写一部记述罗马民族自诞生到现在的鸿篇巨制，追慕那些为罗马不断发展壮大作出贡献的英雄与普通民众述说那些具有正面意义的历史事件，来教育世人善恶分明，厚德载物。例如，罗马王政时代的第一个国王罗慕路斯，在很多人心中，他是一个具有卓越军事才能和政治才能的英雄。但在李维眼中，他之所以伟大，是因为他是一个将超人的力量、心灵的虔诚与人格的高尚完美结合的典范。这充分体现了李维的史学思想：历史是用来弘扬美德，分辨善恶美丑的。李维认为，只有具备高尚道德的民族，才能拥有美好的生活和光明的未来。而在这其中，罗马统治阶层是否有着高尚的道德，深刻影响着罗马民族能否拥有美好和光明。

曾经壮阔的罗马帝国广场，现在看来依然有令人震撼的美丽。

《建城以来史》也有缺点，比如内容过于庞杂，有些叙述甚至与主题无关；另外，该书写法不算严谨，时常夹杂着感情的冲动。虽然存在这些缺点，但是，丰富的资料、优雅的语言、高尚的情操，这些优点足以让李维的《建城以来史》成为罗马史学天空中一颗耀眼的明星。

强烈的民族忧患意识

塔西佗的《日耳曼尼亚志》

《日耳曼尼亚志》一书充满了塔西佗对罗马帝国前途的深深担忧。

塔西佗（Publius Cornelius Tacitus，公元55—120年）出身贵族家庭，政治上非常成功，曾历任行政长官和执政官等职，这为他撰写历史提供了丰富的切身经验和历史素材。塔西佗的主要作品有《历史》《罗马帝国编年史》《阿格利可拉传》和《日耳曼尼亚志》，其中的《日耳曼尼亚志》颇具代表性。

塔西佗，贵族出身，生活在罗马帝国由盛转衰时期，古代罗马最伟大的历史学家。

一部日耳曼尼亚史

《日耳曼尼亚志》约完成于公元98年，全名为《论日耳曼人的起源、分布地区和风俗习惯》，是最早一部比较全面记载日耳曼尼亚地区历史的著作。日耳曼尼亚为古代欧洲一地名，位于莱茵河东西部地区，其莱茵河以西地区被罗马帝国所控制。《日耳曼尼亚志》详细记述了与罗马同时期位于莱茵河和多瑙河北部的日耳曼地区各个部落的风俗习惯与社会制度。

《日耳曼尼亚志》共46节，分三部分。第一部分说明日耳曼尼亚的边界及其居民的起源。第二部分描述各个区域以及各个地区人民的生活习惯，同时，还论述了整个日耳曼尼亚国家及其一般的公民组织。第三部分对日耳曼尼亚的个别部落做了比较详细的描述。

强烈的民族忧患意识

塔西佗为什么要写此书呢？他生活于罗马帝国由盛转衰的大变迁时期，帝国危机从统治集团的内部争斗开始，接着是农业、手工业、商业的全面衰落。随着征战的结束，奴隶的来源日益减少，已有奴隶大量逃亡，导致奴隶制即将崩溃。塔西佗对所处时代进行了深入思考，意识到老朽的罗马帝国将要退出历史舞台，而在罗马帝国看来比较落后的野蛮民族日耳曼人即将掌握他们的命运。所以他对日

《日耳曼尼亚志》书影，全名为《论日耳曼人的起源、分布地区和风俗习惯》，最早比较全面的记载了日耳曼尼亚地区的历史，并与罗马帝国的兴衰联系起来，表达了对帝国前途的担忧。

知识链接:《阿格利可拉传》

除《日耳曼尼亚志》外，塔西佗还完成了一部传记作品《阿格利可拉传》。该著作同样约成书于公元 98 年。全书主要叙述他的岳父阿格利可拉的生活经历及军功政绩，另还涉及罗马的江河日下及罗马对不列颠的残暴统治。《阿格利可拉传》不仅是一部优秀的史学作品，还有很高的文学价值。该书不足是对史料真伪未能认真考察，有些记载明显有误。

耳曼地区作了认真细致的考察，最后撰写成文。

塔西佗撰写《日耳曼尼亚志》并不仅仅是简单地介绍日耳曼尼亚这一地区，他将其与罗马帝国的兴衰联系起来，处处充满了他对帝国前途的担忧。在短短的二十几页篇幅中，塔西佗将日耳曼人描绘成“高贵的野蛮人”，他们朴实无华、英勇团结、民主自由，而对比同时期的罗马，统治阶层黑暗腐败，奉行专制统治，罗马人民日益堕落，没有更多的自由和民主。

塔西佗虽然有时庆幸日耳曼各部落之间的争权夺利使得罗马帝国不至于快速衰落：“有 6 万多人死于这场战斗之中，虽不是死在罗马人的刀剑之下，但却远胜于死在罗马人的刀剑之下，因为我们可以坐享其成。我默祷着：如果这些部落不能对我们保持友好，但愿他们互相仇视起来；因为我们帝国的隆运已经衰替，幸运所能赐给我们的恩典也就莫过于敌人的内讧了。”但是，更多时候，塔西佗对于强大的日耳曼民族还是心存恐慌。他这样说道：“（日耳曼人）被伟大的尤利乌斯（恺撒）击败于高卢……我们不是没有损失……但到了我们发生内战时，他们又趁机袭击我们军团的冬营……但近年以来，只见我们在报捷奏凯，而不见我们真正战胜他们。”

任何一部伟大的著作都会有些瑕疵，《日耳曼尼亚志》也不例外。经后世学者考证，塔西佗在这部著作中的一些记载明显是错误的。不过，瑕不掩瑜，这并不影响这部著作的重大价值。塔西佗对日耳曼人及其历史的详细记载，都是前无古人的珍贵历史资料。因此，在很大程度上，《日耳曼尼亚志》也是我们研究德国古代史不可或缺的重要资料。

特里尔的黑门，一座位于现今德国境内的古罗马帝国城市。

西方传记体史学的开创者

普鲁塔克和苏维托尼乌斯

普鲁塔克和苏维托尼乌斯二人的著作，开创了西方传记体史学的先河。

在西方史学发展进程中，普鲁塔克和苏维托尼乌斯的开拓之功犹如中国的司马迁。他们分别撰写的《希腊罗马名人传》和《罗马十二帝王传》的问世，标志着一种新的史学文体——传记体史学的诞生。西方后世史家在写作传记体的史学作品时，往往都会临摹他们的著作范式和风格。

“古代传记家王子”普鲁塔克

普鲁塔克（Plutarch，公元46—120年）出生于希腊，家里比较富有。他年轻的时候，曾游历过希腊各地、小亚细亚和埃及等地，并在罗马搜集了大量资料。后来，他回到出生的小镇，专心写作《希腊罗马名人传》。《希腊罗马名人传》将经历、功业相似的英雄放到一起来写，即一个希腊人配一个罗马人，最后再作综合评述。涵盖时期从公元前800年至公元69年，共包括24个希腊人，25个罗马人，还有一个波斯人，共50人，也就是50篇传记。

普鲁塔克，罗马帝国时期希腊著名纪传体史学家。他创作了《希腊罗马名人传》，开创了西方纪传体史学的先河。

《希腊罗马名人传》实际上是通过描写具体历史人物的生平事迹以表达其人物伦理思想。就史料价值而言，它对罗马史和希腊史研究大有裨益。它是我们认识罗马著名历史人物老加图、格拉古兄弟、庞培、恺撒、安东尼等人以及与之相关的历史事件的重要或主要的史料来源。《希腊罗马名人传》为普鲁塔克赢得了崇高的声誉。后人为他撰写的墓志铭是这样的：“希腊罗马多英雄，丰功伟业起雄风。太史志业唯著述，千秋万世掌玉衡。”普鲁塔克的缺点是，在写作《希腊罗马名人传》的过程中，对一些史料的真伪不作严密考证，导致有些记载缺乏可信性。但是，这些缺陷依然无碍于他得到“古代传记家之王子”的美誉。

与普鲁塔克比肩的苏维托尼乌斯

与普鲁塔克同时代的还有罗马著名传记史学家苏维托尼乌斯（Suetonius，约1—2世纪）。苏维托尼乌斯家境优越，从小接受了良好的教育。他先入文法学校学习典章文献，后又到修辞学校学习演讲术，毕业时已经是颇有声名的才子，被小普林尼的文学团体欣悦接纳。在这个文学团体里，他接触到一流的学者和政界要人，开阔了视野，增加了知

《希腊罗马名人传》书影。该书将希腊人和罗马人两两放在一起，撰写他们的生平和功绩，此外一个希腊人，两个罗马人和一个波斯人是单独论述的，共 50 人。

知识链接：阿庇安的《罗马史》

阿庇安（Applanus，公元 95—165 年）是古罗马历史学家，他用希腊文著有《罗马史》。该书共 24 卷，现存 11 卷，记述从罗马王政时代到图拉真时代近 900 年的历史。阿庇安是西方史学“纪事本末体”的开创者。他主要依据战争事件命篇，叙述本末始终。他还注意到历史事件的社会经济根源，如土地争夺、债务负担、苛捐杂税等。这在古代史家中实属少见。

识。图拉真统治时期，苏维托尼乌斯可能进入宫廷任职，出任皇室秘书，并在此之后或同时负责皇室图书馆。117 年，哈德良掌权，苏维托尼乌斯跃升为国家最高行政官员，负责皇帝的官方信件。由于特殊的地位，苏维托尼乌斯熟悉宫廷内幕，得以接触到大量宫廷档案和各种典籍，这使他的记述具有历史真实性。此后不久，他被解除职务，隐居乡间，潜心学问。苏维托尼乌斯在诸多领域都有开拓和研究，但遗留至今并颇具代表性的著作仅是于 120 年出版的《罗马十二帝王传》（又译《罗马十二恺撒传》）。

《罗马十二帝王传》记述了恺撒至图善密共十二位罗马历史上的著名君王，属传记汇编，十二位君王各一篇传记。该书分为八卷，卷一至卷六各写一帝，卷七和卷八则各记三帝。十二位帝王都与历史上的重大事件紧密关联，但苏维托尼乌斯重点撰写的并非此类事情，而是精雕细刻这些帝王的私人生活和奇闻轶事。此书行文流畅生动，历来受西方读者欢迎。

罗马这两位著名的史学家以他们卓越的才华写就了两部名垂千古的人物传记，为后世传记体的写作奠定了基本的范式和风格。

《罗马十二帝王传》书影。该书由古罗马伟大的纪传体史学家苏维托尼乌斯所著。书中记述了恺撒至图善密共计十二位罗马历史上的著名君王，重点描绘了这些帝王的私人生活和奇闻逸事。

musei in Comune ROMA
Musei Capitolini

希腊余晖，据旧开新

哲学是人类的智慧，但对罗马这一务实的民族来说，其在哲学上的成就远逊于希腊。公元前3—前2世纪，随着罗马帝国的对外扩张，希腊的斯多葛派学说和伊壁鸠鲁学说等不断传入罗马，罗马的哲学思想开始在希腊的影响下发展丰富起来。

至公元前1世纪左右，罗马出现了两位著名的哲学家西塞罗和卢克莱修。西塞罗是折中主义学说的代表者，认为“依照自然而生活是最好的”。卢克莱修是唯物论哲学家的杰出代表，他继承了伊壁鸠鲁的原子论，著有《物性论》一书。该书指出，一切物体都由原子构成，灵魂与精神也不例外。

罗马帝国前期，新斯多葛派相当流行。该学派的代表人物之一是辛尼加。他宣扬宿命论思想，但认为人皆由自然所生，人人平等，人与人之间应友善和谐。辛尼加的思想对基督教教义产生了重大影响，恩格斯将他称作“基督教的叔父”。新斯多葛派的另一代表者是马可·奥勒留皇帝，其代表作《沉思录》强调人要遵循自然规则，按照人的本性生活，一方面要积极参与社会活动，另一方面又要隐退心灵，保持精神的安宁。

新柏拉图主义是罗马帝国后期影响较大的一种神秘主义哲学，代表人物是普罗提诺。新柏拉图主义开始了从理性哲学向宗教神学的过渡，成为基督教神学的思想渊源之一。

永垂不朽的罗马人
西塞罗

作为“永垂不朽的罗马人”之一，西塞罗的思想深远地影响了欧洲的哲学和政治学说，至今仍是罗马历史的研究对象。

西塞罗（Marcus Tullius Cicero，公元前 106—前 43 年），古罗马著名政治家、法学家、哲学家、作家和雄辩家。西塞罗出身高贵，从小就显露出超人的才华。上学时，他表现异常优秀，闻名遐迩。成年后，他到希腊潜心研究哲学，后又去亚细亚和罗德岛，受到希腊哲学家阿波罗·尼俄斯的赞赏。

罗马共和国末期喀提林发起的阴谋政变。喀提林因公元前 64 年和公元前 63 年两次竞选执政官未成，组织没落贵族和原苏拉手下的士兵发动阴谋政变，但被西塞罗发觉而失败，逃跑后在与共和军的交战中被杀。

执政生涯

从希腊学成后，西塞罗带着巨大的热情和满腹经纶回到罗马。西塞罗还是一位出色的演说家，杰出的口才为他进入政坛奠定了基础。西塞罗最初从事法官职业。公元前 75 年，他被任命为西西里总督，深受西西里人民的爱戴。西塞罗认为，政治家的角色就是团结众人完成公共事业。通过社会交际，西塞罗确实收获了巨大的声名，去拜访他的人络绎不绝，连庞培都向他伸出了友谊的橄榄枝。这也使西塞罗从此卷入到最高权力的争斗中，为最后的杀身之祸埋下了伏笔。

西塞罗出身贵族家庭，年轻时通过从事律师、法官起家，此后历任西西里总督、执政官，并粉碎喀提林政变，后来被安东尼杀害，成为政治牺牲品。

西塞罗政治生涯的第一个黄金时期是公元前 63 年被选为执政官。在任期间，他成功粉碎了喀提林发动政变的阴谋，被尊称为“国父”，在他之前，还没有人获得如此高的荣誉。此时的西塞罗春风得意，傲慢之心膨胀起来，逐渐引起了许多人的不满。不论在元老会议、人民大会还是法庭上，他总是不厌其烦地讲述喀提林的故事，以显示他的丰功伟绩。他还喜欢无限度地卖弄自己的口才，有一次，他看到一个朋友领着三个丑陋的女儿经过，便高声朗诵道："他违背福玻斯（光明之神）的意旨而生了孩子。"讽刺朋友的女儿是丑八怪。期间，他又经历了庞培和恺撒的斗争及恺撒的被刺杀，政治的残酷斗争让西塞罗痛心疾首。

但西塞罗从骨子里热衷于政治，当屋大维想让西塞罗帮助他获得元老院的支持，登上最高权力宝座时，西塞罗又扬起政治的航帆，这是他政治生涯的第二个黄金时期。公元前43年，屋大维与安东尼、雷必达结成"后三头同盟"，代价是抛弃西塞罗，将其列为国家公敌，处以死刑。安东尼命令属下追捕西塞罗，西塞罗穷途末路于福尔米亚的树林被杀，他的双手被带回罗马。就这样，一代英才死于非命。

知识链接：西塞罗名言集锦

没有诚实，哪来尊严；有勇气的人，心中必然充满信念；给青年人最好的忠告是让他们谦逊谨慎，孝敬父母，爱戴亲友；活着就意味着思考；如果一个人能对着天上的事物沉思，那么在他面对人间的事物时，他的所说所想就会更加高尚；困难越大，荣耀也越大。

通才达识

西塞罗热爱每一种知识，涉猎面非常广，在许多领域都有建树。

在文学和教育方面，西塞罗的文体成为后来的拉丁文学的典范之作。此外，他留给后世的还有57篇演讲词，以及大量的书简和通讯。在教育方面，《论演说家》是其代表作。其中指出，培养有文化有修养的雄辩家是教育的最终目的，而不断练习是达到这种目的的主要途径。

罗马共和国末期的执政官西塞罗发觉喀提林阴谋政变后，在元老院会议上指责喀提林，发表了著名演说。

西塞罗在政治和法律方面也颇有见解，其思想主要体现在《论法律》和《论国家》中。他指出，国家是人民在正义的原则和谋求共同利益的原则下结合而成的一个集体，因此国家是所有人民的事务。他还主张，理想的国家政体应是君主、贵族、民主这三种政体的结合，而非它们中的某一政体，换句话说，就是古罗马的宪制或者说以元老院为首的罗马奴隶主贵族共和国。由此，西塞罗被认为是古代三权分立学说的先驱。

在哲学方面，西塞罗以斯多葛哲学为基础，从希腊各派哲学如柏拉图派和怀疑主义中取其所需，综合成复杂的思想体系，形成折中主义哲学，其主要思想体现在《论善与恶之定义》《论神之本性》《图斯库兰讨论集》等著作中。西塞罗反对伊壁鸠鲁的原子论，而倾心于斯多葛派的"神恩"理念。他相信神是最高的主宰，主张人们服从神或自然安排的命运，相信神灵永恒和灵魂不死。他还接受斯多葛派的主张，认为人的美德在于发扬理性，控制欲望，求得"心灵的快乐"。

完全蜕化为宗教伦理思想
新斯多葛学派

新斯多葛学派主张以个人道德修养求得社会和谐，已经完全蜕化为宗教伦理思想。

新斯多葛学派主要活跃于罗马帝国早期，具体时间是约公元前50年至2世纪。在此期间，这一派别已成为罗马帝国官方哲学中的主流，主要代表人物是辛尼加（Lucius Annaeus Seneca，约公元前4—公元65年）、罗马皇帝马可·奥勒留（Marcus Aurelius，公元121—180年）、爱比克泰德（Epictetus，约公元55—135年）。

芝诺于公元前310年在雅典开创了斯多葛学派。该学派由早期的希腊哲学派别犬儒主义演变而来，主张顺应自然，使自己的行为符合神或预定的命运。

新斯多葛学派哲学的内容

新斯多葛学派摈弃了早期斯多葛学派中的唯物主义因素，而将斯多葛学派的泛神论与柏拉图的灵魂不死的学说相结合，宣扬宿命论和禁欲主义，主张以个人道德修养求得社会的和谐，认为人的美德就是安于命运和听从命运。也就是说，神的本质就是善的本质，世界上的一切都是神安排的，贫穷、疾病、苦难是神为了锻炼人的“美德”，美德就是“忍受”“宽恕”，因此，忍受一切灾难就是善。同时，新斯多葛学派还宣扬有道德的人在精神上是自足的，他的幸福不需要物质条件，因此，要清心寡欲，对任何事物都不要动心，这才是真正的幸福。辛尼加认为，世界由“天命”决定，能认识命运并服从命运就是自由和幸福。他有句名言，“愿意的人，命运领着走；不愿意的人，命运牵着走”。他还宣扬肉体有罪的宗教唯心主义观点，认为“肉体是精神的重担和刑罚”，“灵魂的整个斗争就是和困迫它的肉体对抗的斗争”。奥勒留也认为，“听天由命”是“最高的幸福”，人要清心寡欲，注意善行，养成“忍耐”“宽容”“知足”等品德。

All cruelty springs from weakness.

Lucius Annaeus Seneca

古罗马帝国哲学家、悲剧作家辛尼加曾为尼禄的老师，他早年赞同斯多葛学派和毕达哥拉斯学派，是新斯多葛学派哲学的主要代表之一，主张所有人都应友好相处。图中语录：一切残忍皆源于软弱。

新斯多葛学派还宣扬阶级调和论，力图维护奴隶主的统治。该学派宣称，人人都是神的儿子，应互相友爱，主人要对奴隶和善些，奴隶要为主人服务，甚至牺牲生命来救主人。辛尼加宣称所有人都是兄弟，应“友好”相处。奥勒留指出，人所遭受的命运符合他们的本性，强求改变自己的社会地位，是违反天意的。

新斯多葛学派更强调个人的社会责任和义务、个人服从社会的必然性和合理性，发展了早期斯多葛学派的“世界公民论”，认为人人皆有德性，可以为善通神，因为每个人在本质上都是宇宙的一部分，都顺应同一自然，遵循同一“逻各斯”。

知识链接：早期斯多葛学派

活跃于希腊化时期，代表人物有芝诺（约公元前336—前264年）和克利西帕斯（公元前135—前51年）。该学派的主要观点是：人的道德或者幸福生活就是顺应自然生活。而顺应自然生活，就是使自己的行为在理性支配下符合逻各斯。“自然”“逻各斯”即神或神预定的命运。早期斯多葛派奠定了斯多葛学派的基本原则，并把伦理学推向了宗教神学化的道路。

新斯多葛学派盛行的缘由

新斯多葛学派在罗马帝国早期的盛行，并成为一种“官方哲学”，有其深刻的历史背景。

这一时期虽是帝国鼎盛期，但却孕育着衰落的种子。面对这种事实，人们希望留住昔日的美好，避免帝国的没落，但又力不从心，无可奈何。这种意志上的消沉和精神上的颓废相应地体现在他们的哲学思想之中。

此时的罗马已经发展成为一个地跨三大洲的世界性帝国，地方性的狭隘特点正在逐步减弱，代之以地方之间联系的增强。由此，将帝国内部各个地方和各个民族统一在帝国之内，已成为必然趋势，而新斯多葛主义的世界主义特点恰好符合这一趋势。

新斯多葛学派的主要代表人物虽出身有别（来自不同阶层），但皆与罗马上层有着密切联系。辛尼加是尼禄皇帝的老师。爱比克泰德曾是奴隶，后来获释成为尼禄的侍卫。奥勒留本人则是皇帝。因而，他们三人的哲学观点集中体现了统治阶层的愿望，受到官方青睐。

新斯多葛学派对基督教的基本教义产生了很大影响，其思想为基督教所直接吸收，加快了哲学和神学的合流。

爱比克泰德生于奴隶之家，被卖到罗马后有幸师从鲁弗斯，并获取自由，后来在罗马建立了斯多葛学园，影响力不断扩大，成为古罗马帝国著名斯多葛学派哲学家之一。他主张顺因自然，节制生活。但后来遭到罗马皇帝图密善的忌讳而被驱逐。

"帝王哲学家"马可·奥勒留的代表作《沉思录》

在一系列必须加以抗拒的欲望里，他感到其中最具有吸引力的就是想要引退去过一种宁静的乡村生活的那种愿望。但是实现这种愿望的机会始终没有来临。

——英国哲学家罗素

马可·奥勒留是一个比他的帝国更加完美的人，虽然他的勤奋工作最终并没有能够挽救古罗马。但是，他利用辛劳当中的片暇，写下与自己心灵的对话，成就了永存后世的《沉思录》。《沉思录》代表着新斯多葛学派发展的一个里程碑。

敏而好学，时事造就

马可·奥勒留不仅是古罗马帝国皇帝，还是著名的"帝王哲学家"，新斯多葛学派代表人物之一，尤以希腊文写成的著作《沉思录》传世。

奥勒留之所以能够写成伟大的《沉思录》，与他个人及其生长环境密切相关。第一，奥勒留从小就表现出探索万物本源的兴趣，11 岁时，他便有意身着古代希腊与罗马哲学家们常穿的简陋的长袍，模仿他们的生活方式。他少年的心智，得到了当时世界上最好的教化。在《沉思录》的第一篇，奥勒留列举了一长串对他的人格产生过重大影响的人：他的祖父、父亲、母亲、家庭教师和一些哲学家。这些人让他对希腊文学和拉丁文学、修辞、哲学、法律、绘画等产生了非常浓厚的兴趣，并且造诣颇深。第二，马可·奥勒留即位之后，他的帝国一直战乱不断，灾难频繁，甚至可以说兵荒马乱，加上军队的内讧，在他统治的大部分时间里他是在帝国疆域或行省的军营里度过，他的身体也十分疲惫。他身处其中而又无法摆脱，希冀获得内心片刻的宁静。而且，这种状况往往使他所表现出的是一种比较悲观遁世的情绪。

古罗马著名思想家奥勒留，是新斯多葛学派代表人物之一，代表作《沉思录》，主张顺应天命，安于现状。图为罗马国会山中的马可·奥勒留雕像。

《沉思录》的智慧之光

奥勒留在《沉思录》中将其处于混乱世界中的感受娓娓道来，追求一种摆脱激情和欲望、拥有冷静而达观的人生态度。他阐释了灵魂与死亡的关系，解析了个人的德行和解脱以及个人对社会的责任，要求常常自省以达到内心的平静，摈弃一切无用和琐屑的思想。而且，不仅要思考善和光明磊落的事情，还要付诸于行动。

不仅如此，奥勒留把一切对他发生的事情都不看成是恶，认为痛苦和不安仅仅是来自内心的"意见"，并可由心灵加以消除。他对人生进行了深刻

马可·奥勒留在位期间勤政爱民，独立支撑着战乱不断和灾难频发的罗马，功绩伟大。图为人们为纪念他而建造的纪念柱。

的哲学思考，热忱地从其他人身上学习果敢、谦逊、仁爱等优秀品质。他希望人们热爱劳作，了解生命的本质和生活的艺术，尊重公共利益并为之努力。

《沉思录》是从灵魂深处流淌出来的文字，直抵人们心底。它主要探讨什么是善，应该过怎样的生活。他告诫在喧哗都市中整日忙碌的人们，要有闲暇时间反省自我，比如自己的道德品质、个人修养、责任良知、行为习惯等方面；保持心灵的宁静，减少欲望，淡泊名利；珍惜眼前拥有的，只有现在才重要；按照自己的意志和社会理性的要求活动，放弃那些只对作为动物存在的人有用的东西。

这部两千年前的智慧之书，至今仍不失光辉。美国第52届总统克林顿说，"除《圣经》外，奥勒留的《沉思录》对我的影响最大"。中国学者何怀宏在译完《沉思录》后指出："这不是一本时髦的书，而是一本经久不衰的书，买来不一定马上读，但一定会有需要读它的时候。近两千年前有一个人写下了它，再过两千年一定也还会有人去读它。"确实，奥勒留在书中用自己的语言表达的道德修养思想，对提高我们的个人修养意义重大。

知识链接：《沉思录》摘选片段

如果这些事情不来主动找你，那么困扰着你的那些追求和回避将会仍然驱使你去找寻它们。让你对它们的评判暂告一段落吧，这样它们将重归平静，你也不必再继续寻找和逃避了；当你一早醒来就要开始鞭策自己，无论这是否会使你发生变化，如果另一个所作所为是公正并且正确的话，将不会有所不同。

167年，一种可怕的瘟疫席卷罗马城，致使兵源紧张，战斗力下降，奥勒留继维鲁斯之后继续与马科曼尼人、汪达尔人、夸克人等蛮族进行战斗，多次击败他们，但178年蛮族再次入侵，奥勒留不幸染瘟疫身亡。图为描绘奥勒留出征场景的雕塑。

唯物论哲学思想家

启蒙先驱 琉善

在埃斯库罗斯的《被缚的普罗米修斯》里已经悲剧式地受到一次致命伤的希腊之神，还要在琉善的《对话》中喜剧式地重死一次。

——马克思

琉善（Lucian，约 120—180 年），罗马帝国的唯物主义者和无神论者、希腊语讽刺作家。据现有材料可知，保存至今署名琉善的著作有 84 篇，其中 12 篇或 34 篇可能是伪作。

知识链接：伊壁鸠鲁主义

又称享乐主义，是一种哲学思想，创始人是古希腊哲学家伊壁鸠鲁（公元前 341—前 270 年）。伊壁鸠鲁认为，快乐是生活的目的，是天生的最高的善。但是，应区分不同的快乐。伊壁鸠鲁还强调，在考量一个行动是否有趣时，必须同时考虑它所带来的副作用。在追求短暂快乐的同时，也必须考虑是否能获得更大、更持久、更强烈的快乐。约两个世纪后，卢克莱修进一步发展了伊壁鸠鲁主义。

时代召唤下的唯物主义者

琉善出生于叙利亚幼发拉底河畔一个手工业者家庭。少年时，他接受了正规教育。成年后，他先到小亚细亚、希腊、意大利等地游览学习，后又到小亚细亚的以弗所、斯米尔纳等地游历，在此期间，他攻读了演说家、诗人和历史学家的著作。164 年左右，他定居雅典，研究哲学，成为一位名声斐然的哲学家。

在哲学上，琉善揭露和抨击各种唯心主义，发挥了唯物主义和无神论的思想。他把那时的哲学家看作当众出洋相的丑角。琉善这样奚落哲学家：他们懒散、好辩、自负、易怒、贪吃、愚蠢、狂妄自大、目空一切。用荷马的话来说，是“地球上的负担”。琉善所言在一定程度上反映出罗马帝国当时哲学理论上的贫乏、思想上的危机和行动上的伪善。

琉善出生于一个贫苦家庭，后经潜心学习，在哲学上造诣极深，他批判唯心主义和宗教迷信，代表作有《神的对话》《死者的对话》等。

宗教迷信的无情批判者

琉善对所有宗教迷信都秉持一种怀疑态度和批判精神。他根据社会不合理的现象，论证神是不存在的，命运是不可信的，敬神没必要。敬神的发展过程表明：是人创造了神，而不是神创造了人。琉善指出，创立伊始，基督教“欺骗和伪造历史”，为无赖骗子进行欺诈提供了条件。

琉善一生著作颇丰。其中，《神的对话》以生动活泼的语言，剥掉了希腊神话中宙斯、赫拉、阿波罗等各种神的尊严。《死者的对话》讽刺社会上

图为卢克莱修画像，他推翻了宗教迷信的神创论。

知识链接：卢克莱修

卢克莱修（Titus Lucretius Carus，公元前99—前55年），罗马共和国后期唯物主义哲学家，以哲理长诗《物性论》著称于世。他发展了伊壁鸠鲁的“原子论”，认为整个世界包括灵魂与精神都由原子构成，并按物质本身的规律发展。他力求使人们摆脱宗教迷信，认为幸福在于摆脱对神和死亡的恐惧，得到精神的安宁和心情的恬静。卢克莱修的学说在当时流传不广，但对后来唯物论的发展有深远影响。

那种虚荣、欺骗、追求高额利润的风气。《伯列格林努斯之死》写的是流氓利用人们对基督教的信仰进行欺骗。在《亚历山大——伪先知》（献给一位名叫刻尔苏斯的伊壁鸠鲁主义者）一文中，琉善通过自己写信给刻尔苏斯的方式，揭露了亚历山大（不是亚历山大皇帝）的骗术，从而揭露了预言的欺骗性。在这篇文章中，琉善指出：当罗马与日耳曼之间的战争已经白热化时，亚历山大却发了一道神示，说只要将两个库怕勒的侍者（狮子）和许多香草扔进多猫河里，罗马就会获得胜利与和平。奥勒留皇帝按照他所说的做了，但他们将狮子扔进河里，狮子游到对岸后，被日耳曼人打死了，罗马军队大败而归，死伤两万多人，最后，亚得里亚海岸的多阿奎勒亚也沦陷了。琉善通过这一具体事例，指出所谓“预言”和“神示”都是骗人的，从而告诫人们不要相信宗教迷信。他说，相信鬼神，而不去认识现实事物，做深入细致的调查工作，只能导致实践的失败。

琉善的唯物论哲学思想曾对意大利的鲍狄诺、荷兰的伊拉斯谟、英国的莫尔、法国的伏尔泰、俄国的罗蒙诺索夫和赫尔岑等都产生了重要影响。马克思和恩格斯将琉善的著作当作是评介古代世界晚期各派哲学学说的依据。

波提切利绘画《谗言》，取材于琉善著作中关于阿佩利斯的记载。阿佩利斯是公元前4世纪希腊画家，曾给马其顿的腓力二世及亚历山大大帝充当宫廷画师。

心向上帝的旅程

普罗提诺的宗教哲学思想

普罗提诺的亲传弟子波菲利曾记载：普罗提诺66岁时身患重病，等一位学生到后，他说的最后的话是："我等你很久了。努力将自身之中的神引回到宇宙之中的神那里去吧。"

普罗提诺（Plotinus，约205—270年）是古罗马最后一位伟大哲学家。作为新柏拉图主义者，普罗提诺不仅是古希腊哲学的终结者，也是中世纪宗教神秘主义的开创者，其思想更接近中世纪的基督教神学思想。普罗提诺的思想对中世纪神学思想的巨擘奥古斯丁和托马斯·阿奎那都产生了极其重要的影响。

大器晚成

关于普罗提诺的生平，人们都是从他的朋友兼徒弟波菲利的记载中获得的。据记载，普罗提诺出生于埃及的利科波利斯。人们对他早期的生活知之甚少。在普罗提诺28岁那年，他决定专注于哲学研究。243年，普罗提诺参与戈尔狄安三世对抗波斯的军事远征。戈尔狄安三世被手下的士兵暗杀后，普罗提诺仓皇逃走，前往罗马。到罗马之后，他跟随亚历山大城的新柏拉图主义者阿蒙尼阿·萨卡学习哲学十一载。这里的学习奠定了普罗提诺哲学研究的基调。为了到达印度去学习那里的哲学，他曾参加过罗马远征军，不过由于皇帝被谋杀，印度之行未能如愿。此后他放弃了东学计划，决心定居罗马潜心教学。

在49岁之前，普罗提诺几乎没有写过什么学术文章。直到50岁的时候他才将其哲学思想写成著作。普罗提诺对柏拉图怀着深深的敬意，并写了不少与柏拉图相关的文章。在他去世之后，波菲利出版了他的手稿，并附有他的传记，将其编成《六部九章集》。此书成为后来的新柏拉图思想唯一重要的源泉。

普罗提诺是新柏拉图主义思想体系的主要创立者之一。他将毕达哥拉斯和柏拉图的思想以及东方神秘主义融合吸收，发展成新柏拉图主义。普罗提诺的新柏拉图主义思想包括三大本体和流溢说。

新柏拉图主义奠基人普罗提诺，他生于埃及，后到亚历山大城潜心研究哲学，代表作《六部九章集》。

"三大本体"和"流溢说"

普罗提诺提出了"三个首要本体"：太一、理智和灵魂。这三者并不是平等的关系，而是自上而下的关系。他所说的本体即是最高的、能动的原因，它超越存在和本质之外，并从根本上决定着存

忏悔者马克西姆斯（580—662年），君士坦丁堡神学家，禁欲主义者和受难者。主张禁欲主义，坚持预定论，认为基督有两个意志，即神的意志和人的意志，与当时的“一志论”进行毫不妥协的斗争。当普罗提诺提出宗教神秘主义时，他对其进行争辩。

知识链接：新柏拉图主义

古希腊文化晚期最重要的哲学流派，流行于3—5世纪，在柏拉图学说的理念论和神秘主义的基础上形成，同时又在许多地方进行了新的诠释。其特点在于，建构了一个超越自然的世界图式，明确规定了人在其中的位置，将人与神之间的关系置于道德修养的核心，强化了哲学与宗教之间的同盟，具有更浓厚的神秘主义色彩。新柏拉图主义对西方中世纪基督教神学产生了重大影响。

在和本质。

第一本体为“太一”。普罗提诺并没有用太多的概念来界定太一，他认为“太一”有肯定和否定两重规定性。肯定地说，太一是神和善的本身。

第二本体是“理智”。理智即希腊文的“奴斯”，表“心灵”之意。它是一种最先从太一中“流溢”出来的本体，这种本体不再继续保持原来的绝对统一性，它包含着一些原初的区分，因而具有肯定的性质，可用最一般的范畴表示它。

第三本体是“灵魂”。灵魂从理智中流溢出来，这种流溢是对太一的流溢活动的模仿。灵魂是一种能动力量，它既是一，也是多，并没有理智所拥有的“一和多的统一”。

普罗提诺认为，低级的本体源于高级的本体，这个过程被称作“流溢”（字面含义即“流淌”）。流溢的过程可以分为三个阶段：纯粹思维或者心灵、灵魂、物质。

在第一阶段，上帝的存在被分为思维和观念。也就是说，上帝思考思想，他沉思纯粹的理念世界。但是在这一阶段，思维和其观念，主体和客体，在时空上没有分开。

灵魂是神圣的流射过程的第二个阶段。灵魂是纯粹思维的结果、影像和复本。灵魂产生物质是流射过程的第三个和最低级的阶段。物质离上帝最远，是黑暗。我们对物质不能形成任何影像，所能做的就是假设它是性质变化的现象背后的必要基质，在流逝里感觉世界持续存在。

普罗提诺的哲学思想在很大程度上已经摆脱了古希腊的理性思辨精神，取而代之的是一种神秘主义。这种神秘主义哲学已开始从理性哲学向宗教神学过渡，成为基督教神学的思想渊源之一。

普罗提诺深受柏拉图关于人类灵魂不朽的19个证明影响。图为柏拉图灵魂不朽说的绘画。

多神崇拜成追忆，基督信仰成主流

罗马原始宗教是多神教，保存着万物有灵的原始信仰。大约在1世纪中叶，基督教产生，打破了古罗马人独尊的多神教信仰。

经过一个世纪的时间，至2世纪中叶，基督教得到广泛传播。其中，1世纪时基督教使徒保罗进行的传教活动功不可没。随着信徒的增多，一些富人也加入其中，使得基督教原来具有的被压迫者的宗教性质逐渐蜕化为罗马帝国上层的统治工具。从此时起，基督教会内部还出现了许多著名的护教者和神学家。他们一再宣扬基督教与帝国利益的趋同性，表示愿意利用基督教为帝国效劳，希望帝国上层给予基督教合法地位。在这其中，贡献较大者有殉道者查士丁、“狮子”教皇利奥一世、“圣人和圣师”奥古斯丁。此外，一些学者如哲罗姆还开始主持《圣经》的翻译工作。而帝国上层也开始考虑接受基督教，改变曾经的镇压政策。

313年，君士坦丁和李锡尼共同颁布了《米兰敕令》，标志着罗马帝国上层对基督教从镇压与宽容相结合的政策转变为保护和利用相结合的政策。十年之后，君士坦丁又举行了尼西亚大会，标志着基督教已经完全蜕变为罗马统治阶层对帝国下层群众进行思想控制的工具。

反抗罗马的统治
犹太人第一次大规模起义

当我们的信仰和尊严被侵犯时，当我们受到奴役和压迫时，我们就要起义反抗。即便流血，也是值得的。

公元前63年，庞培占领巴勒斯坦，将其纳入罗马帝国的统治范围内。公元前43年，罗马在犹太人的国土上建立傀儡犹太国。由于不同的宗教文化信仰，犹太人长期遭到罗马统治者的镇压和迫害，这对于具有反抗精神的犹太人而言，日益不能忍受。于是，公元66—70年，犹太人发起了第一次大规模的反抗运动。

知识链接：耶路撒冷

耶路撒冷位于巴勒斯坦中部犹地亚山上。耶路撒冷是世界三大宗教即犹太教、基督教、伊斯兰教的宗教圣地。自公元前10世纪起，所罗门圣殿在耶路撒冷建成，耶路撒冷一直是犹太教信仰的中心和最神圣的城市，昔日圣殿的遗迹西墙，仍是犹太教最神圣的所在。

守城的初步胜利

罗马帝国时期犹太人起义首先是因为犹太人与罗马不同的宗教文化信仰。罗马人奉行多神崇拜，而且崇拜皇帝。但作为一神教的犹太民族，只信仰耶和华一人，摆脱了偶像崇拜。

在宗教文化冲突的过程中，一根导火索终于导致了罗马与犹太人之间的战争。公元66年，罗马当地一名官员洗劫了犹太圣殿中的金银财宝。本来就有民族情绪的犹太人无法忍受，以农民、手工业者和奴隶为主的犹太起义者拿起武器，开始了反抗斗争。

加利利位于巴勒斯坦北部地区，地理范围是西到地中海沿岸、东到约旦河谷地、南到耶兹里勒谷，面积约29435平方公里，是一个地形崎岖的高地。古罗马帝国早期，加利利是北方门户，地理位置极为重要。

罗马皇帝明白一旦起义成功，会对其他统治地区产生很大震动，所以必须迅速镇压。公元66年11月，叙利亚总督加卢斯率2万军队，经多日攻击，虽然没有攻破耶路撒冷，但引起城内犹太人的惶恐。当民众慌乱的时候，加卢斯突然撤兵了。当撤到贝特霍伦峡谷时，罗马军队遭到犹太人的伏击，惨遭失败。这次守城的胜利使犹太人认为是上天的帮助，更增加了起义者的信心。成功击退了加卢斯的大军后，起义者进行了权利分配。加利利地区是巴勒斯坦的北门户，地理位置极为重要，犹太起义者将这一地区的军事事务划分给约瑟福掌管。

罗马帝国皇帝韦帕芗之子提图斯从耶路撒冷胜利归来后热烈庆祝的情景，抢夺的宝藏包括七盏烛台和耶利哥城的号角。

知识链接：罗马原始宗教

罗马原始宗教是多神教，保存着万物有灵的原始信仰。共和国中期，罗马宗教大量吸收希腊成分，演变为希腊罗马混合宗教，罗马神也具有了希腊神的人格化特点。朱庇特即希腊的宙斯，妻子朱诺即希腊的赫拉，女儿密涅瓦即希腊的雅典娜。其他诸神，战神玛尔斯即希腊的阿瑞斯，海神尼普顿相当于波塞冬，太阳神阿波罗连名字也未改动就移植到罗马。

约瑟福接到命令后，迅即认真准备防务工作。

起义的最终失败

公元 66 年，韦帕芗和他的儿子提图斯带领约 6 万人，从西部进攻加利利。公元 67 年，由于罗马军队使用了投石器、公羊锤等攻城器械，最后在 7 月份以摧枯拉朽之势占领了加利利地区。

公元 68 年，韦帕芗开始进军耶路撒冷。进军途中，罗马国内发生动乱。韦帕芗返回罗马，由提图斯继续展开攻势。提图斯对耶路撒冷进行了详细的战略部署，在耶路撒冷周围建立营地，营地附近建立塔楼，并用弓箭手和投石器攻击城内的犹太人。经过 15 天的进攻，耶路撒冷的外城被攻下。犹太人面临着粮食和水源短缺的困境，但仍没有投降的意愿。公元 70 年 7 月，耶路撒冷被攻陷，大批起义者被杀，7 万余犹太人被卖为奴隶。驻守在神殿外最后的一支犹太军队誓死捍卫神殿，向罗马军队发动攻击，但最终归于失败，神殿也被罗马士兵焚毁。

犹太民族自建国起就多灾多难，遭受周边各国的奴役和统治。公元 66—70 年起义之后，113—116 年和 132—135 年，犹太人又发动了两次大规模的反罗马起义。他们虽英勇作战，但最终都以失败告终，还惨遭屠杀或被驱逐，流落他乡。在遭受苦难的情况下，他们唯有依靠宗教求得一些精神上的慰藉。于是，便在犹太民众主要是下层犹太民众中产生了一些秘密教派，基督教最初就是从这些秘密教派中日益形成的。

犹太人于 132—135 年第三次发动大规模的反罗马起义，遭到当时罗马皇帝哈德良的残酷镇压，哈德良将起义失败的犹太人屠杀或驱逐，犹太人失去家园，遭受巨大苦难。

重回历史现场

耶稣基督的一生主要是在巴勒斯坦度过的。巴勒斯坦是一个面积很小的地区，长约230公里，最宽处仅为80公里。这里曾是“上帝的选民”以色列人“牛奶与蜜”的家园，在《圣经·旧约》中被称作迦南美地，地处地中海东岸，亚非欧三洲的交汇处，具有极其重要的战略地位。

《圣经·新约》马太福音第二章记载了伯利恒之星这一异常的现象：传说伯利恒之星是圣诞树顶端的一颗星星，大约两千年前，当耶稣降生时，这颗星照亮了伯利恒的早晨，因此也称“耶稣降生之星”。同时伯利恒之星是3月19日生日花（耶稣的养父——圣约瑟夫之花）。

成圣之路

追随耶稣的脚踪

他的一生是如此短暂，却给世人留下了一个永生的信念；
他走过的每一个平凡的地方，如今都已成为让人们景仰的神圣之地。

伯利恒的星

耶路撒冷正南方8公里许，有一座山城名叫伯利恒（Bethlehem），这里是基督教创始人耶稣的诞生地，也是以色列历史上伟大君主大卫的故乡。城内教堂林立，信徒如织，具有浓郁的宗教气氛。市中心的圣诞教堂是基督教著名的圣地，每年都吸引着数百万的朝圣者和游客。

据《路加福音》记载，约瑟和玛利亚从家乡拿撒勒（Nazareth，今巴勒斯坦北部）来到伯利恒。而就在那里，“玛利亚产期到了，产下了一男婴，用布包起来，放在马槽里，因为客店里没有地方”。这个小孩就是耶稣。圣诞教堂就是围绕当年的马槽建成的。在马槽的原址上修建了一个白色大理石圣坛，圣坛的正中镶嵌着一枚14角的银星，称为“伯利恒之星”。《马太福音》上说当年东方博士就是根据伯利恒上空一颗明亮的星找到了“未来犹太人的王”——耶稣。在伯利恒之星周围，常年悬挂着基督教各教派的15盏银制油灯。这些油灯昼夜不灭，象征着全世界基督徒对耶稣基督永久的尊崇和耶稣永恒的生命光辉。

耶稣出生后不久就和父母回到了拿撒勒，在那里一直生活到30岁。当时拿撒勒只是一个小村庄，四周峰峦叠嶂，景色宜人。耶稣的父亲约瑟是一个木匠，母亲玛利亚在家操持家务。至今这里还留有“约瑟的作坊”和“圣母井”，而圣母井中仍有泉水涌出。不过最让朝圣者向往的地方还是天使报喜教堂（Basilica of the Annunciation）。《路加福音》中说是天使加百列告知还是童贞女的玛利亚，她将因圣灵而

耶稣诞生的情景，根据《路加福音》记载，耶稣的父亲约瑟和母亲玛利亚来到伯利恒，生下了儿子耶稣，因客店里空间狭小，耶稣被用布包起来，放到了马槽里。

怀孕生子，天使报喜教堂据此得名。教堂里悬挂着世界各国教会捐赠的圣母玛利亚和主耶稣的画像，皆颇具特色，美不胜收。

传道加利利

加利利（Galilee）是巴勒斯坦最北面的一个地区，包括了拿撒勒、迦百农等城镇以及加利利海。这里是耶稣传道的中心地带，《马太福音》上说：“耶稣走遍加利利，在各会堂里教训人，传天国的福音，医治百姓各样的病症。……当下，有许多人从加利利、低加波利、耶路撒冷、犹太、约旦河外来跟着他。”耶稣就这样在人们的簇拥和跟随下，在加利利各地传讲天国的道理，劝人们尽心爱上帝，并要爱自己的邻人。

在约旦河边接受约翰的施洗后，耶稣开始在加利利海一带收徒传道。加利利海四周山峦起伏，树木苍翠，风光极为秀丽。耶稣在加利利海边呼召了西门彼得（即使徒彼得）、安得烈、雅各和约翰四门徒。当时他们正在海边捕鱼，听见耶稣的召唤就立

提比利亚和加利利海全景。位于巴勒斯坦最北面的加利利海和位于加利利海西岸的提比利亚，景色优美。这两地曾是耶稣传道的中心地带。耶稣不仅在加利利各地传道，还医治各种疾病。

大卫塔，古耶路撒冷城最高的建筑物，位于约帕门附近的犹太区，是距今约2000年前的希律王建造的城塔，曾作为堡垒、炮台等使用，折射出耶路撒冷的战乱岁月。

即舍船弃网跟随了耶稣。有意思的是，如今在沿加利利海一带有一种叫彼得的鱼，爽口鲜嫩，深受人们的欢迎，已成为附近一带餐馆的必备良菜。加利利海还是一片让人充满神奇想象的海，据福音书记载，耶稣曾平息了海面的风暴，并在海面上行走。1932年在加利利海南边的塔布喀（Heptapegon）发现了一座拜占庭教堂遗迹，里面有一幅保存完好的五饼二鱼镶嵌图，据说这里就是耶稣当年用五饼二鱼使5000人吃饱的地方。

加利利海北岸的迦百农是耶稣传道的重镇。罗马人曾于此设置税关，就是在这里曾为税吏的使徒马太遇见了耶稣。这里还是耶稣的爱徒西门彼得的家乡。耶稣很喜爱迦百农，把它视为“自己的城”，在当地行了许多神迹。马可福音上说：“到了迦百农，耶稣就在安息日进了会堂教训人。”20世纪在那里发现了一座已经损坏的5世纪犹太会堂，而耶稣当年讲道的会堂遗迹就在这个会堂下埋藏着。会堂的旁边还修有一间八角形的教堂，据说是西门彼得曾居住的地方。

成圣耶路撒冷

耶路撒冷位于巴勒斯坦中部，古称耶布斯（Jebus）。这座古城经历了太多的兴衰沧桑和世事变幻。作为三教圣地，它拥有着数之不尽的宗教古迹，几乎每一处都深藏着让人动容的前尘往事。

公元30年的春天，耶稣为庆祝逾越节和门徒来到耶路撒冷。在城西南锡安山上的一所房子，他和门徒进行了最后的晚餐，至今这里还留有遗址。当时耶稣预知自己的日子将近，心中苦闷，餐后便去耶路撒冷城东橄榄山下的客西马尼园祷告。耶稣在园中度过了自己的最后一夜。如今两千年过去了，但园中景色却仿佛如初，八株古老的橄榄树，据说已经存活了两千多年。

在客西马尼园中，耶稣最后祷告处建有万国教堂。379 年，拜占庭就在客西马尼园建了第一座教堂，现在的教堂是 1919 年到 1924 年由 16 个国家联合捐助建造的。教堂顶部有 16 个拱形圆顶，上面装饰着华美的镶嵌画，还镶有 16 个国家的国徽。教堂内光线朦胧，令人沉静。摆放在祭坛前的一块白色巨石称“痛苦之石”，据说就是耶稣当初祷告时所跪的那块石头。

耶稣在以色列人中传道、医病，影响力不断扩大，引起犹太权贵的不安，最终由于犹大的告密，被定为死罪，并交由罗马人钉十字架，这一天也被看成耶稣受难日。

由于门徒犹大的告密，耶稣在客西马尼园被犹太圣殿的祭司抓获，最后被罗马巡抚彼拉多定为死罪。耶稣当年背负十字架走向刑场的路，如今被称作苦路，又叫“悲哀之路”。每年复活节前的受难日前后，无数基督徒纷至沓来，有人还会扛着庞大的十字架，一路从客西马尼万国教堂到圣墓教堂，亲身感受耶稣当年的苦楚，缅怀他对人类苦难的救赎。苦路共 14 站，传说皆是耶稣驻足或者摔倒的地方。 虽然这里具有庄重的宗教意义，但现代商业的发展已让苦路两边店铺林立，商人们吆喝着招揽顾客，显然这样的苦路已非昔日的苦路了。

耶路撒冷城墙外的各各他是耶稣被钉十字架的地方，也是在这里耶稣被安葬并复活，现在这里建有圣墓教堂，里面就是苦路的终点。圣墓教堂传说是君士坦丁大帝的母亲海伦娜始建，又称复活教堂，耶稣的坟墓就在这里。圣墓教堂外观上最明显的标志就是教堂圆形屋顶上的巨大十字架，十字架上还镶嵌着水晶石，在阳光下发出夺人眼目的璀璨光芒。教堂里面却是幽暗深邃，进入内殿顿时会让人生出不少寒意。游人可以看见不少传说中的遗物和圣迹，如耶稣受难的十字架、耶稣停放尸体的石板。在教堂大厅还保留有一个古蓄水池，听说此水可以给人带来好运，因此许多游客都纷纷以水洗面，祈望得到来自天国的祝福。

耶稣被钉死在各各他的十字架上，粉蜡笔画。耶路撒冷城墙外的各各他是古罗马时期治下的以色列的一座偏远的山，据记载是耶稣被钉死在十字架上的地方，同时也是耶稣被安葬并复活的地方。

走出圣墓教堂，夕阳余晖映照下的耶路撒冷散发着迷离的光彩。这里是我们探访耶稣的最后一站，但却绝不是终点……

基督教历史上的领袖之一

使徒保罗

他在世时，为传播基督教信仰不辞辛苦；他去世后，其作品构成了《圣经·新约》中半数以上的内容。

在基督教思想史上，保罗是一位极具影响力也极富争议的人物。他进行的辛苦传教活动和原创性的作品使他成为基督教历史上一座无人可以企及的山峰。

改信基督教

保罗（公元3—67年），原名扫罗，早期基督教领袖之一，被天主教（大公教会）封为使徒，亦是基督教正教会安提阿牧首区的首任牧首。

保罗出生在罗马帝国犹太省一个虔诚的犹太教家庭，受教于犹太教拉比达玛加门下，同时深受希腊文化的影响，熟悉希腊哲学。信主之前，保罗曾受过犹太教神职人员的严格训练和教育，熟悉《圣经·旧约》，笃信犹太教。在当时，保罗看到耶稣传教的福音和犹太人对摩西律法的固有认识有着巨大冲突，认为犹太教是正统，而基督教是异端。而且，他认为耶稣将自己看作弥赛亚和神的儿子的这一做法分明是对神的亵渎，因此，他毫不顾忌地迫害基督徒。

然而一件事情的发生，促使保罗改变了他的信仰，成为基督教的传道者。有一天，他来到大马士革，天上忽然出现一道亮光，保罗立即跪倒在地，只听见有人对他说："保罗，你为什么要迫害我和我的门徒？"保罗反问道："你是谁？"光说："我是你迫害的耶稣。"保罗又问道："耶稣，你要让我干什么。"耶稣说："你到城里去，会有人告诉你做什么。"一阵强光过后，保罗的眼睛突然失明了。他想："难道真的是做了太多的坏事，上天对自己的惩罚？"幸运的是，大马士革一个名叫亚拿尼亚的人受耶稣的嘱咐，治好了保罗的眼睛。等到保罗的眼睛重见光明后，亚拿尼亚对他说："你是耶稣选中的使徒，你以后要为基督教效力。"保罗听后频频点头，以示答应。随后，亚拿尼亚又为保罗进行了洗礼。从此以后，保罗开始了基督传教活动。

伦敦的圣保罗大教堂中的保罗雕像。保罗早期并非基督徒，后来接受耶稣的教诲，成为虔诚的基督徒，开始到外邦传教，是世界上第一位传教"外交家"。

叙利亚首都大马士革，最古老的城市之一。大马士革虽然地处沙漠，但水源充足，也是通往黎巴嫩山脉的唯一捷径。

知识链接：大马士革

位于叙利亚西南部克辛山麓，约建于公元前2000年，世界上最古老的城市之一。“大马士革”本意为“手工作坊”，表明它曾是繁荣的手工业区。伊斯兰世界将之看作第四圣城和“天国里的城市”。阿拉伯古书中写道：“人间若有天堂，大马士革必在其中；天堂若在天空，大马士革必与它齐名。”数千年来，大马士革一直是东西方强国角逐的中心。如今的它是叙利亚的首都。

传教路上的伟大使者及其思想成就

保罗传教活动的范围很广，涵盖了小亚细亚、希腊、叙利亚和巴勒斯坦等地。保罗传教对象多元，从底层人士到上层人士都有涉及。但他对犹太人的传教往往不成功，当地犹太教民仇视他，甚至威胁他的生命。保罗的三次传教使得基督教的范围得到极大拓展。第一次布道是公元46—48年。他和另一个布道者巴拿巴乘船到达塞浦路斯、佩尔吉都成功布道，但到皮西迪亚的安条克，遭到城内犹太人的攻击。公元50—52年，保罗开始第二次布道，主要向希腊传教，之后经过小亚细亚来到特罗亚，后又坐船到达马其顿。第三次是公元54—57年。保罗再次回到以弗所待了三年，并以此为中心巩固各地教会，使以弗所成为当时小亚细亚最大的布道中心。经过保罗的不懈努力，基督教的范围扩展到地中海一带，他常常与教职人员互通书信相互勉励，以加强基督世界的团结。不过，在传教过程中，保罗对基督教的阐释与彼得已经产生分歧，而且，保罗派由于与统治阶层的合作日益紧密而逐渐居于上风并取得主导地位。

以弗所罗马古建筑位于土耳其境内，建成于1—5世纪，古罗马城市遗迹中保存最大最完整的一座古城。

除传教活动外，保罗还有以下两个重要贡献。首先，保罗在非基督世界里解决了“信基督还是信律法”的理论问题，使得人民从律法中解脱出来，使基督教在犹太世界里广泛传播。其次，他把耶稣从犹太人的弥赛亚提高到神的高度，耶稣是上帝的独子。正因为如此，基督教成为一种世界宗教。自那时起，保罗的耶稣神性和唯有信仰才能获得释罪的思想一直是基督教思想的基础。保罗去世后，他的作品构成了《圣经·新约》中半数以上的内容。后来，包括奥古斯丁、阿奎纳、路德和加尔文在内的所有基督教神学家，都受到他的著作的影响。

基督教的经典之作
《圣经·新约》

《圣经·新约》虽主要反映了保罗派的观点，但又是它与彼得派进行斗争和相互让步的产物。

《圣经·新约》是与《圣经·旧约》相对的基督教的经典之作，它比《圣经·旧约》的成书时间晚而且行文短，内容构成也相对简单。不过，《圣经·新约》产生之后，对基督教的发展和传播产生了深远的影响。

知识链接：十二门徒

这里的十二门徒即耶稣在传业布道过程中的十二个助手兼门徒。他们分别是彼得、安德烈（曾带希腊人见耶稣，在希腊殉道）、雅各、约翰、腓力、巴多罗买、多马（传说在印度传福音）、马太（《马太福音》作者）、小雅各布、达太（在亚美尼亚传教）、西门、犹大（出卖耶稣的门徒）。达·芬奇的名作《最后的晚餐》展示了耶稣和他十二个门徒共进晚餐的场景。

使徒思想的转变

随着基督教的传播，其教义也随之改变。据说耶稣死后，他的十二门徒仍坚持传教。不过由于传播范围的扩大和基督教徒的增多，其内部日渐产生了分歧。总的来看，当时有两个派系的影响力最大：一个是以彼得为首的犹太基督教徒，另一个是以保罗为首的“外邦人”，也就是非犹太人的基督徒。两个派别在阐释原始基督教的教义上面互不相让，最后以保罗派的取胜而告终。自此，保罗派控制了基督教教会在各地的组织，成为正统。在保罗派的基督徒中，有许多中产阶级甚至显贵富豪。

其后，保罗派改造了基督教的原始教义，并编纂出《圣经·新约》。《圣经·新约》主要吸收了希腊罗马庸俗哲学特别是斐洛学说和新斯多葛派的伦理思想。具体而言，他们将斐洛学说中的逻各斯观念和救世主的思想相结合，演变为圣父、圣子和圣灵三位一体。与此同时，他们还将新斯多葛哲学中的“神恩”和克制服从的观念接受过来，让其“加入”到新的基督教思想中。不过，保罗派为了吸引下层群众的加入，又对彼得派有些妥协。因此，可以说，虽然《圣经·新约》主要反映的是保罗派的观点，但又是它与彼得派进行斗

耶稣十二门徒。据《圣经》福音书记载，耶稣从众门徒中挑选了十二门徒，他们分别是彼得、安德烈、雅各、约翰、腓力、巴多罗买、多马、马太、小雅各布、达太、西门、犹大。

位于维也纳瘟疫纪念碑上的“圣三位一体”像。“圣三位一体”源于保罗编纂的《圣经·新约》，即圣父、圣子、圣灵三位一体，虽有唯一神，但有三个位格。

知识链接：《圣经·旧约》

又称《希伯来圣经》或《塔纳赫》，是犹太教经书的主要部分，也是基督教《圣经》的前半组成部分。《圣经·旧约》实际上是一部有关犹太人早期生活的百科全书，其主要内容是律法，另还有一些诗歌和语言。全书共39卷，其中包括经律书、历史书、诗文智慧书和先知书四部分。其中最早成书的是经律书，即《摩西五经》。

争和相互让步的产物。

《圣经·新约》的构成

《圣经·新约》最初用希腊文写成，成稿于1世纪，后又经过不断完善和将其翻译为拉丁文，直至4世纪正式成书。《圣经·新约》共27卷，包括启示录、使徒书信、福音书、使徒行传四个部分。

书中较早成书的是启示录，大约写于1世纪的后半期。作品以预言的形式反映了原始基督教早期的主张。时人主张人人平等，仇视罗马统治，反对奴隶制。福音书有四部分，是《圣经·新约》的前四卷，包括《马太福音》《马可福音》《路加福音》以及《约翰福音》。“福音”就是好消息的意思。福音书主要介绍了耶稣生前的重要事迹，主要有：耶稣就是救世主，建立教会、制定教义和传教活动，为拯救世人而做出牺牲被钉死在十字架上，复活升天，世界末日将要来临。使徒书信即历史书，从《罗马书》开始，一直到《犹太书》结束，共有21篇。基督教的传统观点认为，本部分的前14封为保罗所写书信。使徒行传据说为路加所著，成书较《路加福音》略晚，是它的续编。该部分主要记述了彼得和保罗当时的传教情况，在一定程度上调和了彼得派与保罗派之间的分歧。因此，使徒行传有助于后世学者了解基督教教会早期的发展情况。

《圣经·新约》的影响非常之大。直至今日，《圣经·新约》仍是与《圣经·旧约》相对的基督教世界里认同的经典。

基督徒将耶稣基督想象为一个牧羊人，这幅画出自一个早期基督徒被埋葬的地下墓穴。

基督教护教者

殉道者查士丁

纵然被刀剑所杀、被钉十字架、被丢给野兽、被锁链捆绑、被火焚烧，被其他各种酷刑折磨，我们仍不放弃信仰……相反，我们越是被逼迫殉道，越多的人因着耶稣的名成为信徒和敬畏神的人。

——查士丁

殉道者查士丁认为只有基督教才是真正的哲学，一生都在为基督教辩护，著有《第一辩护》《第二辩护》《与特里弗的对话》。165 年，为了信仰在罗马被斩首。

殉道者查士丁作为一名护教者，无疑是基督教神学史上非常重要的人物。查士丁对神的认识非常深刻。他关于基督教神学的阐释，对后世基督教思想家的影响非常深远。

改信基督教

1 世纪时，基督教在罗马帝国发展迅速，引起当时的君主和一些思想家的注意，却遭到了当时民众和罗马政府的怨恨和不满。他们认为基督教是宗教的异端，处处迫害基督徒。

查士丁（Justin，约 100—165 年）出生在巴勒斯坦地区撒玛利亚的示剑（纳布卢斯）。这个新城居住着许多犹太信徒，也有基督教和其他一些小的宗教派别。查士丁认为，只有基督教才是真正的哲学。他一生都在为基督教辩护，对基督教哲学的发展有重要影响。162 年，查士丁在罗马作为一名基督教殉道者被政府当局处死。

由于家境良好，查士丁从小就受到先进的希腊化教育，立志当一名哲学家，对他影响较深的是柏拉图主义哲学。后来，查士丁改信基督教。皈依基督教后，查士丁开始参与基督教的社团活动，在教会学习福音书和早期基督文化。从那以后他开始致力于基督教的传播事业，立志成为一名像保罗一样的巡回教士。但他还是像以前那样，穿着那身希腊哲学家的袍子，所以查士丁被称为是基督教的希腊哲学家。

为基督教辩护

查士丁曾写了三篇文章为基督教辩护。首先是《第一辩护》（*First Apology*）。这是写给皇帝庇护的一封书信。在信中，查士丁激愤地谴责了罗马政府不分青红皂白地压迫和迫害基督徒的罪恶行径，要求给予基督教徒公正对待。他还反驳了与基督教有关的流言，证明基督教徒是崇拜基督的善良公民。不仅如此，查士丁还证明，柏拉图（皇帝最爱的哲

查士丁的《第二辩护》封面。查士丁 160 年写给罗马元老院的护教词，控诉了罗马政府对基督教的不公。

知识链接：德尔图良

德尔图良（Tertullianus，150—230 年）是继查士丁之后的又一位罗马教父哲学代表人物。他最早提出了宗教信仰自由。197 年，他写作《护教篇》呼吁罗马当局给予基督教合法地位。207 年，他因不满教会纪律松弛转入异端孟他努派，传播世界末日即将来临。德尔图良一生著作颇丰，共有 38 部作品，除《护教篇》外，还有《论异端无权成立》《论灵魂》《论基督的肉体》等。

学家）也受惠于摩西。因此，他希望皇帝不要没有缘由地迫害基督徒，而应尊重他们。

《第二辩护》（*Second Apology*）是他于 160 年写给元老院的护教辞，这篇护教辞的措辞更加严厉，主要控诉了罗马政府对基督教的不公。查士丁作为基督教的护教者，总是有理有据地证明罗马政府迫害基督徒是因为他们的无知和偏见，而且，神完全是因为基督徒的缘故，才没有将这个世界立即毁灭。在结论中，他明确宣称：基督徒“根据合情合理的判断，我们的教义并不是可耻的，而且实际上比所有的人类哲学更崇高”。

查士丁的第三篇作品是《与特里弗的对话》（*Dialogue with Trypho the Jew*）。

这篇作品是查士丁关于他归信柏拉图主义并最后归信基督教的过程，以及他认为道成肉身与一神论符合的神学解释。

在查士丁的著作中，探讨最多的就是“基督是神的逻各斯（规律、理性）之观念”。查士丁指出，该观念源于希腊与希伯来的思想，是理解基督教福音奥秘的观念。这里的逻各斯，是第二位的神，他在耶稣基督里道成肉身。即是说，身为宇宙逻各斯的基督，比身为儿子的耶稣先存在，它是所有真、善、美的源头。为解释清楚，查士丁以火作类比，解释逻各斯与灵和神的关系。他告诉特里弗，逻各斯从父而出的诞生，绝对不会削弱父。原因在于，就如火从火中点燃一样：“可以点燃众火的火源，并不会因为点火减弱，而会保持原样。”就这样，查士丁通过建立逻各斯基督论的基督教传统，取代了圣灵基督论，并向三位一体的基督论迈进了一步。

图为三位一体雕塑

基督教获得合法地位
《米兰敕令》

《米兰敕令》的颁布不仅改写了西方文明史的前进方向，还成就了西方的精神世界。

《米兰敕令》颁布之前，基督教处处受限；《米兰敕令》颁布之后，基督教迅速发展，逐渐在宗教史甚至文明史上处于唯我独尊的地位。可以说，没有《米兰敕令》的颁布，西方中世纪的历史就会被改写。

现实所迫和基督显灵

由于罗马人的多神信仰以及基督教教徒对罗马当局强烈的反抗意识，基督教在早期曾受到罗马当局的残酷镇压。如在戴克里先时代，基督教遭到自称罗马旧神朱庇特之子的克劳狄皇帝的疯狂压制。但随着基督教的发展，基督教教义慢慢倾向于顺从统治阶级，基督教教会日益向帝国政府靠拢，争取帝国政权的谅解和支持。而且，君士坦丁大帝时期，基督教内部强大的凝聚力和组织能力日益突出，这种力量对于罗马的统治有着重要的作用。

克劳狄皇帝的雕像，他被塑造成神祇朱庇特。

罗马的君士坦丁凯旋门，是为庆祝君士坦丁皇帝战胜他的对手马克森提乌斯所建造。

关于《米兰敕令》的颁布，还有一个神奇的传说。据说，312 年，罗马帝国皇帝君士坦丁大帝发起征服马克森提乌斯的战争，双方在罗马附近的米尔维安大桥进行最后战斗。就在战斗前夕，天降异象，骑在马上的君士坦丁大帝突然看到了天空中闪耀着十字架图形的火舌，就在此时队伍中传来一阵声音说：“啊，这是你胜利的迹象。”于是当天夜里他便下令工匠用纯金打造旗帜，士兵的盾牌上也涂上十字架。在这场战争中，罗马士兵英勇奋战，敌人溃不成军，最后马克森提乌斯落入水中被淹死，君士坦丁大帝获得胜利。君士坦丁大帝冥冥之中感觉到，这场战争取得胜利，肯定是有救世主的帮助。从此以后，君士坦丁大帝成为一名基督徒，十字架也成为基督教的圣物。

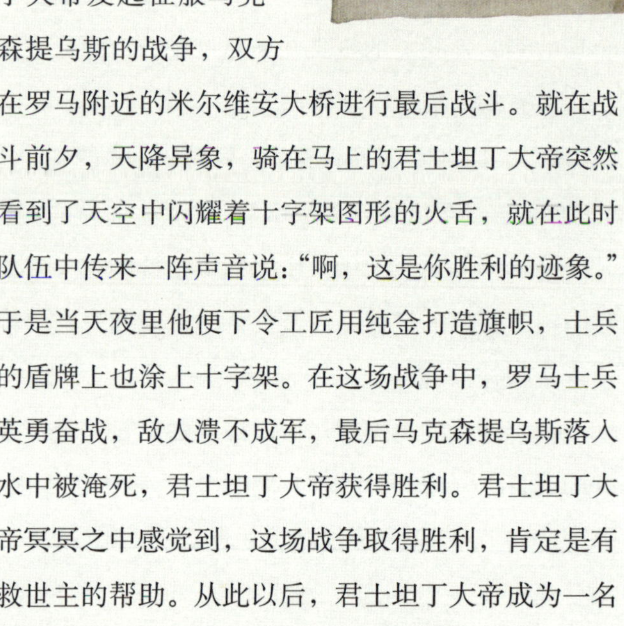

公元 66 年，犹太行省发生叛乱，提图斯与父亲韦帕芗一同前往镇压。公元 71 年，他们成功镇压此次叛乱。罗马人民为父子俩举行凯旋仪式，庆祝这一胜利。

知识链接：尼西亚大会

323 年，君士坦丁在尼西亚召集 318 名主教举行“全世界大会”——尼西亚大会。大会制定了基督徒必须遵奉的“尼西亚信条”：圣子基督永恒，与圣父、圣灵同体，三位一体派为正统，革除阿里乌斯派教籍并予以放逐。经过尼西亚大会，基督教已具有统一的教义和组织，完全蜕化为奴隶主阶级进行统治的工具。尼西亚大会标志着原始基督教质变的最后完成。

《米兰敕令》的颁布

意识到当时的现实环境以及“救世主的帮助”，君士坦丁大帝联合西部的李锡尼于 313 年共同颁布了《米兰敕令》。

《米兰敕令》的主要内容有：所有人都享有信奉宗教的自由；罗马神庙和它的祭司、大祭司都维持旧制，皇帝还保留大祭司长的尊号；凡先前没收的基督徒的集会场所和教会财产一概归还。敕令正式承认基督教可以与其他多种宗教共同存在，基督教也拥有合法地位。与此同时，这道敕令还承认基督教可拥有合法的财产，允诺归还之前被罗马帝国没收的基督教教堂和财产。

《米兰敕令》的颁布是基督教会史上的里程碑，它标志着罗马帝国的统治者对基督教从镇压和宽容相结合的政策转为保护和利用的政策，从被迫害的“地下宗教”成为被承认的宗教，而基督教也开始了与帝国政府的政权合流，为奴隶主统治阶级服务。从此，基督教在罗马帝国的地位日益重要，逐渐成为罗马帝国内部一支不可忽视的政治力量。《米兰敕令》颁布后，基督教虽然没有成为国教，但君士坦丁制定的法律和政策有力地促进了基督教的发展，赋予基督教教会和教徒诸多特权。例如教会有权接受遗产和捐赠，基督教徒有免交赋税和徭役的权利。与此同时，君士坦丁还修建了许多教堂，比如耶路撒冷教堂。而且，君士坦丁还召集进行了尼西亚大会。

392 年，最后一位统治统一罗马帝国的皇帝狄奥多西一世颁布法令，关闭所有异教庙宇，禁止献祭活动。后来，人们通常以 392 年作为罗马基督教国教之年。狄奥多西一世的这一法令为基督教以后的发展提供了非常有利的条件。其后，基督教日渐显现出它的排他性，制约着其他宗教派别的发展。

第 222—223 页：君士坦丁凯旋门

它是为庆祝君士坦丁大帝于 312 年彻底战胜他的强敌马克森提乌斯，并统一帝国而建的。建于 315 年，是罗马三座凯旋门中建造最晚的一座，因此集合了众多不同时代的罗马雕塑，平衡了众多的雕塑风格，在静态中展现了自己的恢宏气势。据说当年，拿破仑·波拿巴来到罗马，见到了这座凯旋门，大为赞赏，而这座凯旋门也成为法国巴黎凯旋门的蓝本。

IMP CAES FL C
P F AVGVS
MAGNITVDI
TAM DE TYRA
FACTIONE V
REM PVBLIC
ARCVM TRIVM
VOTIS X

VOTIS X

译经大师

圣经学者哲罗姆

哲罗姆是一位不可企及的天才，在他的时代，他是最为出色的学者。

哲罗姆一生致力于神学和《圣经》研究，翻译了大量基督教著作，其中包括将希腊语《圣经》译成拉丁文版，即《通俗拉丁文本圣经》。

哲罗姆在《约伯记》前言中说道："整部书都有间接的和难以把握的内容，甚至希伯来原文也有这种情况。再加上讲述者用的是希腊语，在运用语言时更为复杂，常常会出现说着一件事却表达着另一件事的情况。就像你手中攥着一条鳗鱼，越是攥得紧，它溜得越快。"

时势所需

哲罗姆（Jerome，约340—420年）是罗马帝国后期的基督教圣经学家、拉丁教父。哲罗姆生于罗马帝国达尔马提亚（今斯洛文尼亚），父母都是虔诚的基督徒。他在年轻时曾求学于罗马，学习希腊文和希伯来文，研究罗马经典著作。366年，他受洗成为一名基督徒。

早在公元前285—前249年，72名犹太学者就将希伯来语的《圣经·旧约》翻译为希腊语的《七十士译本》（*Septuagint*，又称《七十子希腊文本圣经》）。到4世纪，大多数基督徒仍在阅读希腊语《圣经》。但是，此时的拉丁文不仅成为罗马帝国的官方语言，还在罗马帝国境内被普遍使用，因此急需一部优秀的拉丁文《圣经》译本。虽然当时也出现了一些拉丁文《圣经》译本，但都相当粗略。

哲罗姆不仅读万卷书，还行万里路。366—370年间，哲罗姆遍游周围城市，当他到达安提阿城的时候，生了一场大病。有一天，在一场恍惚的梦境

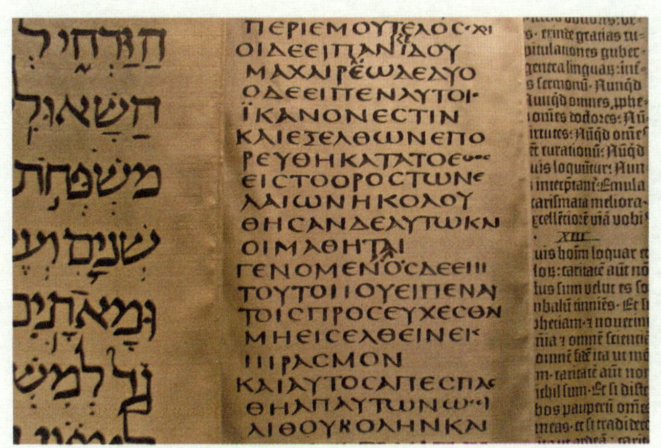

《七十士译本》是《希伯来圣经》最早的希腊文译本。公元前3世纪开始至公元前150年完成，其中托勒密二世网罗72位犹太学者完成了《律法书》，故称《七十士译本》。由于该译本最先被不熟悉希伯来文的亚历山大的犹太人使用，故亦称“亚历山大本”。1世纪流传于巴勒斯坦。基督教最初使用的《圣经·旧约》即此译本，现为希腊正教会的通行本。

中，哲罗姆梦到自己到了上帝的审判台前。当他称自己为基督徒时，一个人说：“你说谎。你只是一个古文学家，不是基督徒，因为你的财宝在那，你的心也在那！”哲罗姆认为这是神的启示，于是很快献身《圣经》研究。377年，在两年的沙漠苦修之后，他在安提阿被按立为神父。

翻译《圣经》

382年或383年，哲罗姆返回罗马，成为教皇达马苏斯一世的私人秘书，并被委派修订当时的《圣经》拉丁文译本。

哲罗姆对希腊语原文《圣经》研究之后，以一部古老的拉丁文译本为基础，修正了其中与希伯来语《圣经》和希腊语《七十士译本》相悖的内容，很快翻译出了四部福音书。从385年起，哲罗姆历经十年，大约在405年，终于完成了《圣经》的翻译，即《通俗拉丁文本圣经》。

在此期间，哲罗姆继续翻译《诗篇》第二稿，将各种不同的希伯来经文和希腊语译本整理成按六栏排版的研读本《圣经》，使译文更加精确。虽然哲罗姆又译了第三稿《诗篇》，但后来《通俗拉丁文本圣经》中所采用的仍是第二稿。随后，哲罗姆在《七十士译本》的基础上，开始翻译《约伯记》，还有被认为出自所罗门的《三卷书》和《历代志》。接着，哲罗姆迈出了大胆的一步。他抛开一直被基督徒看作是神圣《圣经·旧约》且地位高于希伯来语原文《圣经》的《七十士译本》，而是直接根据《希伯来圣经》翻译剩余的旧约书卷。对于那些未被《希伯来圣经》接受但却收录在《七十士译本》中的内容，哲罗姆在对它们进行一番研究之后，认为这些内容是不正确的甚至是荒谬的。这些内容也被他翻译了一部分，但他并未将其列入《圣经·旧约》正典，而且，还在引言中将其列为次经。这一作为也是非常大胆的。因为长久以来，很多基督徒已经将这些内容视为经书中的一部分。

通俗拉丁文本是当时可以得到的最好的译本，它后来很快就成为罗马天主教所承认的唯一译本，一直使用了1500多年。

图为1591年版的拉丁文本圣经，最早成书于5世纪，称《通俗拉丁文本圣经》，又称《武加大译本》，由哲罗姆从希腊文原文翻译而成，被认为是当时最好的译本，备受后世的青睐。

奥古斯丁的《上帝之城》

神权论与双城论

没有人能够拉他的希望去生活，除非他是幸福的，也没有人是幸福的，除非他是公义的。

——奥古斯丁

奥古斯丁（Saint Aurelius Augustinus，354—430年）是罗马帝国晚期著名的基督教思想家和教父哲学代表人物之一，他在晚年写成的《上帝之城》是其代表作品。奥古斯丁去世后，他被封为圣人和圣师。

知识链接：摩尼教

古代波斯萨珊王朝时兴起的一种世界性宗教。3世纪中叶由波斯人摩尼所创，吸收了同时期的琐罗亚斯德教（袄教）、基督教、佛教的教义。摩尼教的教义是二宗三际论，二宗是世界上的两个本原即光明和黑暗，善与恶；三际是世界发展的三个过程，即过去、现在和将来。摩尼教曾广泛传播。唐朝时传入中国，明朝时经过本土化成为明教。

改信基督教

奥古斯丁，亦称圣·奥古斯丁。他出生于罗马帝国北非努米底亚省的塔加斯特镇（现位于阿尔及利亚），父亲是普通市民，母亲是基督教教徒。奥古斯丁幼年在本地读书，后至马都拉和迦太基攻读文法和雄辩术。奥古斯丁年轻时，信仰摩尼教。

384年，他到了罗马，先是担任米兰城雄辩术的教授，后受到该城基督教教主安布罗西乌斯的影响，经过一次剧烈的思想斗争，于386年秋正式脱离摩尼教，决定信奉基督教。于是辞去教职，准备献身教会。

奥古斯丁主要著作有《论三位一体》《忏悔录》《上帝之城》等，其中《上帝之城》最负盛名。

387年，奥古斯丁由安布罗西乌斯施洗，到非洲隐居于塔加斯特的一所修道院。391年，奥古斯丁在希波升任神甫。395年，希波主教去世，他被推荐为希波主教。自此，奥古斯丁开始他在教会中的一系列活动，成为当时基督教学界的中心人物。奥古斯丁忙碌一生，于430年在希波去世。这一年，正是汪达尔人围攻希波之时。奥古斯丁一生著作颇丰，著有《论三位一体》《论自由意志》《论美与适合》《忏悔录》《上帝之城》等，其中，《上帝之城》最具代表性。

因奥古斯丁曾任北非城市希波的主教，故史称希波的奥古斯丁，图为奥古斯丁在希波的宗教生活场景。

《上帝之城》的问世

《上帝之城》是奥古斯丁耗费 13 年写成的，其中心思想便是论证神为万物之源，神高于一切，国家应服从教会。

奥古斯丁为什么要写作《上帝之城》呢？原因在于：基督教在 4 世纪被定为罗马国教之后，罗马城就被涂上神圣色彩，教会被认为是救治人类的分裂和堕落的工具。410 年，哥特人洗劫了作为罗马帝国首都和基督教圣地的罗马城，这一事件打破了二元关系的稳定。许多人把罗马的陷落归咎于他们的原始信仰被弃，才导致了如此恶果，乘机反对基督教。基督徒觉得他们的信仰已在罗马兴旺，并成为官方信仰，上帝应该会特别喜欢和保护这座城市才是。作为主教的奥古斯丁，这一事件要求他重新思考圣俗关系的问题，重新评价罗马的历史地位，《上帝之城》由此诞生。

《上帝之城》通过驳斥异教徒对基督教的不公和非难，对基督教的主要教义和奥古斯丁自己的思想做了系统阐释。奥古斯丁指出，罗马城被攻陷，与基督教没有任何关系，主要是罗马人自身造成了如今的凄凉局面。除此之外，奥古斯丁还对教会的发展过程做了比较详细的论述，从而奠定了基督教神学史观的基本范式。

神权论

奥古斯丁指出，上帝是真理的化身，每个人都在追求真理这个目标，但真理不属于个人所有，而属于共同人所有。共有的东西当然不能在个人中存在，只有超越一切人而存在，这个存在便是上帝。上帝不能通过人的认识或理性来捕捉，人们要想获得真理，就必须信仰上帝，只有先信仰，然后才能获得对真理的认识和理解。

同时，奥古斯丁提出原罪救赎说，认为人被上帝逐出伊甸园，皆因为每个人本身都身负原罪，因而，人在尘世之中遭到奴役。在原罪论的基础上，奥氏又提出了预定论和恩典说。预定论指出，

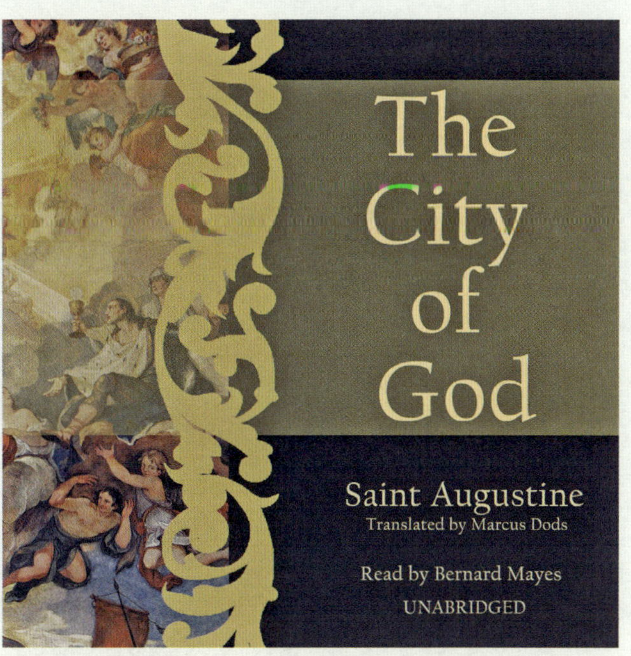

《上帝之城》书影。分上下两卷，主要论证了罗马城被攻陷与基督教无关，认为神高于一切，国家应服从教会，奠定了基督教神学的基本范式。

奴隶主是上帝预定要得救的，而奴隶则是上帝预定要受苦难的。他虽然承认人的本性应该是平等的，但上帝并没有挑选奴隶来进行救赎，“乃由于他的罪孽而成为奴隶”，“奴隶身份”是“犯罪应得的报应”，除忍受苦难外，别无出路。而奴隶主由于是被上帝挑选得救的，因此才会赐予他奴隶主这一身份。奥古斯丁希望通过这些理论让现世的人们放弃质疑，学会顺从，真心信仰上帝才能得到救赎。

知识链接：《忏悔录》

《忏悔录》是奥古斯丁以祈祷自传手法所写的悔改故事，当中描写他在早期归信时的内心挣扎及转变经历。现摘录几句：诚信即是智慧；我败坏而罪恶的青年时代已经死去，我正在走上壮年时代，我年龄愈大，我思想的空虚愈显得可耻；无论什么境况，我都能知足，我知道如何处宽裕，我也知道如何处贫困，我依靠所加给我力量的天主，所以能应付一切。

双城论

奥古斯丁政治哲学中最突出的一点，是他对“上帝之城”和“世俗之城”做出了区分。根据他的解释，两个城之所以产生分野，是因为亚当和夏娃违背了上帝之命偷吃禁果而犯下罪行。但是，当我们将双城论的理论运用到现实生活中时，两城之间的分野就不存在了，而是合二为一。奥古斯丁通过改造基督教伦理与帝国伦理，让前者代表上帝之城，让后者代表世俗之城。由于前者是超越帝国之上的彼岸世界，因此人们首先要服从帝国伦理，接受帝国的统治，才能接受基督教的信仰，由此从此世的世俗之城到达来生的上帝之城。通过这种方式的区分，奥古斯丁将教会伦理与帝国伦理之间的冲突化解了，罗马帝国的绊脚石不再是基督教，而到达上帝之城的主要途径是让帝国重新恢复原有良好的统治秩序。

玛索艾阿芬艾的祭坛，是由三位为一组的大地女神所构成，来自罗马日耳曼地区。

奥古斯丁指出，各不相同的爱因是区分上帝之城和世俗之城的主要标准，由只爱自己甚至连上帝也轻蔑的爱，构成地上之城；由爱上帝发展到连自己也轻蔑的爱，构成上帝之城。由于教会是救赎、拯救世人的场所，是已经实现的“千年王国”，所以，教会的权力必须大于国家的权力，世俗国家是上帝实现自己拯救计划的工具。他力图使教会从国家的控制下独立出来，要求世俗政府为教会的神圣使命服务，并宣布，世俗皇帝的首要任务是替教会服务，保护它的教规和消灭异端。由此可见，奥古斯丁并没有否认世俗政权的存在，教会权威和世俗权威是共存的，上帝之城的存在并不是要取代世俗之城。具有双重公民身份的人，既要按世俗规则过

据说有一次，奥古斯丁穿着圣公会长袍，戴着头巾，思索着三位一体的问题，突然看到一个小男孩在大海和游泳池间来回奔跑，奥古斯丁问他："你在干什么？"男孩答道："你看不出来吗？我把大海倒进池子里！"奥古斯丁反驳道："可是你做不到！""在你解开三位一体之谜之前，我就会把海水倒进这个池子里。"说完后那个男孩就消失了，只留下奥古斯丁和三位一体的谜题。

世俗生活，还要以"上帝之城"的公民身份来补充和完善它，使它超越世俗利益，从而达到更崇高的目的。由此完成教会权威高于世俗权威的合法论证。但需要指出的是，奥古斯丁虽然对教权和王权进行了划分与限定，但并没有因此完全排斥世俗权力存在的必要性，而且还给予了一定程度的独立性。

奥古斯丁虽化解了帝国伦理与教会伦理的冲突，但也扭转了帝国公民的伦理道德。自此以后，罗马帝国公民日渐从向外追求世俗生活的荣华富贵转向追求基督超越性的伦理，因此，罗马帝国也加速了它的衰亡步伐。在奥古斯丁的晚年，汪达尔人对罗马的入侵，正好说明基督教伦理对罗马帝国的腐蚀性作用。

在基督教思想史上，《上帝之城》具有里程碑式的意义，它奠定了基督教哲学的基础，有些学者甚至认为，西方的基督教神学是对《上帝之城》的一系列注脚。作为后来成为中世纪重要意识形态的"教父哲学"的最高权威，奥古斯丁对早期粗糙的基督教教义进行了系统的理论加工，引进、继承和修正了古典西方哲学思想，尤其是柏拉图主义的哲学对奥古斯丁解决思想问题起了重要作用，进而创立了另一种政治思想史上颇有特色的神学政治观，并以其博大精深、包罗万象的神学思想成为中世纪最伟大的思想家之一。他的基督教思想，在13世纪亚里士多德主义兴起以前，更是支配着整个西方社会。

“狮子”教皇
利奥一世

利奥一世就任罗马主教期间，加快了罗马教廷的建设，使罗马主教初步具备了教皇实权。

早在5世纪初，罗马主教英诺森一世担任罗马教皇时，就主张罗马主教拥有普遍管辖权。利奥一世任罗马基督教教会教宗共二十余载，为罗马教廷作出了重大贡献，是罗马教会第一位杰出的教皇。

提出教皇权力理论

利奥一世（Leo I，440—461年在位），于400年前后出生于意大利的托斯卡纳区。利奥一世的教名为“Leo”，拉丁语意为“狮子”。

利奥一世是个智谋双全又有修养的人，早在青年时代便参加了罗马的政治活动。约在430年，利奥一世成为罗马教会执事。十年后也就是440年9月29日，利奥一世成为罗马主教。继任主教后，利奥一世努力维护基督教的教义和习俗，残酷镇压

利奥一世在位期间努力维护基督教的教义和习俗，残酷镇压摩尼教等异端，制定了教皇权力理论，还数次捍卫罗马主教权，从蛮族手中解救“永恒之城”罗马。

摩尼教，将其首领送交罗马法庭审判，还焚毁有关摩尼教的书籍，积极同异端作斗争。同时，他还挫败了阿尔创建独立的高卢主教区的图谋，并在西班牙和北非行使宗教上的权力。

445年，利奥一世趁西罗马帝国皇帝瓦伦提尼安三世急切盼望得到教会支持的时机，怂恿瓦伦提尼安三世发布诏令，授予罗马主教有制定全教会法律的特权；罗马主教传召各个教区的主教的命令，不得违抗，若有违反者，由所在地区总督强制押送罗马。利奥一世自此号称教皇。这一诏令为罗马主教攫取教会最高领导权提供了法律依据。

因此，利奥一世的突出贡献是制定了教皇权力理论，把使徒彼得确立为耶稣基督在尘世的代表。罗马主教既然是彼得的直接继承者，也就享有这位使徒的一切特权，于是罗马主教成为教会的最高统治者——教皇，而君士坦丁堡的教会不能僭取这一权力。事实上，西罗马帝国末期，罗马主教已经充当了西罗马帝国的行政代理人，他们维持奴隶主统治的秩序，负责城市修建，给雇佣兵发饷，组织对外敌的抵御及媾和等。罗马主教利奥一世就是在这种背景下自诩为罗马教皇的。

捍卫罗马主教权和解救“永恒之城”

450年，东罗马皇帝狄奥多西二世逝世，其妹夫马尔西安（Marcian，450—457年在位）继承帝位。为争取到东派教会的支持，拒绝利奥一世提出的在意大利境内召开宗教会议的主张，马尔西安于

451 年，东罗马帝国皇帝马尔西安在小亚细亚查尔西顿召开主教公会议，会议宣布西罗马教皇利奥一世的“道成肉身”论述，但制定出对西罗马教派不利的法规，遭到利奥一世的反对，东、西方教派的矛盾继续存在。图为 1951 年发行的纪念查尔西顿主教公会议 1500 年的邮票。

知识链接：罗马教皇

教皇是全世界天主教会的最高首脑。拉丁文写作“papa”，其含义与读音都是“爸爸”。在罗马帝国时代，“papa”一词是基督教徒对主教和一般神职人员的尊称，并无专门含义。当时，君士坦丁堡、安条克、迦太基、亚历山大里亚各城市的主教，同罗马主教的地位与权力类同，都称为“papa”。

451 年在小亚细亚的查尔西顿召开主教公会议（又称第四次普世会议）。会议谴责了阿利乌派及其基督一性的主张，宣布利奥一世的“道成肉身”的论述，即基督的神性与人性同样完整存在的见解乃是真理。这样一来，利奥一世的观点被突出和肯定。但与此同时，这次会议制定的法规，却对西派教会不利。按照法规的第 28 条的规定，君士坦丁堡教区主教在宗教事务上同罗马主教具有同等权力。针对这一条，利奥一世当即表示坚决抗议。查尔西顿主教公会议在充满矛盾的气氛中结束，东、西方教派的矛盾并未解决。

452 年，“上帝之鞭”阿提拉率军攻入意大利，焚毁了阿奎莱亚、帕维亚和米兰等城市，进逼罗马。面对这种情况，利奥一世以罗马城保卫者的身份进行了大量赢得民心的活动，并率领使团赴曼图亚求和，劝说其不要进攻罗马，而应退回匈牙利，终于使“永恒之城”罗马一度得到拯救。455 年 6 月 2 日，罗马城被汪达尔人侵占和洗劫。利奥一世冒险前往劝说汪达尔人的领袖该萨利克，晓以利害。利奥一世的所作所为将蛮族对罗马城的伤害减到最小，受到天主教会和信徒们的普遍称赞，为罗马主教赢得了极高的声誉。

圣保罗雕像，位于圣城梵蒂冈圣彼得广场的右边，栩栩如生。圣保罗是十三门徒之一，外邦人使徒，原名扫罗，信主后改名为保罗，一生中至少进行了三次漫长的宣教之旅，足迹遍及小亚细亚、希腊、意大利等地。

立古代世界之巅峰，启近代法律之文明

德国法学家耶林曾经形象地说过："罗马曾三次征服世界：第一次以武力；第二次以宗教；第三次则以法律。而这第三次也许是其中最为平和、最为持久的一次征服。"的确，古罗马人曾经制定了相当完整健全的法律，并拥有十分发达的法学理论，对后世尤其是近代文明产生了极大的影响。

王政时代，罗马已经有了习惯法。公元前449年，罗马共和国颁布了《十二铜表法》。

约在公元前3世纪后期，罗马法学正式产生。至共和时代后期，出现了一些著名的法学家。其中，西塞罗的贡献最大。他将哲学的自然法发展为法学的自然法。

罗马帝国前期取得了非常辉煌的法学成就。自屋大维统治时起，罗马法学家就拥有公开解释法律的特权，倘若各位法学家的解释一致，即已具备了法律效力。从1世纪开始，罗马法学家纷纷著书立说，推动了罗马法的发展。2—3世纪，罗马出现了盖尤斯、帕比尼安、乌尔比安、保罗和孟代斯梯安五大著名法学家，其中尤以盖尤斯最为著名，他撰写的《法学阶梯》影响深远。

6世纪时，为总结古罗马的统治经验，拜占庭帝国查士丁尼大帝则在前述罗马法成就的基础上进行全面的整理和编纂，形成了《罗马民法大全》。

罗马奴隶制社会的产物

古代罗马法的发展

罗马是整个古典时代少见的拥有完备法系和法学思想的国家，它所流传下来的大量法律文献对近代西方法律的影响至深。

罗马法一般指罗马奴隶制社会逐步形成时期法律制度的总称。随着古代罗马奴隶制社会的孕育、发展、成熟和扩张，罗马法也经历了相应的发展阶段。

罗马法的初创和迅速发展

从公元前 753 年到 3 世纪戴克里先建立君主专制是罗马法的初创和迅速发展时期。这一时期可以分为三个阶段。

第一阶段为初始时期或者说奎里蒂法时期。该时期从公元前 753 年罗马城建立至公元前 367 年《李锡尼和绥克斯图法案》的颁布。这一时期法的主要表现形式是各民族或居民共同体相互联盟时达成的协议、民众会议作出的决议、大量不成文的民间习俗以及后来的《十二铜表法》。

第二阶段为共和时期或前古典法时期。该时期始于公元前 4 世纪，延伸至公元前 27 年屋大维被授予“罗马的君主”和“奥古斯都”称号。该称号的授予是共和国的罗马宪制向君主制转折的重要标志。三次布匿战争以及多次对外战争使罗马从一个蕞尔小邦且以农业为主的社会，迅速发展成为一个东起小亚细亚、西抵大西洋沿岸且商贸经济在国家中比例日益上升的大帝国。与此相应，罗马建立起一套分工严密的国家机器，包括层次分明的执法官体系、担负着立法职能的元老院和平民议会，并形成了一支专业的和相对独立的法学家队伍。裁判官法、元老院决议、平民会决议、法学家解释等成为罗马法的主要渊源。

第三阶段为古典法时期或君主制时期。该时期从公元前 1 世纪末开始，止于 3 世纪末戴克里先建立君主专制。从 1 世纪起，法学家热情高涨，将自己对法律的认知和见解撰写成书，法学研究呈现一派繁荣景象。其中，拉比奥和卡皮托两位罗马著名法学家都对罗马法进行了整理和注释。他们的弟子在随后形成了萨比鲁斯派和普罗库鲁斯派，成为法学界争鸣和发展的两支重要学术力量。2、3 世纪之交，罗马五大法学家被君主授予解答权，他们的理论构成罗马法的渊源之一。从 3 世纪起，罗马奴隶制社会陷

马库斯·李锡尼斯·克拉苏被认为是罗马历史上最富有的人，人们一度认为，他拥有罗马城里大部分不动产。图为他拥有的一支 500 人的奴隶消防队，以此来赚钱。

英国约克的君士坦丁大帝雕像。君士坦丁大帝是第一位加入基督教的罗马皇帝。313 年，他审时度势，颁布《米兰敕令》，承认基督徒同其他异教徒一样具有同等的信仰自由权，发还被没收的教堂和教会财产，承认了基督教的合法地位。

知识链接：罗马法的渊源

首先是公元前 450 年之前一段时间内制定的习惯法，其次是共和时期公民大会、平民会议等这些“立法机构”制定的法律，再是共和时期和帝国时期元老院通过的决议，最后是皇帝发布的敕令、罗马高级行政长官和最高审判长官发布的告示以及拥有法律解答权的法学家的解答与著述。

入危机，统治阶级迫切要求将反映本阶级意志的法律固定下来，因而法学家着手进行法律汇编工作。萨尔维·尤里安对执法官的永久告示进行了整理和汇编，使法官法更有条理并且能更适应形势需要。此外，法学家还编撰了《格里哥里安法典》和《赫尔摩格尼安法典》。前者包括 3 世纪下半叶的法律，后者包括 294—324 年的法律。另外，随着《卡拉卡拉告示》于 212 年的颁发，罗马市民籍被授予居住在罗马帝国境内并参加市民共同体的所有自由人，罗马法的适用范围大大扩张。

罗马法的平庸发展和总结

从 4 世纪到 565 年是罗马法的平庸发展和总结阶段，这一时期可以分成两个阶段。

第一阶段为后古典法时期或专制君主制时期。该时期始于 4 世纪，止于 527 年查士丁尼登基。这一时期是罗马法平庸发展时期，专制君主制遏制着法学家的创造性和自由争鸣的精神，法学从研究转向教学和注释。平民会决议和元老院决议不再是法律渊源，君主谕令则获得了至高无上的地位，完全被视同为“法律”。随着君士坦丁大帝于 313 年发布《米兰敕令》，表示对基督教从以前的镇压变为宽容，罗马法也受其影响。同时，由于罗马帝国的重心开始向东部转移以及大量外来法律制度起着渗透作用，罗马法兼容了希腊法和其他非罗马法律文化的内容，出现了大量混杂的法规汇编和法学编译著作。

第二阶段为查士丁尼法时期。这一时间段始于 527 年，止于 565 年。这是罗马法的总结阶段，也是它发展的顶峰时期。查士丁尼大帝下令编纂的《罗马民法大全》是罗马法法典化进程最辉煌的成果，使罗马法成为后世民法典的楷模和基本参照系。

东罗马帝国皇帝狄奥多西二世，426 年与西罗马帝国皇帝瓦伦提尼安三世公布《学说引证法》，后在 438 年将帝国法律汇编成《狄奥多西法典》。该法典是罗马帝国第一部官方法典，对后世影响极深。

古罗马的第一部成文法

《十二铜表法》

《十二铜表法》作为古罗马的第一部成文法典，它限制了罗马贵族在司法上的专横行为。

约在公元前449年，罗马人制定了他们的第一部成文法典《十二铜表法》。《十二铜表法》对法律发展进程起了不可估量的作用。《十二铜表法》是在什么样的背景下制定的？其具体内容是什么呢？

知识链接：第一次平民撤离运动

罗马共和国建立后，元老贵族垄断国家行政、军事和宗教大权，将平民排斥在外。公元前494年，罗马与邻近部落发生战争，平民拒绝参战，带着武器离开罗马，这就是罗马历史上第一次平民撤离运动。贵族迫于压力，允许从平民中选出两名“保民官”。

平民与典型的贵族政治相抗争

罗马由王政时代步入共和时代后，一小部分富有平民上升为新贵族，可与旧贵族平起平坐了。但是，“王政”被废，两名权力相等的“执政官”执掌国家的最高行政权力，而执政官只有贵族才能担任。执政官因任期短和彼此牵制，权力有限。因此，真正的实权掌握在由贵族把持的元老院手中。

贵族把持着元老院，平民就被排斥在国家政权之外。在司法权方面，平民也无任何权利可言。事实上，罗马共和国建立之初，就没有成文的法律，所实行的是规范含糊的习惯法，即按照习惯判断案件，而习惯法的解释权和司法权完全被贵族所把持，平民的利益很难得到保障。

选举时，罗马政治家会将他们的名字写在城墙上，这是竞选活动的一部分。

平民对这种情况非常不满，要求制定成文法。公元前462年，平民保民官特兰提里乌斯提议编撰成文法典，以此弥补习惯法的缺点。可以想象的是，这一提议理所当然地遭到元老贵族的强烈反对。但是，特兰提里乌斯和平民联合起来，他们不畏失败，以撤离运动和其他各种方式与元老贵族一再斗争。

《十二铜表法》的颁布

公元前454年，元老院终于被迫承认人民大会制定法典的决议，设置法典编纂委员10人，并派遣代表团远赴雅典，研究梭伦制定的新法。至公元前451年，该委员会制定了法律十表，第二年又补充二表。这十二表法律条文经森都利亚会议批

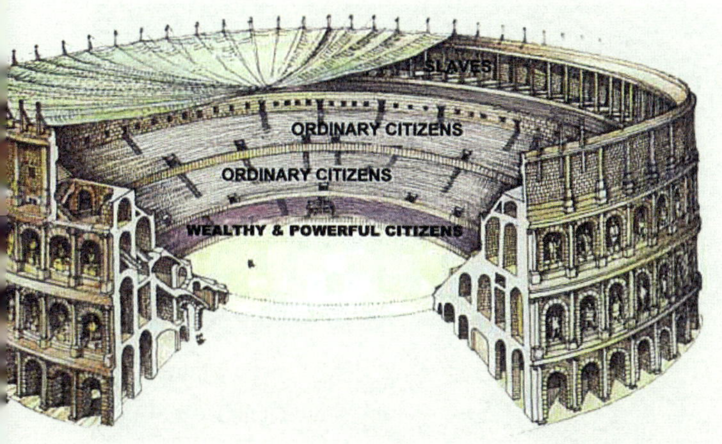

元老院召集会议时，按财富和权势安排座位。座位第一层是富裕和有权威的市民，第二层和第三层是普通市民，第四层是奴隶。

知识链接：最后一次平民撤离运动

公元前287年，罗马平民发动最后一次撤离运动，平民出身的昆图斯·霍腾西乌斯提出《霍腾西乌斯法案》。法案规定，部落大会是国家主要立法机构，它通过的平民决议不必经元老院批准，即对全体公民产生法律效力。该法案清除了贵族元老对平民议事会决议的最终审查权，使平民在国家政治事务中的参与性提高。至此，早期罗马平民与贵族的斗争结束。

准，后公布于罗马广场。这就是著名的《十二铜表法》。由于各表都镌刻在12块铜表上，所以习惯上称《十二铜表法》。公元前390年，高卢人入侵罗马，《十二铜表法》在战火中全部被毁，原文散佚，现只能从其他古代著作中略见梗概。

罗马上层之所以做出如此举动，有着深刻的历史背景。在当时，罗马并没有多少奴隶，农业和手工业劳动主要依靠平民。一旦外族入侵，上前线作战更少不了平民。平民出走势必造成生产停顿，田园荒芜。更严重的是，这时罗马的西北方正受到伊特拉里亚人和高卢人的侵略，形势相当危急。而平民也是利用这种形势，迫使贵族做出让步。

《十二铜表法》基本上是习惯法的汇编，内容庞杂、涉及甚广，主要包括：审判引言、审判条例、债务法、父权法、监护法、占有权法、土地权利法、伤害法、公共法和神圣法等内容。《十二铜表法》实质上是维护贵族奴隶主的私有财产。但是，法律既然已经制定成文，量刑定罪以此为衡量标准，从而在一定程度上限制了贵族在司法上的专横行为。

《十二铜表法》是古罗马的第一部成文法典，它是平民和贵族斗争的产物。此后，《十二铜表法》的许多概念和原则成为罗马和近代资本主义国家立法的渊源。

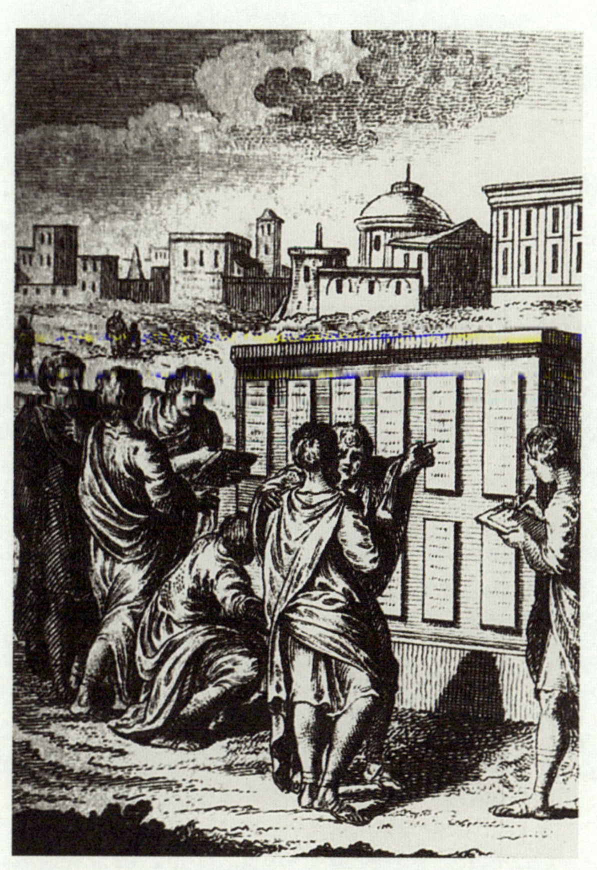

《十二铜表法》颁布当天，罗马民众喜形于色，纷纷前来观看，有些人还将法律条文记录下来。

世界民法典结构的基础

盖尤斯的《法学阶梯》

《法学阶梯》是人类历史上影响仅次于《圣经》的书，它奠定了近代以来所有民法教科书和民法典的基本问题域，汇集了较合理的对这些问题的解决方案，被誉为“西方文化的基础设施”。

——中国著名法学研究者徐国栋

罗马帝国前期，各方面都呈现出一派繁荣景象，法律方面也是如此。这一时期，纷繁复杂的法令需要进行编撰整理，同时，随着社会经济生活的日趋复杂化，财产关系方面的权利与义务关系需要加以明晰。因此，该时期，法学家的活动非常活跃。盖尤斯的《法学阶梯》是其中的代表作。

知识链接：萨宾派

当时非常流行的法学派别之一，与普罗库鲁斯派相对立。该学派由卡必多（Atius capito，约于公元 22 年去世）所开创。后在其门徒萨宾（Massurius Sabinus，约于公元 64 年去世）的领导下被发扬光大，故而得名“萨宾派”。萨宾派反对罗马之前的共和体制，拥立帝政。而且，该学派还在财产权上提出物品应属物品原料所有人的观点。

跻身五大法学家之列

盖尤斯（Gaius，具体生卒年不详），罗马帝国鼎盛时期五大法学家之一，盖尤斯是其首姓。至于盖尤斯确切的生卒年代、出身和族名等信息，都不得而知。根据学界通行说法，盖尤斯大约生活在 130—180 年，出生于哈德良皇帝统治时期，活跃于安敦尼·庇护皇帝统治时期，去世于康茂德皇帝统治时期。另据考证，盖尤斯本人可能是希腊人或叙利亚人，曾在小亚细亚省的特洛阿斯（Troas，希腊神话中特洛伊战争的爆发地）写作和教书，并未担任过公职。盖尤斯的有生之年，并不为世人熟知。426 年，东罗马帝国皇帝狄奥多西二世和西罗马帝国皇帝瓦伦提尼安二世联合颁布《学说引证法》，盖尤斯位居五大法学家之列。

罗马帝国鼎盛时期著名法学家盖尤斯，被公认为当时五大法学家之一，主要作品有《法学阶梯》《十二铜表法注释》《行省敕令评论》等，其中《法学阶梯》最负盛名。

盖尤斯称自己属于“萨宾派”，因为他在《法学阶梯》中称萨宾为他的老师。但据后世学者对此书和其他一些作品的研究发现，盖尤斯有关一些重

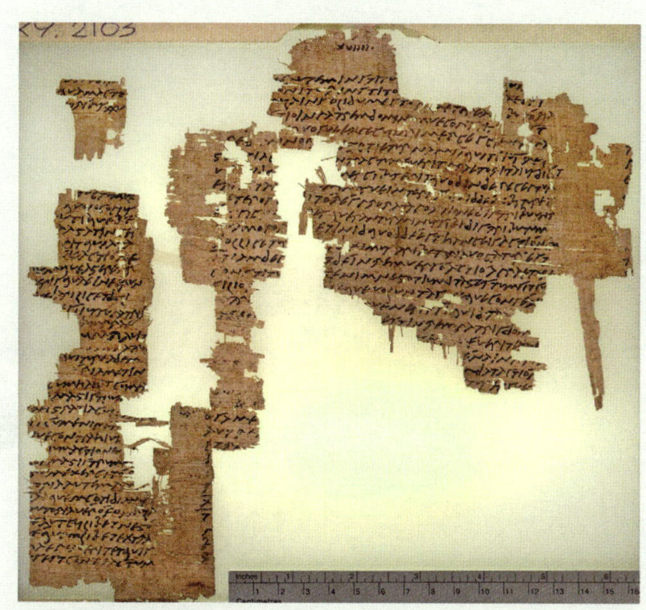
《法学阶梯》残卷，莎草纸，盖尤斯最古老的手稿之一。根据上面的数字推断，这是第 19 卷。《法学阶梯》是民法学著作的代表，对后世产生了深远影响。

要法律问题上的观点明显继承和发展了普罗库鲁斯派的学说。盖尤斯一生著述颇丰，后人所知共有 13 种，如《法学阶梯》《十二铜表法注释》《行省敕令评论》32 篇，《市政裁判官告示评论》《法律论》15 篇、委托论、案例论、规则论、嫁资论以及抵押论各一篇等，其中最为著名的是《法学阶梯》。

《法学阶梯》的内容

《法学阶梯》是盖尤斯的代表作，全名是《市民法阶梯的四卷评注》，共四编，主要围绕罗马私法的三大中心：人、物、诉讼三部分展开论述。

第一编主要是人法，包括人的权利能力、行为能力和人的资格，以及婚姻权和家庭权。本篇首先将法律体系划分为万民法和市民法；万民法是“根据自然原因在一切人当中制定的法，为所有的民众共同体遵守”，“就像是一切民族所使用的法”。而“每个共同体为自己制定的法是他们自己的法，并且称为市民法”。盖尤斯提出：“所有受法律和习俗调整的民众共同体都一方面使用自己的法，一方面使用一切人所共有的法。”接着，盖尤斯对法律渊源进行了分类和解释，这些渊源包括法律、平民会议决议、元老院决议、君主谕令、法学家的解答等。接着还讲到了权利主体的法律地位。盖尤斯提出，人法是确立权利主体及其权利能力的法律规范。“人法中最重要的划分是：所有的人，或者是自由人，或者是奴隶。”“在人法方面还有另一种划分。因为有些人拥有自己的权利，有些人则从属于他人的权利。”再是人的权利能力。罗马市民法规定，只有罗马公民才享有完全的权利能力。盖尤斯提出人格减等是对先前地位的改变，它以三种方式

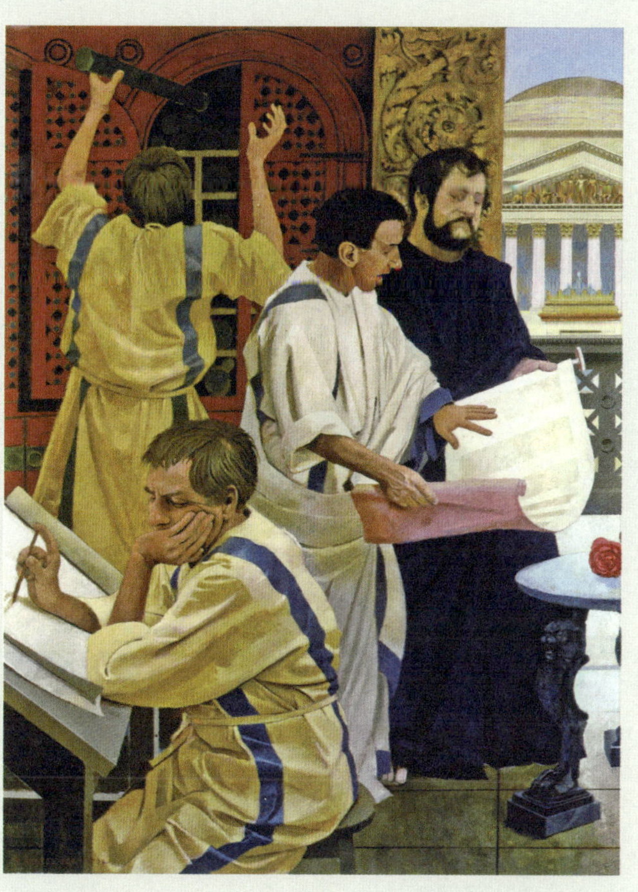
哈德良在盖尤斯的办公处查看法律编撰事宜。古罗马帝国皇帝哈德良统治时期，经济、社会各方面发展迅速，需要法学家编撰整理法令以规范社会秩序，盖尤斯作为当时的法学大家，得到哈德良的大力支持。

况中：若某人既丧失了市民籍又丧失了自由权时，人格减等最大；若某人虽然丧失了市民籍，但却保留了自由权时，人格减等次之；若某人市民籍和自由权虽然保留，但其个人地位被改变，那么，人格减等最小。最后是婚姻和家庭。婚姻的目的是承祭祀、继血统。因此，婚姻既是罗马市民的权利，也是义务。婚姻关系是一种契约关系。“合法婚姻”所生育的子女是罗马市民，处于父亲支配之下，继承父亲的财产。

“一手战争谋和平，一手法律谋公平。”查士丁尼在军事上用战争谋取和平，用法律秩序维护和平。

第二、三编是物法，包括物的概念、分类以及物权的获得、继承、债法。这部分首先讲到物的概念和分类。盖尤斯指出，并非所有的物都可以成为权利的客体。一般而言，我们将物划分为神法物和人法物。人法物才可以为国家或私人所有。盖尤斯将物分为有形物和无形物、要式转移物和略式转移物、动产和不动产。接着说到取得物的所有权的方式。在罗马早期的市民法中，人们通常通过曼兮帕蓄式取得物的所有权。这是一种具有严格形式主义色彩的所有权的取得方式，只有罗马市民才可通过这种方式获得财产。此外，人们还通过拟诉弃权式、时效取得、先占、添附、加工等方式取得物的所有权。再是继承。继承分为遗嘱继承和无遗嘱继承。前者的地位优于后者。《法学阶梯》还详细阐述了继承人的设立、遗嘱效力、遗赠等问题。最后是债法。债的产生有两种原因：“因契约而产生的债”和“因私犯而产生的债”。产生于契约的债有四种：通过实物、通过话语、通过文字、通过合意（“在买卖、租赁、合伙、委托中的债是通过合意而形成的”）。私犯主要指盗窃、抢劫财物、造成损害、实施侵辱。为保护权利主体的所有权，《法学阶梯》明确规定了公开盗窃和不公开盗窃应该受处的刑罚。

第四编的内容是诉讼。诉讼分为对人诉讼和对物诉讼。对人诉讼是“针对某个因契约或者私犯行为而向我们负债的人提起的诉讼”，称为请求给付之诉，要求“应当给、做或者履行”。对物诉讼是“主张某个有形物是我们的或主张我们享有某项权利（例如，使用权、用益权、通行权、引水权、加高役权或者观望役权）的诉讼”，称为返还所有物之诉讼。此外，盖尤斯还指出，诉讼程序经历了法定诉讼和程式诉讼。

深远影响

盖尤斯的《法学阶梯》作为民法学著作之翘楚，是唯一一部完整地传至后世的古代罗马法学家的文献，是我们了解古代罗马法的一本重要著作。

《法学阶梯》能完整地传至后世，在一定程度上归功于该书的普及程度。《法学阶梯》内容简单易懂且实用性大，不仅长期用作法律学科学生的教材，且用作市民自学法律的书本。

《法学阶梯》亦是西方法学史上第一部严格意义上的法学专著。盖尤斯撰写《法学阶梯》之前，古希腊学者柏拉图的《法律篇》、亚里士多德的《政治学》、古罗马共和国学者西塞罗的《论法律》，都未能将法律与政治、哲学、神学等话题严格区分。《法学阶梯》则以纯粹的法学视野研究法律现象。

此外，盖尤斯的《法学阶梯》是对整个的繁杂的罗马法的精简化和规则化，对后世法典编撰产生了深远影响。许多著名法典都以它为蓝本，如西哥特国王阿拉里克二世（484—507 年在位）编撰的《西哥特盖尤斯摘要》，如 533 年《罗马民法大全》中的《查士丁尼法学总论》，再如 1804 年《法国民法典》的编撰。

知识链接：《罗马民法大全》

《罗马民法大全》是罗马法的集大成者，主要由四部分组成，分别为《查士丁尼法典》《查士丁尼学说汇编》《查士丁尼法学总论》（又称《法学阶梯》）以及《查士丁尼新律》。

《查士丁尼法典》汇集自哈德良皇帝到 534 年四百多年间罗马历代元老院的决议和皇帝的诏令，按年代顺序共编出十卷，凡未被列入的都一律作废。法典中必须标出颁布敕令的皇帝的名字和接受人的姓名，敕令末尾注明日期。《查士丁尼法典》在 529 年颁布施行。534 年，《查士丁尼法典》修改后再度颁布。由于《查士丁尼法典》最早编成，并是这部民法大全的核心，所以一般以《查士丁尼法典》作为这部民法大全的代称。

罗马经常用祖先界定每个人的法律地位。他们可成为一位罗马市民，而外国人不可以；他们可成为一位自由人，而奴隶不可以；或者，他们可在一个罗马家庭中拥有具体的地位，即要么作为户主，要么作为家庭中较低地位的成员。

良工巧匠创佳作，高超技艺传后人

倘若说古希腊人在哲学思想领域的成就灿烂夺目，熠熠生辉，那么，古罗马人则以其高超的建筑艺术闻名遐迩。

共和时代后期，罗马的建筑艺术有了相当程度的发展。这一时期，有许多著名的经典雕塑作品问世，如展现动势美的《掷铁饼者》，再如展现完美化敌人的《垂死的高卢人》等。

罗马成为世界帝国后，其建筑事业空前发展。这一时期，罗马力图通过各种建筑形式彰显帝国的强大昌盛和皇权的威严浩大以及个体美，如供奉众神的万神庙、歌功颂德的图拉真记功柱等。除此之外，还有以各种生活题材为表现形式的绚烂缤纷的镶嵌画装饰艺术。

在拜占庭帝国的查士丁尼时代，其建筑艺术享有“第一个黄金时代”的美誉，圣索菲亚大教堂是里程碑式的建筑，对以后西亚和欧洲的教堂建筑风格产生了深远影响。

美国艺术史家威廉·弗莱明认为：“直到18、19世纪的考古发掘破土之前，古典世界那些较罗马更早的文化中心如雅典、帕加马等，都由于损毁严重而未能以它们更为纯粹也更完整的风格对西方艺术施加任何可觉察出来的影响。在此期间，一切学习古典、仿效古典的古典主义艺术实际上都是罗马文化和罗马风格的恢复。”

罗马圆形穹顶技术的最高代表

供奉众神的万神庙

文艺复兴时期的著名雕刻家米开朗基罗曾这样称赞万神庙："这是天使的设计。"

当你走进意大利的首都罗马，漫步在充满古韵的街道上，穿梭于两旁高大古朴的建筑之中，每丝空气都会充斥着美的气息。走到罗马市中心，你会看到一个高大的尖顶方碑的喷水池，在喷水池的后面，就是著名的万神庙。万神庙不仅是至今保存最完好的古罗马建筑之一，也是古罗马建筑的代表作。

万神庙有16根科林斯式石柱，用整块埃及灰色花岗岩加工而成。柱头和柱础则是白色大理石。

万神庙概览

万神庙位于罗马圆形广场的北面。相传万神庙最初是屋大维的女婿阿格里帕于公元前27年为纪念屋大维打败安东尼和埃及艳后克娄巴特拉建立的。124年，哈德良皇帝在焚毁的废墟上重新建造了万神庙，用来供奉奥林匹斯山上的诸神。哈德良是一个喜欢建筑设计并大胆创新的皇帝，曾在罗马帝国统治的西班牙行省接受教育，热衷于古希腊文化，这些都为他重新建设万神庙——当时最辉煌的建筑打下了基础。

万神庙位于意大利首都罗马圆形广场的北部，是罗马最古老的建筑之一，也是古罗马建筑的代表作。

万神庙充分利用了混凝土的特性，运用大胆的设计理念和现代的工程技术，在建筑史上留下了浓墨重彩的一笔。

万神庙的前面是高耸的方碑，方碑的后面映入眼帘的是高大雄浑的门廊，代表着罗马的建筑特色。门廊上方是等腰三角形的结构，形成了一个人字形的屋脊，正面是长方形的柱廊，柱廊宽34米，深15.5米，并排着6根科林斯大圆柱，分成三排支撑着人字屋脊，第一排是8根，第二排和第三排是4根，柱身高14.8米，底端直径是1.43米，用整块黄冈岩加工而成，16根巨大的圆柱撑起了万神庙的门廊。万神庙的墙体厚6.2米，也用混凝土制成，厚

万神庙内部由 8 根巨大拱壁支柱承荷的圆顶大厅

实的墙体让我们感到万神庙的庄重与威严。走过敦实的门廊就到了万神庙，万神庙直径长达 43.4 米的巨大穹顶将万神庙打造成一个圆形空间，参观者行走在巨大的穹顶之下犹如徜徉在宇宙之中。万神庙内没有窗户，也没有立柱和横梁，墙体支撑整个穹顶，墙体的 7 个壁龛里供奉着 7 座神像。

古代圆顶之最

万神庙内部是一个由 8 根巨大的拱壁支柱承载起来的圆顶大厅，而内部半圆形穹顶的直径长 43.3 米，大厅直径与高度也均为 43.3 米。万神庙顶部的半圆形的球体，犹如苍穹，寓意很明显，在当时信仰诸神的时期，在顶部开洞，更能突出神来自上天的意旨。

既然穹顶是整个建筑的重要部分，但巨大圆形的穹顶是怎么建成的呢？现在人们认为，穹顶用混凝土浇筑而成，先用砖砌几道发券使混凝土分段浇筑以免混凝土下滑，然后浇筑混凝土。为减轻重量越往上越薄，底部厚度 5.9 米，上部大概有 1.5 米。当时的穹顶建筑技艺在世界上具有先进水平，罗马的万神庙在建成后 1500 年时间内都是世界上最大的圆形穹顶建筑，直到 1436 年才被佛罗伦萨大教堂超过。

走进万神庙的大厅，就仿佛进入新的天地，中间巨大的“太阳”散射着光芒，照亮了这个大厅。这个“太阳”就是在穹顶上直径约 8.9 米的大洞，大殿周围没有窗户，而主要的采光是顶部的洞，屋顶上留这么大的一个洞，为什么不装玻璃呢，下雨了怎么办？不用怕，万神庙大理石的地板上有独特的排水系统。

生活广场：万神庙趣闻

万神庙虽然是献给所有天神的，但也供奉过恺撒和屋大维的铜像，皇帝们也举行过一些政治活动。文艺复兴时期，万神庙也成为艺术家和建筑师的公墓。拉斐尔的墓上刻有著名铭文：“他活着的时候，万物之母怕他赛过她的作品；他死了，她怕自己也要死去。”时至今日，万神庙还是一座天主教堂，定期举行弥撒和婚礼庆典。

万神庙采用了穹顶覆盖的集中式形制

第 246—247 页：《垂死的高卢人》

这尊塑像是一个来自帕加马城的希腊原型的大理石复制品，原作为青铜，约创作于公元前 2 世纪。塑像很有可能是为了庆祝阿塔罗斯一世打败高卢人，在公元前 230 年到公元前 220 年间制作的。高卢人是凯尔特人的祖先，公元前 3 世纪他们居住在色雷斯，因勇敢善战而闻名。《垂死的高卢人》是现实主义的卓越范例，它证明了希腊人和罗马人不仅能够塑造理想化的人体还能够在写实上有良好的表现。

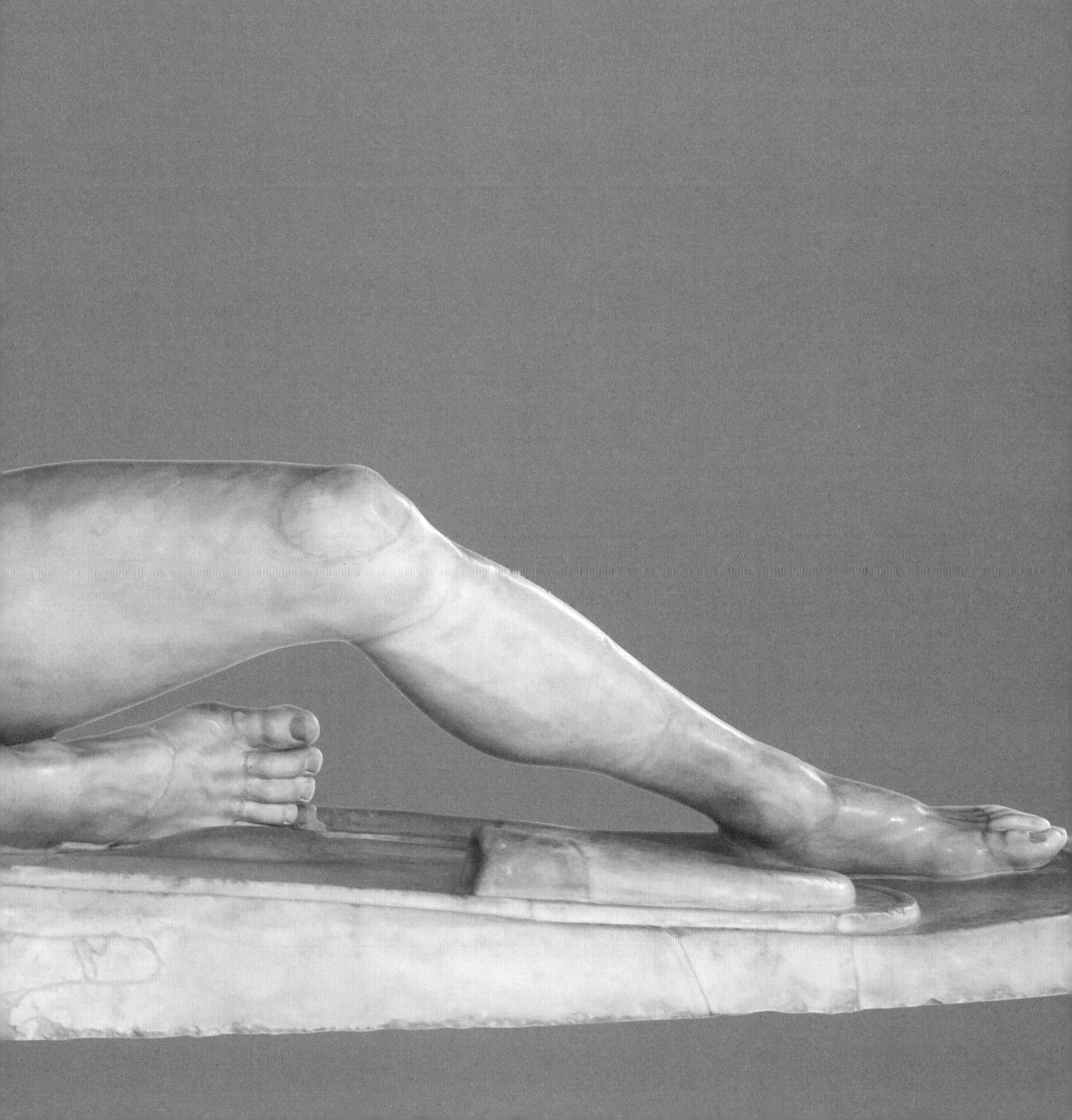

重回历史现场

掩埋在地下的奢华
越千年时空的庞培古城

德国诗人歌德看见庞培古城后说："在世界上发生的诸多灾难中，还从未有过任何灾难像庞培一样，带给后人的是如此巨大的愉悦。"

在意大利南部的海滨城市那不勒斯坐落着一座古城，公元79年维苏威火山爆发后，它便被掩埋在地下。两百多年前，人们在一次偶然机会中，发现了这座沉睡了千余年的神秘古城。随后，一系列的考古工作展开，慢慢揭开了它的神秘面纱，让世人看到了它曾经拥有的灿烂和辉煌。

古城初瞥

快到庞培古城时，大门口有一块不太显著的招牌，上面用意大利文写着：Seavi di Pompei，即庞培遗址。走过一段曲径，前面是一片残垣断壁。庞培古城的城墙用石头砌成，周长4800米，城内面积1.8平方千米，纵横各两条大街，城市中最宽阔的大街叫丰裕街，街道共同将全城划分为"井"字形，分为9块地区，每块地区又分为许多小街巷。虽然我们看到庞培古城的绝大部分房顶已经坍塌，但这座城市原来的规模清晰可见。

庞培古城的街道很像欧洲其他地方遗留下来的罗马古道，用大块石头铺成，大约10米宽，非常结实。两旁有石阶人行道，街道主要用来行驶车辆，粗略一看，由车轮磨出来的两道辙迹平均都深达10厘米以上，可见当时庞培车水马龙的繁华景象。更让人感觉到庞培古城人性化的是，在每个十字路口和每条街道上，都横向安设着犹如大砧板似的圆形石柱，高出路面大概10厘米，这不是通常人所认知的"斑马线"，而是为了让行人在下雨天走路时避免踩水坑，非常难得。

在庞培古城的发掘中，使人们最感兴趣的是墙上、街道上、商店里和公共场所等地方的文字。有位学者曾说："假如庞培古城的居民没

庞培广场位于城的中心，是全城的宗教、政治和经济中心，可容纳两万人。

庞培富人别墅里的浴室

有将自己的心情和感受写在公众的墙上的话，我们也许就不能猜度到其生活的情形如何。”其内容各种各样、丰富多彩，如某一酒吧的墙壁上写着：“店主，你要为你的鬼把戏付出代价，你卖给我们水喝，却把好酒留下。”再如，庞培男女也将自己的浓烈感情写上去：“啊！杰斯，愿你的脓包再次裂开，比上次疼得还要厉害。”“无疑，我心爱的人曾在此与她的情人幽会。”还有一些智者对人生的思考也写在上面：“没有任何东西可以永恒。”“尽情享受生活吧，明天是捉摸不定的。”

从遗址和遗物来看，这座古城的自治制度实行得比较正常。市政官员是选举产生的，竞选人之中，有人是被推荐的，有人则是自荐。被推荐担任市政官员的，有商人，而向公众推荐某人担任官员的，除了个人以外，还有商人的团体。从这个角度来看，尽管共和国已被帝国所替代，皇帝已成为罗马的最高统治者，但在城市中依然保留着共和时代的自治制度。这也表明，在罗马帝国繁盛期，城市的自治权的确差不多是完整的。皇室的官僚机构很少干预城市的地方事务。它几乎只专管收税，管经营皇庄和国家的田庄，以及管一部分司法事务，其余就不过问了。

古城建筑

沿着丰裕街向前走，直通大广场。大广场三面围墙，四周建有许多高大宏伟的建筑。这里当时是庞培的政治、经济和宗教中心。广场上铸有著名人物的塑像，两侧是两座神庙，分别供奉着罗马神话中的两位巨神，即众神之王朱庇特和太阳神阿波罗。广场的东南方向建有一座大会堂，是庞培古城里面的最高建筑，会堂里设有法院和市政厅。根据史学家研究成果，庞培不少的政治活动都在此地举行。

庞培古城里还建有一座两

甘英出使大秦

公元 97 年，班超派甘英出使大秦（罗马）。甘英西经条支（今伊拉克）、安息（今伊朗）等国，最后到达安息西界（今波斯湾）。甘英最终未能到达大秦，是因安息商人害怕开辟了从中国到大秦的商路后，影响他们的商业利益，因此夸大了海道的险恶。甘英虽未抵达大秦，但他到达了“丝绸之路”的最西端，熟悉了沿途的地理环境和风俗民情，为以后中西交通的发展和经济文化的交流提供了条件。

层楼的商业大厦。据考古资料以及一些文献资料推断，庞培古城在当时是著名的商业中心，在这里，人们交易着当地的葡萄酒和玻璃制品、东方的香料和宝石，以及中国的丝绸等各种物品。商场里店铺林立，仅面包坊已经发掘出来的就有40家之多，向各个顾客家中分送面包是当时罗马城市中面包坊的业务。手工作坊主人有自由民，也有被释奴隶，他们是师傅，带着少数几个帮工干活，帮工中有些是奴隶。手工作坊一般是本作坊产品的销售店，也就是采取“前店后厂”的方式。这表明，罗马的城镇绝不仅仅是一个消费中心，而且也是手工业品的制造中心。商品琳琅满目，有本地的，也有外地运来的。挖掘出来的坚果、水果、面包、工艺品，表明这个城市同意大利以外各地的商路是畅通的。

在这里，我们还能看到庞培古城东南角的两座露天剧场，它们分别用来演出戏剧，以及笑剧和音乐。古城中还建有一座可容纳两万余人的大型竞技场，在这里，角斗士常年进行着浴血搏斗，以供人们欢娱。

在居住条件方面，从富裕居民住宅的遗址还可以看到，这些豪宅的大门处，大都有大理石圆柱和雕花的门楼，里面有浴室，有铜制的灯具，有乐器，地面用石块铺砌，屋外有花园，还有游泳池。某些商人家中还有藏书室。在一座商人的豪宅中，镶嵌着一幅享誉世界的镶嵌画，即亚历山大大帝与波斯大流士三世战斗图。这幅画长6.5米，宽3.8米，用150块彩色玻璃和大理石镶嵌而成。这反映古罗马的商人当时的生活有着安定舒适的一面。

庞培室内墙上的壁画，表现了庞培人的生活场景。

古城壁画

德国的艺术史专家马奥把庞培室内的壁画装饰分为四种样式：第一种样式是镶嵌式或装饰泥灰式，该样式的墙面无壁画装饰，流行于公元前2世纪至公元80年左右。第二种样式称建筑样式，流行于公

庞培古城一所基本保持完好的房子，院落较大，还有柱廊。

庞培一个家庭的厨房

元前 80 年至 1 世纪。人们常常在墙面上描绘出各个建筑的细节，并在空间部分画上非常写实的各种景物。第三种样式是装饰样式，由于对埃及的征服，壁画中出现了埃及艺术的某些因素，故又称作埃及样式。该样式流行于 1 世纪左右，多为精工细雕、小巧玲珑的楼台阁榭，以及精致的花冠静物等装饰图案。第四种样式称幻想建筑样式，流行于 1 世纪，描绘的景象层层叠叠似真似幻，奇异的结构和华丽的色彩造成墙面的空间感和动感，常被称为“庞培的巴洛克”。庞培壁画样式的变化，显示了装饰思潮的变迁和各种外来因素的影响。

庞培壁画最经典的代表是《珀耳修斯与安德洛墨达》。《珀耳修斯与安德洛墨达》所用颜色十分鲜艳，可能是古罗马人从公元前 4 世纪尼基壁画复制而来。壁画描写的正是英雄救出美人的时刻。珀耳修斯一手提着海怪的首级，一手扶起美人要离开巨岩。这幅画的创作灵感来自希腊神话。据传说，埃塞俄比亚国王的女儿安德洛墨达被吃人的海怪挟持，国王请求他放掉他的女儿。但海怪欺骗国王说他逮捕安德洛墨达是神的指示。英雄珀耳修斯在归途中经过巨岩上空，发现安德洛墨达被锁在巨岩上。于是，珀耳修斯下去杀死了海怪，救出美人，并让安德洛墨达成为他的妻子。

庞培是不幸的，数以千计的居民不幸遇难。但是，我们又是何其荣幸能看到罗马时期这样一座重要的城市。

第 252—253 页：夕照下的庞培和维苏威火山

公元 79 年 8 月 24 日，维苏威火山突然喷发，吞噬了山南麓的庞培城。庞培城和赫库兰尼姆城被深深地埋在了地底下。随着时间的流逝，连生活在这块土地上的后人都遗忘了这两座城市的存在。古城在地下沉睡了 1600 多年。赫库兰尼姆城于 1738 年被发现，庞培城也在 1748 年被发现；但直到 19 世纪，考古学家才开始考察发掘这两座古城。工程极为浩大，持续了 200 多年，至今尚未全部完成，但城市主体结构已经十分清晰，它向人们展示了令人惊讶的古罗马文化的辉煌。

话说世界

知识链接：巴洛克艺术

一种欧洲艺术风格，指自 17 世纪初至 18 世纪上半叶流行于欧洲的主要艺术风格。该词来源于葡萄牙语 barroco，意指一种不规则的珍珠。巴洛克风格追求一种繁复夸饰、富丽堂皇、气势宏大、富于动感的艺术境界。古典主义者认为巴洛克是一种堕落瓦解的艺术，但现在人们也肯定它积极进步的一面，对它有了比较公正的评价。

君主的记功柱

图拉真柱

历史上的凯旋门为纪念拿破仑的征服而建，然而在更遥远的罗马时期，图拉真广场上屹立着艺术的立体画卷——图拉真柱。

图拉真在取得对达西亚战争胜利之后，立即在各地大兴土木，在罗马也造起了一些纪念性建筑物。广场、庙宇、庭院、记功柱、藏书库、交易所，等等，把罗马装缀得异常繁华。在这些完整的建筑群中，至今保存完好的建筑残迹是罗马记功柱——图拉真柱。

图拉真柱

图拉真柱又称图拉真凯旋柱，位于意大利罗马奎利那尔山边的图拉真广场上。图拉真柱为罗马帝国皇帝图拉真所立，以纪念他征服达西亚的伟大战绩。该柱由大马士革的设计师阿波罗多洛斯(Apollodorus，生卒年不详，大约生活于2世纪。他是最早一批使用透视和色彩层次增强人物厚度感的画家之一）设计，于113年建成。

图拉真柱由大理石砌成，分为基座和柱身两部分，净高30米，包括基座总高38米。图拉真柱的基座为爱奥尼亚柱式。柱身由20个直径4米、重达40吨的巨型卡拉拉大理石垒成。而图拉真柱的外表，则由总长度约200米的连环式浮雕绕柱23周构成。在图拉真柱的内部，则是185层的螺旋楼梯拾级而上通向柱子顶部。这一设计是对罗马帝国皇帝崇拜的象征。早期的图拉真柱顶是一只巨鸟或鹰，但最后被图拉真的雕像代替。经过漫长的中世纪的侵蚀，1588年，教皇西斯都五世下令将圣彼得的雕塑竖立在顶端。

浮雕艺术的瑰宝

图拉真柱不仅具有历史价值而且具有非常高的艺术价值。当人们行走在罗马街道上，漫步于图拉真广场上，巨大的石柱上面的精美螺旋浮雕会深深地吸引着你。浮雕的全部画面是描述图拉真率兵攻

图拉真柱上雕刻再现了对达西亚人的战役。记功柱也是艺术品的绝妙例证，它是设计师阿波罗多洛斯的天才成果，柱中还刻绘了横跨多瑙河的一座桥梁（在小城德罗贝塔对面）、防御工事和军事营地等。

图拉真柱上这一段场景展示了罗马人乘船渡河，军队正在向营地行军以及第一次达西亚战争。

知识链接：图拉真广场

意大利罗马市中心的古迹。它是罗马最后一个帝国议事广场，由大马士革的阿波罗多洛斯所建。图拉真广场始建于107年，是为了纪念图拉真大帝远征罗马尼亚获胜。两所巨大的图书馆、两座宏伟的大会堂、图拉真柱和一排排雕像构成了罗马全城最壮观的地区。

打达西亚的战争功绩。浮雕上共有2500个人物形象，所有人物都采用同样尺寸。当时的雕刻者通过散点透视的方法，生动形象地将细节琐碎、层次复杂的不同画面组合在每层条带上。每一层浮雕都表现不同的画面。

最底下一层的浮雕是象征着多瑙河的半身人像，目送大军的出行，旁边还漂浮着许多运送的船只。第二层是长官正在给他的士兵布置作战任务、修筑工事，第三层是士兵们或是在费力地加固工事，或是在运送粮食和其他物品，或是在骑马巡逻。第四层是整个浮雕最重要也是最精髓的部分。在浮雕中，图拉真手持长矛，目光炯炯，站在高台上指挥战斗。而士兵们正在认真地听他指挥，并表现出一副副斗志昂扬的神态。除此之外，还有罗马的前哨，着火的房屋，缓缓流淌的多瑙河，横贯河流的桥梁、营帐、城堡，等等。这一切勾勒出当时丰富且栩栩如生的战斗场景，具有很大写实性。

如果从构图学上来看，图拉真柱上的浮雕有着许多值得后人学习的地方。首先，图拉真柱采用的是浅浮雕的方法，使得2500个人物放在一起看起来比较紧凑。而且，用浅浮雕也使得刻画上去的比较宏大但又琐碎的战争场面不会显得非常凌乱。再者，用浅浮雕的形式加以散点透视的方法表现一幅战争的宏大场面，不仅表现了不同的时间，也表现了不同的空间。此外，浮雕的设计者可能还受到了传统浮雕程式的影响，为了美化罗马人，却将其刻画得单调呆滞，但在刻画罗马的敌人达西亚人的时候，却使他们看起来无拘无束，颇有活力。

图拉真市场遗址，其砖砌和混合结构与图拉真广场建筑群使用的多彩大理石形成对比。砖印表明市场开始建设的时间早于广场，也说明它是一个单一工程，可将其定义为“世俗的”工程。

人类最早的视觉冲击

镶嵌画艺术

古罗马的镶嵌画以其题材的经古常新与色彩的绚丽缤纷和经久不变，在人类历史长河中绵延流传。

镶嵌画是现今世界中历史悠久且分布较广的艺术类别。在罗马史上，镶嵌画无论是在数量上还是质量上都令后人啧啧称奇。镶嵌画作为罗马时期绘画中的主要分类之一，其材质和工艺与其他种类不尽相同，并保持着自身独有的特征。

《乌尔之旗》，发现于伊拉克南部的乌尔皇家公墓。两块画板描绘了苏美尔人的战争与和平，图案呈马赛克状，由阿富汗的青金石、贝壳和红色的石灰石组成。“和平”画面表现出舒适、音乐和繁荣。“战争”画面显示国王、军队和战车践踏敌人。

历史悠久的制作工艺

镶嵌画是一种用石料、玻璃和陶瓷等物品的碎片按照一定的构思镶嵌而成的装饰艺术。在制作过程中，设计者首先会用选好的材料将其拼接成各种各样的人物、动物或是植物等图案，然后将图案铺设在松松软软的灰泥浆中加以固定，最后，等泥浆风干了之后，镶嵌画即告制作完成。我国学者一般按照镶嵌画的英文发音将其称作“马赛克”（mosaic）。

镶嵌画历史悠久，最早见于公元前 4000 余年的美索不达米亚。苏美尔时期出现的《乌尔之旗》是最早的镶嵌画作品。古希腊人在公元前 3 世纪就擅长制作镶嵌画。1—4 世纪，镶嵌画得到很大的发展，色彩技巧日臻完善，希腊人不仅开始注重明暗的变化，还追求画面的立体感和色彩的丰富。

古罗马镶嵌画

古罗马人对希腊的镶嵌画艺术十分推崇，他们不仅继承了这种艺术，并将之传播到非洲北部、高卢和日耳曼地区。

从材料上看，罗马镶嵌画最初选用的是不同颜色的小块鹅卵石，后来改用切割成小块的大理石块、彩色碎玻璃以及金属等硬质片料。这些材料经久耐用，色彩鲜艳，极富装饰性。在题材上，罗马镶嵌画的内容多以神话故事、历史文化、日常生活、人物和动植物的图案纹样为主。从功能上看，罗马共和国初期的镶嵌画主要是装饰贵族官邸的地面。共和国末期，受希腊化艺术的影响，罗马镶嵌画技术大为提高，成为装饰墙面和天花板的主要艺

拜占庭圣索菲亚大教堂里的镶嵌画，主要以基督教人物为素材。

术。而在帝国时期，镶嵌画艺术达到鼎盛阶段，在帝王的宫殿、别墅、贵族的府宅、公共的浴场、剧场等处，都可见到镶嵌画。不仅如此，大量的镶嵌手法还被运用在教堂之上，来展现教堂的恢宏与炫彩。帝国的一些行省也竞相效仿，使镶嵌画艺术成为重要的室内装饰。

拜占庭帝国时期，镶嵌画继罗马帝国时代后又一次获得了繁荣发展。这一时期，由皇室出资制作的镶嵌画在当时教堂所占比重很高，这些作品很多时候会通过宗教题材反映统治者的意志和爱好。6 世纪，意大利拉文纳的圣维塔尔大教堂在镶嵌画装饰中最为典型。该教堂的主祭坛上镶嵌有《荣耀基督》，两旁是皇帝参拜的镶嵌画，一边是《查士丁尼和群臣》，一边是《皇后奥狄多拉和女官》。设计者直接将皇帝和皇后的画像置于圣人的位置，表现了宫廷既有世俗的一面，也有神圣的一面。他们有共同的特点：面部镶嵌的栩栩如生，修长的身体，睁大而平视的眼睛，表现出一种升华的永恒之美。色彩搭配和色调运用恰到好处，各种颜色的材料有机结合，使画面富有变化。查士丁尼身边站立的 12 个廷臣暗指 12 门徒，加上头部镶嵌的金色光环，查士丁尼和皇后被比作是基督和圣母。这种基督主题和世俗形象的结合，体现了皇帝本身作为现实中的上帝这一历史状况在艺术上的反应。

知识链接：中世纪的“东欧”

与今日不同，中世纪的“东欧”指以拜占庭帝国为中心及受其文化影响的欧洲地区。从历史和文化角度看，东欧既是古希腊文化的发源地，又是古罗马文化之大成。东欧居民除希腊人、罗马人之外，还有各支斯拉夫人、罗马尼亚人、匈牙利人、阿尔巴尼亚人等。

曾给人带来极大视觉冲击的镶嵌画艺术影响深远。中世纪时期，它曾一度取代壁画而成为欧洲教堂的主要装饰艺术。从 15 世纪开始，镶嵌画艺术传入西欧、北欧、中亚以及中美洲和东欧等地。时至今日，镶嵌画仍是人们正在使用的主要装饰艺术之一。

罗马音乐家的马赛克，发现于塞浦路斯的帕福斯。

CONCAMERA
TASUDATIO
CLYPEUS
LACONICUM
HYPO

衣食住行皆无忧，享受生活在当下

自公元前 8 世纪中叶罗马建城后的五六个世纪中，古罗马人的衣食住行都比较简朴。在衣着方面，大多是一袍和一衣，妇女再加一件披肩。在饮食方面，主要是无须特别加工的谷类和蔬菜。就居住条件而言，罗马人的传统住宅通常是一座大门临街而开的方形小院。在出行方面，罗马人一般不出远门，活动区域就在住所附近。

然而，随着罗马对外征战的扩大，特别是进入帝国时代之后，情况发生了很大变化。罗马人的衣着渐趋奢华。拜占庭帝国时期的服饰既彰显了古罗马帝国的文明，同时又融入了新生的基督教精神，也融合了浓厚的东方元素。与此同时，罗马人的饮食也开始发生变化。这主要表现在，食品的加工愈加精致，食品的选择愈加丰富，晚宴开始风行。在住方面，两极分化的现象十分明显。罗马显贵通常有好几套豪华别墅，而平民大多住在一种非常普通简陋的小房子里。不过，这一时期，陆路的发达与海运的畅通形成了“条条道路通罗马”的壮景，罗马人的出行由此变得十分方便。不仅如此，古罗马人还很会享受生活。他们不仅修建大量的公共浴室，在沐浴中舒缓身心、高谈阔论，还经常举办以流血为娱乐的角斗比赛。

拜占庭服饰

多元服饰文化元素的融合

拜占庭帝国服饰融合了多元的服装文化元素。它不仅继承了古代罗马帝国服饰形制，还受到东方服饰文化的深远影响。与此同时，随着基督教被确立为国教，宗教文化对拜占庭的服饰也产生了较大的影响。

早期罗马人信奉斯多葛主义，提倡简朴、顺从、自然的生活观，加之受生产力水平的限制，他们的穿着比较简单朴素，通常是一件短袖内衣加一件长袍。内衣由单幅衣料开个圆口，形似现今的T恤，长及膝，腰上系带。长袍以一大块半圆形的衣料缝制，圆心开口，披在肩上，让两边自然下垂。女性的穿着亦大致如此。有时，她们会在内衣外加一件有袖花袍，穿上披肩方巾或披风衫。

雍容华贵的加冕服和教士法衣，由美丽昂贵的材料制成。

典型服饰的类别

拜占庭帝国时期流行的服装样式主要包括：达尔玛提卡和帕鲁达门托姆。

图为帕鲁达门托姆服饰

达尔玛提卡（Dulmatica）是男女穿用的主要服装样式，由丘尼卡演变而来，衣身宽肥。整幅布裁成十字开对折，或由两块T字开布缝合，中间留领口，领口两侧肩处开始到裙下摆，有两条带状纹饰，两袖很长。初期的达尔玛提卡淳朴宽大，后期的达尔玛提卡可以显现出女子身体的自然形，男子穿的达尔玛提卡则袖子变窄，衣服转向合体。帕鲁达门托姆（Paludamentum）是一种方形大斗篷，沿用古罗马军用外套式样，用长方形织物制作，与达尔玛提卡搭配穿用。装饰华丽，权贵穿用。通常情况下，权贵会在右肩上用很大的宝石别针或扣子将面料的两端别住。

多元文化的融合

社会形态的变革和历史的进步也会反映在服装上。拜占庭文化既延续了古罗马帝国的文明，同时又融入了新生的基督教精神，也融合了浓厚的东方元素。在这种多元文化背景的影响下，拜占庭服饰也深受影响。

首先是对古希腊、古罗马服装的继承。受希腊和罗马人的影响，拜占庭的服装款式也比较简单，最主要的款式就是T形的达尔玛提卡，与古罗马的贯头衣一脉相承。达尔玛提卡几乎没有性别的区分，制作也非常简单，就是把布料裁成十字形，在正中交叉的地方挖出一个洞作为领口，然后把侧缝和袖缝缝合。此外，拜占庭的官员穿的帕鲁达门托姆也颇具罗马特色。帕鲁达门托姆将名贵面料披裹在身上，形成方形斗篷，在右肩处用金属饰扣固定，从右侧露出里面的长衫，让长衫的颜色和刺绣纹样显露出来，延续了古罗马时期的贵族化风格。

其次是基督教的影响。随着基督教的传入，拜占庭服饰也发生了很大变化，变得日益呆板保守，不仅失去了传统的自然美，还给人一种否定人的存在的宗教色彩。在这里，基督教的“禁欲主义”表现得淋漓尽致，开放的结构消失了，无论男女都几乎不袒露肌肤，女子甚至还要遮住脸和手，而男子在长袍中还要穿短裤。人们的身体被层层叠叠的服装包裹得严严实实，男女的第二性征非常不明显。“蔽体深厚”这个词语用在这里非常恰当。而且，妇女平时穿着颜色淡雅和款式简单的服装。但当服丧时，她们所穿的衣服颜色鲜艳，其目的是祝愿逝者能够在来世拥有幸福的生活。

最后是东方元素对拜占庭服装的影响。这一时期，东方式的长袖袍子开始流行。此外，东方首饰也受到欢迎。人们常将宝石、黄金、珍珠等用来制作各种饰品。服饰的用料也日益讲究，如东方的绫罗绸缎、小亚细亚的毛呢等。再者，这一时期的长袍和斗篷还表现出东方纹样的豪华精致。拜占庭人用东方传来的厚质的绢织物、缎子、锦、金丝编织物等面料制作服装并缀以豪华的装饰，故而，拜占庭时代又被称为“奢华的时代”。

知识链接：拜占庭服饰中的社会等级因素

拜占庭帝国时期的服饰还体现出拜占庭社会内部的等级差别。通常情况下，只有王室成员才可以穿丝绸衣服。普通平民只能穿棉布和亚麻布材质的衣服。在当时，紫色是一种富贵色，象征着高贵和威严。紫色的长袍更是皇帝和皇后的专用服装。贵族为显示身份，常常会在帕鲁达门托姆上缝一块方形装饰布“塔布里昂”（Tablion），上面绣上金色纹样图案。

5—6世纪古罗马帝国末期，社会发展迅速，多元文化交融，拜占庭服饰文化也呈现出异彩纷呈的特点。

罗马帝国时期的饮食文化

美食和晚宴

古罗马人的饮食文化始终在变化，至罗马帝国时期，受其扩张的影响，古罗马人的食品选择日益多样化，加工日益精致化，晚宴也开始风行。

共和国时期，罗马人的饮食比较简单。吃只不过是一种必不可少的行为，主要食物是谷类和蔬菜，无须特别加工。早餐通常是几块面包加乳酪。午餐是主餐，吃粗麦面包或麦粥，加上洋白菜、豆类、橄榄等，偶尔还有猪肉和少量的酒。晚餐跟早餐一样简单。到帝国时期，古罗马人的饮食文化发生了很大改变。

食品选择的多样化和加工的精致化

公元前 73 年担任罗马执政官的鲁古鲁斯，其日常饮食十分奢华。有一次，他在他的阿波罗餐厅招待庞培和西塞罗，用了极其短暂的时间就准备了一桌价值超过 3 万塞斯特斯的佳肴。而在当时，一个罗马士兵一年的军饷才 451 塞斯特斯。

1 世纪庞培古城中的一幅盛宴壁画。画中奴隶给作为客人的贵族擦鞋子，侍者为他们递上酒杯，两位奴隶在角斗以供贵族们取乐，贵族们在期间交流思想和情感。

1 世纪前后，罗马帝国一位名叫盖尤斯·阿庇西乌斯的厨师把罗马美食编辑成书，但未能存留至今。不过，约 300 年后，可能是一位名叫盖留斯·阿庇西乌斯的罗马厨师撰写了一本烹饪专著《论烹调》。该书广泛搜集了当时流传的食谱。加工更为精致的面包和包着各种馅儿的面点成为主食，烹制而成的各种鱼类和肉类（猪肉和牛肉为主，也有马肉、羊肉等）渐渐增多。根据记载可知，各种香料（特别是花椒）和蜂蜜也大量使用在古罗马人的饮食中。从这里我们可以推断出，古罗马人比较喜欢吃一些辛辣或甜味等口味的东西。另外，还有许多不怎么加工但依然美味可口的食物，如鸡蛋、橄榄、小扁豆、粟米、葡萄、松子、榛子和椰枣等。

2 世纪时，罗马作家奥鲁斯·盖里乌斯在其作品中提到罗马人的饮食，其中的一份菜单上写着各种菜品，不仅有黑海的金枪鱼、西班牙布尔提苏斯港的八目鳗鱼、开俄斯岛的核桃、埃及的椰枣和西班牙的栎子，还有爱琴海萨莫斯岛的孔雀、小亚细亚菲利吉亚的松鸡、波斯的鹤、希腊北部安布拉齐亚的羔羊等。罗马人饮宴的奢华，可见一斑。

一块石制店家招牌，出土自意大利奥斯提亚，图中间的妇人正在兜售水果和家禽。

晚宴的风行

帝国时期，罗马人的主餐开始改到晚上，后来渐渐发展为社交宴会。宴会在罗马人的社会生活中具有重要意义。它不仅是亲朋好友聚会的主要场所，也是主人显示其社会和经济地位的一种方式。

晚宴在主人家中进行，时间一般从下午 4 点开始，根据宴会的欢娱程度决定宴会时间的长短，长的宴会可能要持续到下半夜。

酒在宴会上非常重要，但通常情况下，主人要将酒用水稀释并调以香料和蜂蜜。在非常重要的宴会上，罗马人会使用一种特殊的保温器具把酒加热并使之保持一定的温度。宴会开始前首先要供应一些开胃的食品，其中包括蛋、蔬菜、贝类海味、奶酪等，同时还要喝几口“莫尔森酒”（加入了蜂蜜的葡萄酒）。

菜肴由奴隶们准备，上菜也是按照顺序进行的。罗马人一般会先上主菜鱼类或肉类，最好的是猎物野味或是家禽。为增加味道，罗马人还要吃上一些无花果之类的可口时鲜。吃完主菜，再食用一些糕点、牛奶蛋糊、牡蛎或是蜗牛等。一些比较高档的宴会在供应食品的同时，通常还有朗诵、演唱、乐器表演、舞蹈和杂技等各种令人愉悦的表演。为显示自己的富裕，一些主人还会给客人赠送一些小礼物，如青铜、象牙或银质的小雕塑。

共和国至屋大维统治时期，元老院曾多次签署法令，试图限制这种奢靡的宴会，但没有任何作用，到罗马帝国时期，这种宴会就更没节制了。

知识链接：接吻礼与女性禁酒

早在古罗马时期，意大利就盛产优质葡萄酒，成年男女养成饮酒习惯。男子常常豪饮，女性也嗜酒难戒。为确保后代身体健康，立法者曾明令禁止已婚妇女饮酒。但许多女士却我行我素。于是，古罗马男子回到家的第一件事就是吻吻妻子的嘴唇，看她是否偷喝了酒。日子一长，接吻便成了夫妻会面的习惯动作。此风后吹至欧洲各地，接吻逐渐成为西方夫妇的见面礼。

一幅马赛克画的局部，图中显示了一位面包师正要把一条面包拿出炉灶。

罗马人的居所

贵族的豪华别墅和平民的栖身之所

古罗马时期，豪门显贵与平民百姓的居住条件相比，亦是不啻天渊。

除了服饰和饮食，罗马人的居住条件也因社会阶层不同而有所差别。对于乡下居民而言，他们的居住环境虽然安静，但也简陋。很多罗马民众希望在城市落脚，虽然城市环境嘈杂且一点也不舒适，即所谓“宁要城中一张床，不要乡间一套房”。对罗马显贵而言，他们的住宅装饰豪华，各种生活设备应有尽有。

罗马贵族在乡间的私人别墅模型，这些别墅的遗迹可以在塞尔维亚的瓦列沃（Valjevo）附近找到。贵族别墅富丽堂皇，设备齐全，通常建在有河流或湖泊的地方，别墅内部的装潢也非常讲究，屋外还建有花园。

贵族的豪华别墅

对罗马贵族而言，他们一般都在乡间建有私人别墅。这种住宅称之为“维拉”，也就是今天英文中的“Villa”，即别墅之意。罗马帝国时期，别墅真正成为元老贵族欢娱的殿堂。当元老贵族在城市中的豪宅住久了，他们就会驾车到自己的乡间别墅中住上一段时间，如此不仅可以修身养性，还可以亲近大自然。

古罗马别墅中的马赛克镶嵌画。罗马贵族的别墅内部通常会用精美的马赛克镶嵌画来装饰房屋，反映出主人的情趣及其社会地位。

罗马贵族居住的别墅之华丽实在令人羡慕和向往。这些别墅大多建在周边有河流或湖泊的地方，给人一种置身于大自然的感觉。不仅如此，罗马人还通常在住宅里面或外面建造一个花园，并把尽可能多的房间朝向花园。花园里不仅种着各种各样的花朵和绿色植物，还有涓涓流淌的泉水。有些非常豪华的别墅周围则建有园林，其中的花朵缤纷多彩，树木千姿百态，各种山石和雕像耸立。罗马贵族的别墅不仅有着极其美丽的景致，还有着完善的设备，如浴室、卫生间，等等，有些别墅甚至装有

罗马平民的居住条件非常简陋，其住宅通常为一座大门临街而开的方形小院，中央为一方形小天井，住宅陈设简陋，与罗马贵族的奢华居住条件成鲜明的对比。图为罗马平民的住宅遗址。

知识链接：罗马人居所中的美丽花园

罗马人非常希望能在自己的居所建造一个花园。通过当时的壁画，人们可了解一二。1世纪晚期，罗马利维亚别墅中的壁画《花园景色》就是典型代表。这幅壁画在这间屋子中的作用即是延展屋外花园的范围，使主人能在熙熙攘攘的城市景象中，一瞥大自然的美丽景色。虽然有《花园景色》这样的壁画，但古罗马最丰富的花园图像遗存是被火山灰掩埋了千年的庞培古城。

暖气。别墅内部的装修也非常讲究，墙壁或柱体通常用大理石建造，而在这些墙壁或柱体上面，通常会刻上或是挂上精美的绘画作品。这些画作不但能反映出主人的情趣，还能反映出主人的社会地位。书房是罗马贵族的别墅不可或缺的组成部分，布置得清雅别致。而罗马皇帝作为一国之君，更会倾尽全国的财力，汇集全国的最高工艺建造宫殿林苑。

罗马贵族为适应四季变换，他们通常会拥有几处不同的别墅。像西塞罗那样富裕程度的贵族元老一般都拥有六幢别墅，且每一幢别墅里都配备有齐全的家仆和花匠。如果有谁说某幢别墅夏天太热冬天很冷时，别墅的主人可能会哈哈大笑地说："难道我连鹤与獾都不如，不知道随着季节的变换而改变我的住处吗？"

平民的栖身之所

与罗马贵族舒适安逸且豪华奢侈的居住条件相比，罗马平民的居住条件显得非常简陋。随着罗马帝制建立，这种差别更加明显。

对乡村平民而言，他们的住宅通常是一座大门临街而开的方形小院，中央辟一方形小天井。住宅里面设备简陋，也没有什么精致豪华的装修物品。

城市平民则住在一种专门供他们居住的公寓建筑里面。这种建筑通常有四五层楼，每层由一个个的"单元房"组成。随着城市人口增长，原本并不宽敞的平民住房变得越来越拥挤窄小。这种住宅不仅没有必要的生活设备，如下水道、取暖设施、厨房，而且由于过于拥挤，又没有人来维修，时常会出现楼梯断裂、房屋倒塌等事故。因此，城市平民的安全常受到威胁。不仅如此，这种房子没有独立卫生间，城市平民白天只能去公共厕所。如果夜里想方便，只能在家里放一个便壶，早晨再倒掉。于是，当时的罗马有一道特殊的风景线：大街小巷的门口或是后院都是成排成行的便壶。不仅如此，城市平民还要忍受几乎一刻也不停歇的嘈杂声音。早晨天刚刚亮，车辆开始咯吱咯吱响起来，小贩们开始竞相扯着嗓子叫卖，铁匠、木匠、鞋匠击打着手中的锤子，教书匠声音洪亮地开始上课……而等到晚上，下班返回家里的人如果步行，会与同伴唠叨一天的工作或是家长里短，如果坐车，车辆的噪音与早晨一样令人烦躁……

古罗马人的出行

条条大路通罗马

到公元前1世纪，罗马道路已有相当大的发展，陆路的发达与海运的畅通成为罗马文明的一大特色。

如果要说出一句耳熟能详的罗马谚语，很多人会想到“条条大路通罗马”。罗马建国初期，交通比较落后。但在公元前3世纪到公元前2世纪，由于罗马对外征服和加强统治的需要，政府开始重视道路建设，罗马交通日臻完善。

海陆交通的共同繁荣

罗马帝国时期，四通八达的交通网以罗马城为中心展开，各个方向的交通要道皆汇集于帝国之都，形成了“条条大路通罗马”的壮景。

“条条大路通罗马”主要体现在罗马帝国境内的各条大道都以罗马城为中心向四周辐射。在这个辐射圈内，道路几乎遍及整个意大利地区，而在这些道路之中，七条是主要道路，它们都延伸至罗马在本土以外的其他地区设立的行省。就罗马的陆路而言，它也以罗马城为起点，从此沿着陆路径直行走，可到达爱琴海沿岸、小亚细亚以及比利牛斯山这些遥远的地方。到2世纪时，罗马帝国境内已经修建了372条大道，这些大道总长度为8万公里。其中，意大利本土的大道长度就达2万多公里。

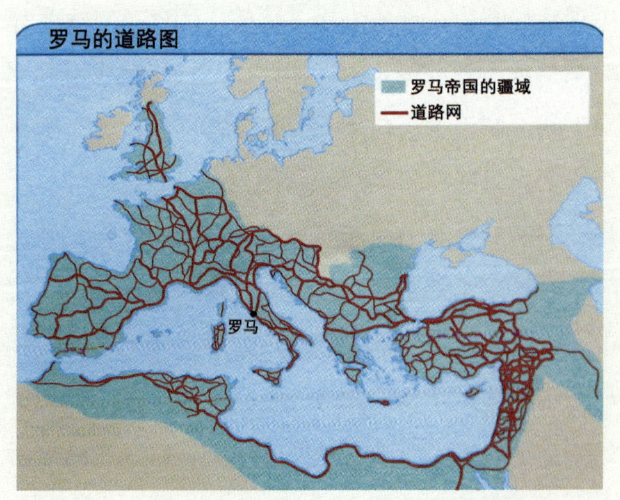

罗马的道路系统的设计最初是为了军事与政治上的目的。它可以让军团快速抵达潜在的纠纷地区。罗马的道路从罗马城辐射出去跨越各个行省。有时，商人也享受到这些道路网之便，大大扩展了贸易的范围。

罗马大道具有鲜明的特点。首先，数量多。其次，建筑标准高，质量好。这些道路通常铺筑四层，以石块、混凝土、石灰、碎石、沙砾为材料，修建得结实耐用。而且，为了避免下雨时水聚集在一起形成水洼，罗马人在铺路时常常让路面中间稍稍隆起，如此这样，水就会顺势流向两边，分散到两旁的下水道。路的两边有排水沟，并有石砌的边沿作为保护。另外，用途广泛。罗马道路不仅用于军事，保证罗马军团在每个省都能展开快捷迅速的行动，亦在贸易、通商和旅行等民用领域发挥作用。

发达的陆路交通并不是罗马交通网的全景，其海上交通亦十分繁荣。在当时，通过海路，人们向西可以远至不列颠，向东可以到达黎巴嫩。在运输速度方面，海路亦显示出了陆路所无法比拟的优点。人们若从尼奥波利斯出发的话，到达亚历山大里亚港只需要12天的时间，而到科林斯则只需7

天。从南高卢的那巴出发到非洲，如果运气好，航行过程中是顺风而行的话，只需要 5 天时间。如果想从塞提斯到亚历山大里亚港，整个行程只有 6 天时间。罗马的内河航运也比较发达。其中在北意大利的湖泊上，大大小小的船只来来往往，而在莱茵河和塞纳河上，则出现了新的集散地。而且，这一时期，科伦、卢泰提亚（今巴黎）和卢格敦（今里昂）等都已经是重要的河港。

知识链接：条条大路通罗马

著名谚语，出自罗马典故。约 5 世纪，西哥特王阿拉里克攻占罗马，但屡败于西罗马将军斯提里科之手。407 年，斯提里科以反叛罪被杀。阿拉里克听到消息后仰天大笑："终于没人能阻止我去罗马了。"他的手下这时问："大王打算走哪条路去？"西哥特王说了句："All Roads Lead to Rome（条条大路通罗马）。"后人用这句话指可经由不同途径实现目的。

罗马大道的重要作用

罗马帝国便捷的交通，对当时和以后帝国的发展都有着重要的作用。

它为当时人们的出行提供了很大便利。而且，这种便利一直延续至近代时期。因此，历史学者常常感叹道：罗马大道这项伟大的工程完全是罗马人的成就。直至铁路时代到来之前，罗马大道在促进陆路旅行的快捷方面作用甚大。

罗马大道对于维护罗马帝国的统治以及加强帝国内部各地区之间的往来有着非常重要的作用，使整个罗马帝国联结为一个紧密共同体。

罗马大道促进了交通的便利，而交通的便利还在极大程度上促进了人与人之间的交往以及信息之间的交流，从而推动商业贸易的发展。在当时，罗马帝国的诸多城镇组成了密密麻麻的交通贸易网络，各个城镇之间通过海上航路、内陆河运、官修大道和古老商路彼此往来和贸易。不仅城镇，乡村也因罗马道路的畅通而参与到这种商业贸易网络之中。

古罗马路标，上面记录了道路兴建的细节。

罗马斗兽场前面的人行小道。罗马斗兽场虽然历史悠久，但后来多次遭受外族入侵，造成程度不同的破坏，其间穿插的小道蔓延在废弃的台阶和廊道中。

古罗马的“沐浴文化”

沐浴与社交

古罗马的一处墓志铭写道：“浴室、葡萄酒和性毁了我们的身体，可如果没有它们，活着的意义何在？”

在古罗马，无论国王贵族，或是普通民众；无论男女，或是老少，都喜欢沐浴。可以说，沐浴在当时已经蔚然成风，并发展为一种文化。

公共浴室的盛行

1 世纪，安东尼厄斯·皮乌斯创建了供一般公众使用的第一批免费浴室。这样，健康和清洁的观念开始出现，就在这些浴室里，沐浴的配件逐步形成。后来，罗马澡堂得到国家或私人资助，入场费通常很低甚至免费。2 世纪，罗马城已有 856 个浴室。至 4 世纪时，罗马城的公共浴室已达到 1000 多个，其中 11 家的浴室规模非常之大，如卡拉卡拉浴室，一次可容纳 100 多人沐浴，戴克里先浴室更多，一次性可容纳 3000 人。当然，还有比这两个更大的浴室。在当时，罗马城内占地最大的浴室据说有 15 公顷之多。

古罗马人在公共浴室的装修上可谓费尽功夫和金钱。公共浴室的场地一般较大，建筑师会在广阔的场地中配置上考究的装饰材料、圆柱以及雕像等。在当时，大多公共浴室会用光滑闪亮的大理石铺砌。在大理石表面上，精心如罗马人者还会绘制上美丽缤纷的图画。至于浴室中的屋顶，一般是穹形的，镶上玻璃，便于采光，使浴室内更加亮堂。这些公共浴室的墙壁上，都装有宽大透亮的窗子，目的是确保白天的阳光能充分照射进来。规模较大的浴场还建设有音乐厅、图书馆、体育场和室外花园。

罗马大多数老百姓困于经济实力有限，不可能在家里拥有自己的浴室。因此经常会去公共浴室消遣一番。对豪门显贵而言，他们的府邸及庄园别墅内都建有豪华浴室。这一阶层的人在洗浴时的“花销成本”通常很高。据说，尼禄皇帝的妻子萨比娜经常用驴奶洗澡，而洗一次这种澡至少需要 100 头驴子的奶。据 1 世纪时期的奥维德所说，用驴奶沐浴后，可使皮肤像珍珠一般白净透亮。不过，这些豪门显贵经常也会去公共浴场。

沐浴与社交

大部分罗马人每天都上公共浴室，不仅是清洗身体，主要原因是在这里与朋友会面。

有些公共浴室是男女在一天内的不同时间使用，比如，中午之前妇女洗浴，下午则是男人洗浴。但在有些地方，男女澡堂分列左右两侧，他们可在同一时间洗浴。公共浴室里一般设有冷水浴、

罗马浴室。罗马帝国时期，沐浴成为罗马的风尚。

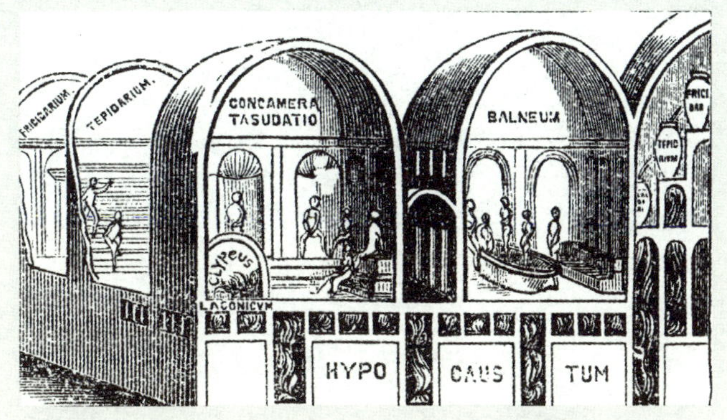

罗马帝国时期，沐浴盛行，也得到罗马皇帝支持，他们常筹集资金修建大型公共浴室。图为意大利古老雕刻，描绘了罗马提图斯的浴室。

温水浴、热水浴以及蒸汽浴。古罗马人在洗浴时，都先进行一番锻炼，如踢球、练臂力、做体操、跑步等，每个浴室里都有这些“旱地活动”的场地。待活动筋骨后，他们会脱光衣服在热气室内至浑身冒汗，再洗热水澡或温水澡，清洁皮肤，然后跳进冷水浴池，目的是在与热水和温水温差较大的冷水中神志清爽并增强体质。

在当时，公共浴场实际上已经成为传递全城信息的所在地，豪门显贵常在这儿消磨大部分时间。在浴场里，这些客人对身体尤其是对美容也能够获得极好的满足。他们用自己的或是雇用的奴隶来为自己服务，让他们给自己按摩、洗涤，还有异性奴隶提供性服务。这里可以买到各色高级的润肤油脂，也可以享受到美味佳肴。

公共浴室附近经常充斥着玩耍者和运动者发出的喧哗、食物和饮料小贩的叫卖声、沐浴者发出此起彼伏的溅水声和招呼声。有些职业拔毛者“为招徕顾客，整天提高嗓门发出尖锐刺耳的叫声，只有在为顾客拔腋窝毛时，顾客痛得大叫才盖过职业拔毛者的喋喋不休”。在这里，公共浴室成为罗马普通民众休闲和聚集的中心。他们不仅可清洗身体，还可以进行买卖交易，打听小道消息，说说笑话和一些家长里短。

知识链接：老普林尼的美容要诀

老普林尼的《自然史》描述了罗马人使用的很多化妆品，如金红石是一种可使头发变红的肥皂，白铅是一种可使面庞变白的粉类，“节荚”是一种杏仁与牛奶合成的搽剂。为消除皱纹和美白皮肤，罗马人用亚麻仁油和牛蹄脂肪制成润肤油，用豌豆粉或大麦粉与蛋、酒渣、鹿茸粉、水仙花和蜂蜜，或用浸在奶中的面包屑做面膜。

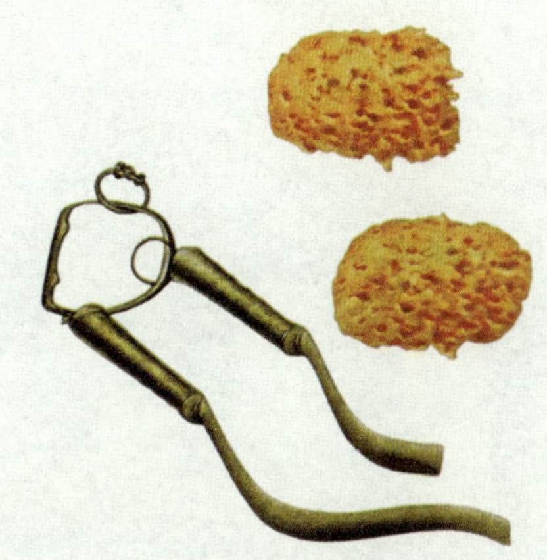

罗马人在洗澡时会使用海绵和瘙痒器，其中瘙痒器弯曲的括消器是用金属或骨头做成的，用来擦拭清洁身体。

第 270—271 页：古罗马斗兽场

斗兽场是古罗马当时为取悦凯旋的将领士兵和赞美伟大的古罗马帝国而建造的。它建于公元 72—82 年间，是古罗马文明的象征。斗兽场的看台用三层混凝土制的筒形拱上，每层 80 个拱，形成三圈不同高度的环形券廊（即拱券支撑起来的走廊），最上层则是 50 米高的实墙。看台逐层向后退，形成阶梯式坡度。

斗兽场的建筑设计并不落后于现代的美学理念，近两千年后的今天，每一个现代化的大型体育场都或多或少的烙上了古罗马斗兽场的一些设计风格。如今，通过电影和历史书籍等媒介，我们能更深切地感受到当时在这里发生的人与兽之间的残酷格斗和搏杀，而这一切，只是为了给作壁上观的观众带来一种原始而又野蛮的快感。

血腥竞技文化

古罗马角斗

曾有神父预言："几时有斗兽场，几时便有罗马；斗兽场倒塌之日，便是罗马灭亡之时。"在当时，甚至现在，角斗显然已成为罗马城的象征。

古罗马时期，角斗比赛非常盛行。竞技场通常是城市里最高大的建筑，角斗比赛是罗马显贵炫耀自己的财富和权势最主要的途径，而且，角斗比赛时的情形也是当时艺术家描绘的主要场景。当然，角斗也是罗马民众经常谈论的话题。

图为描绘古罗马斗兽场景的马赛克镶嵌画，罗马角斗士与豹子的角斗。斗兽士会带着护具与老虎、狮子、熊、豹、野牛等猛兽进行搏斗。

角斗比赛之盛况

谈到古罗马帝国，很多人会想到它的角斗比赛。角斗比赛时，通常由一个"网手"与一个"盾手"捉对厮杀，获胜者可得到奖赏。那些武艺超凡的角斗士往往因此可攒下一大笔钱，并赎得自由。他们甚至还会因此成为"明星"。庞培古城墙壁上的信息告诉我们这一点：那个色雷斯式的"盾手"凯勒杜斯让所有的女孩仰慕不已。"网手"克列斯森赢得了所有女孩的心。

图为4世纪描绘角斗士角斗场景的马赛克镶嵌画

角斗场上死去的奴隶，难以计算。有一年，一位外国使节准备回国时，教皇抓起角斗场的一把土让他带回去。使节疑惑地问："一把泥土？带它干什么？"教皇说："你使劲一捏，奴隶们的鲜血就会从你的指缝间滴落下来。"

据历史记载，公元前264年，在罗马广场进行了首次角斗表演，布鲁图兄弟在父亲的葬仪上组织了三对角斗士进行格斗。以后，角斗规模不断扩大，方式也屡屡翻新，特别是在罗马成为庞大的帝国后，角斗之风更加盛行。据记载，公元前65年，恺撒大帝在为其父举行葬礼时安排了3320对角斗士和犯人，迫使他们同野兽搏斗。屋大维在位时举办的角斗比赛，8 个不同赛场上有 5 万对角斗士进行格斗。108—109 年，图拉真为庆祝自己征服达西亚之功，连续进行了 123 天的角斗比赛。在比赛中，9138 名角斗士参加了比赛，1.1 万只动物被杀。

知识链接：古罗马奴隶的来源

古罗马奴隶来源主要有四种途径：第一种途径是罗马通过战争使外邦人沦为奴隶；第二种途径是因赊欠债务而降为奴隶的人；第三种途径是海盗抢劫而来的奴隶；第四种途径是奴隶的自然再生产（即通过再生育而实现的奴隶劳动力的再生产）。

角斗盛行之缘由

角斗是一种极为残忍的血腥活动，但罗马人不但不感到厌恶和愤恨，反而大声欢呼叫好。古罗马人为何喜欢这种如此残忍的活动呢？

一种说法是，古罗马角斗与祭祀和宗教有关。古罗马角斗原是一种宗教活动，人们相信死者可以用血来赎罪，因而在葬礼上经常杀战俘和奴隶祭祀祖先。前述的布鲁图兄弟和恺撒等人在父亲的葬礼上举行的角斗表演，就证明了这一点。

另一种说法认为角斗的盛行与古罗马人尚武斗勇的风气有关。古罗马人长期致力于对外扩张，后经历了 200 年的和平时期。为在和平时期保持罗马人的尚武精神和战斗传统，就要人为地制造战争作为公共娱乐，而“角斗是一种良好的教育，它能培养沉着、勇敢和视死如归的精神”。

还有认为与教育和警示有关。每次角斗比赛，都有许多战俘、奴隶、犯人被打死，因此，角斗比赛与执行一次公开的死刑差不多。它对罗马公民、属民和奴隶起一种杀一儆百的作用，谁敢反叛或出卖他们的祖国，谁将得到角斗士同样的下场。

说法众多，但古罗马人热衷角斗的根本原因在于奴隶制度。奴隶制度不仅对奴隶、战俘、犯人任意折磨和杀戮，还导致大批农民破产。这些破产农民来到城市，成为流氓无产者。他们无所事事，成为社会寄生虫。但这些人就法律地位和政治地位而言，他们是罗马公民，握有选票，因此在关于统治阶级的政治斗争中有着不可小觑的作用。而统治阶级在争权夺利的政治斗争中需要他们的支持，于是采取高压和引诱两种手段对付他们，使他们在日复一日欣赏角斗流血的过程中日益沉沦，成为对统治者俯首帖耳的工具。

古罗马角斗士浮雕

总结遗产，创造新篇

由于古代罗马人轻思辨、重实用，因而，在罗马时代，罗马人对自然科学的突出贡献不是在直接观察和实验的基础上探索新的理论架构，而在于总结和综合古希腊和埃及等文明古国曾经在自然科学各个方面取得的辉煌成就。

罗马是一个以农业立国的国家，因此，古罗马人特别重视推广和普及农业科学知识，由此产生了许多著名的农学家和农学作品。

在自然科学领域，罗马人也作出了伟大的贡献。公元前1世纪末期建筑师维特鲁威的《建筑十书》是世界上第一部建筑学专著。公元前1世纪末至1世纪初的斯特拉波编著有《地理学》一书。该书总结了当时西方世界的几乎所有地理学知识，而且还绘制出一幅囊括欧亚非三洲的世界地图。1世纪老普林尼的《自然史》是一部百科全书式的巨著，几乎把当时人们所知道的各科知识都搜罗其中。在天文学领域，影响最大的是2世纪托勒密所著的《天文学大全》，该书继承并完善了地心说天文学体系。较托勒密稍晚时期的名医盖伦是古典医学的集大成者，他对解剖学、生物学、病理学和医疗学等均有建树，其著作长期在西方医学界被奉为经典。

罗马时代各种知识的总结性著述和创新性成果，成为连接古典世界与近代世界自然科学的重要桥梁。

科学与知识的灯塔

亚历山大图书馆

亚历山大图书馆是一座将旧知识与新知识连接起来的桥梁，吸引着那个时代最伟大的学者集聚一堂，从而汇集成古代世界中最壮阔的文明交响。

非洲许多城市以“亚历山大”命名，其中最璀璨夺目的是坐落在埃及尼罗河河口的亚历山大城，而亚历山大城最著名的文化宝藏就是亚历山大图书馆。亚历山大大帝死后，他的部将登上了王位，史称托勒密一世，亚历山大图书馆就是他的杰作。

亚历山大图书馆想象图。由于几次火灾和其他天灾人祸，亚历山大图书馆的全貌不复存在，但可从遗留下来的断壁残垣和相关文献记载大致推测和复原其全貌。可推测图书馆建在山丘上，周围云雾缭绕，大门两边有两个士兵把守，馆内两边是房屋和小道，中间是图书馆主体部分。

集天下图书之大成

亚历山大图书馆建于公元前259年，被认为是当时规模最大、最为著名的图书馆。该图书馆初建成时，即将建馆目的设定为“收集全世界的书籍，实现世界知识的总汇”。为此，托勒密王国的历代统治者都为此不惜通过各种途径甚至包括抢劫商船搜集各类书籍。

亚历山大图书馆遗迹，从中可感受到亚历山大图书馆的巍峨。该图书馆为罗马帝国皇帝托勒密一世于公元前259年建造，是当时世界规模最大、最著名的图书馆。建馆目的是为了“收集全世界的书籍，实现世界知识的总汇”，馆藏丰富，成为当时世界的知识中心。

亚历山大图书馆雇用由皇室供薪的学者进行书籍的抄写和校订工作。经过该馆校订的版本，便为标准本，抄出复本后可以出售。亚历山大图书馆人员搜集世界各地的书籍用于抄写，但不是每次都记得归还。有一回，雅典人把一批非常重要的原稿借给亚历山大图书馆抄写。为防止书稿有去无回，雅典人要求用大笔黄金做抵押。然而，亚历山大人强烈渴望能得到原稿，抄写完成后，他们仅把抄写本运回雅典。

391 年，亚历山大图书馆再次失火，唯一能解读古代文字的埃及祭司阶层又被罗马帝国皇帝狄奥多西二世驱逐，因此被焚毁的古籍、古碑也无法复原，埃及古代文明被迫中断，难以为继。

知识链接：7 世纪亚历山大图书馆的大火灾

642 年，阿拉伯将领阿慕尔已征服了埃及，占领了亚历山大。在对待亚历山大图书馆的问题上，阿慕尔做出决定：将之毁掉。他认为，该图书馆中的藏书，其内容与他们传播的教义并不相同。于是，曾“有幸逃出”第一场大火的书籍在这次未能幸免于难，全部被运往当地一个公共浴室，作为燃料焚烧。据说，这批书籍总共烧了大约 6 个月。

无奈的雅典人只能满足于抄写本和巨额黄金。

亚历山大图书馆的馆藏以纸莎草书为主。公元前 1 世纪末的罗马征服时期，亚历山大图书馆保存了约 70 万卷宗。丰富的藏书引得四方学者纷纷云集此地，亚历山大图书馆因此成为世界知识中心。

一场可怕的大火

公元前 47 年，图书馆遭受了一场可怕的大火，所藏书籍大多被毁。这一年，恺撒率领军队攻占亚历山大城后，下令火烧港口的托勒密王朝船队，大火顺势蔓延到城里，亚历山大图书馆里的图书被烧毁无数。

关于这场大火，还有一个神话般的故事。

据记载，恺撒征战埃及时，将一本家传古书随身携带。一天凌晨，恺撒难以入眠，于是顺手拿出这本书翻看书中插图。他猛地发现，画中人物的脸孔已被愤怒严重扭曲，眼里的寒光阴冷得使画中的草地和房梁结满了白霜。恺撒深有感触，他从插画的表情里看到了那本书的孤独。于是，他决定将该书暂时存放在亚历山大图书馆，让它享受与同伴们欢聚一堂的快乐。

为避免想念这本书，恺撒命令一个技艺高超的占星士制作了一个与原先一模一样的拓本。恺撒虽然将原本放到了亚历山大图书馆，但不知为何，他总是担心它的卓尔不群会引起其他书的嫉恨，进而导致某种灾难。半年之后，恺撒的担心果然应验。从亚历山大图书馆大火中幸存的一个阿拉伯人，向他禀告了这次火灾的过程。阿拉伯人当时正在书架中间往来巡查，突然看见远处一本书燃烧起来，这本书的火焰很快窜到其他书本上，连同其他书籍一起燃烧。

火灾停息后，清扫残渣的奴隶发现，封面上画着牧人和羊群的那本书从灰烬中慢慢恢复了最初形体，奴隶惊讶之下把它交给了恺撒。恺撒奖赏了奴隶一大笔钱财，从此那本书又时刻陪伴在他周围，并在他死后成为恺撒家族世代相传的宝物。

传闻归传闻，亚历山大图书馆并没有在这次大火中完全烧毁。在此之后的几百年里，亚历山大图书馆经历了几次大火和地震的摧残，战争的爆发以及当地基督教的反异端暴乱也使得亚历山大图书馆损失惨重。到 7 世纪，不论是图书馆的建筑还是藏书都已不复存在，剩下的只有传说了。

古罗马农学史上的巨作

科鲁美拉的《论农业》

科鲁美拉因著有《论农业》留名后世。他完整地接受了前辈学者农本主义的遗产，且有所前进和创新。

继共和时代的农学家老加图和瓦罗之后，罗马又出现了一位杰出农学家科鲁美拉（Luclus Junius Moderaus Columella）。约在公元60年，他写成《论农业》一书，奠定了他作为罗马杰出农学家的地位。

《论农业》的问世

科鲁美拉大约于1世纪出生于西班牙的迦狄斯。中年时，他曾当过将军。之后，他在拉丁姆的俄提亚获得一块村地，成为罗马的一名大庄园主。科鲁美拉在经营自己的庄园数年后，由于经营有方，经验日益丰富起来，因此产业不断膨胀。但他目睹罗马帝国的日渐衰落，哀痛奴隶制庄园在帝国时代的没落和经营的无利可图。为了振兴罗马帝国的农业，他开始写作，并最终写成《论农业》一书。

古罗马帝国时期著名农学家科鲁美拉，早年当过将军，后成为大庄园主，积累了大量农业生产经验，约在公元60年著成《论农业》，为振兴罗马帝国的农业生产作出了巨大贡献。

科鲁美拉的《论农业》共12卷。第1卷是序言，第2卷论述土地和农作物，第3、4卷论述葡萄种植，第5卷论述土地面积和树木，第6、7卷论述家畜饲养，第8卷论述家禽和养鱼，第9卷论述野牛和养蜂，第10卷论述菜园和果园，第11卷论述管庄的职责和历法，第12卷论述女管庄职责。

稽古振今

总的来看，科鲁美拉主要论述了两个方面的问题，目的在于通过考察之前的历代农业作为借鉴，以振兴当今罗马帝国的农业生产。

科鲁美拉分析了当时人们不重视农业和抵触劳动的原因，并以强烈的语气表达了自己的愤慨。在科鲁美拉的时代，罗马从昔日的繁华走向衰落。罗

知识链接：瓦罗的《论农业》

约完成于公元前37年，共3卷。第1卷包括引论、农业目的和范围、宅院建筑、土地耕种、产品收藏和加工等。第2卷论述畜牧业，包括畜牧业的起源，狗等家畜的选购、饲养、繁殖和疾病的防治等。第3卷论述家禽、鸟类、鱼类和蜜蜂等的饲养和营利等。《论农业》是了解和研究公元前1世纪意大利生产实践和奴隶制发展状况必读的一本农学专著。

科鲁美拉《论农业》残片。《论农业》叙述了葡萄、树木、家畜、家禽、鱼、野牛、蜂、蔬菜、水果的种植和饲养，并论述了管理手段。

知识链接：老加图的《农业志》

老加图于公元前160年写成的第一部拉丁语农学专著。《农业志》不仅总结了加图自己在管理奴隶制农业方面的经验，还总结和吸取了前人的农业实践经验，提出了对待奴隶和剥削奴隶劳动的具体意见。《农业志》保存至今，是了解公元前2世纪中叶意大利中部奴隶制农业生产发展状况的宝贵资料。

马皇室为筹备战争费用，满足自己大量的奢侈性消费，对其统辖下的庄园主增收赋税。庄园主当然不想过多地影响到自己的收益，于是便将这种赋税转嫁到劳苦大众身上。同时，他们也为满足自己日益高档的生活方式，加重对农民的剥削。在这种情况下，农民生产的产品越多，被国家和庄园主榨取的也越多。不仅上层统治者，农民也追求享乐的生活。在这种情况下，从前以农业生产为荣的农民日渐对农业生产失去了兴趣，甚至开始厌恶劳动，以对生产的破坏来抵触劳动。

科鲁美拉非常重视科学知识在农业生产中的运用与推广，在如何改善和提高农业生产方面，他完整地总结了古人的经验，并在此基础上，提出了自己的见解。他抱怨地主们舍得在外地建别墅去休闲而唯独在农业上不去花功夫进行细心研究。他说：“在农业中，只凭决心和计划而没有科学知识，很快就会给自己带来巨大损失，农业工作因在无知情况下进行，费用支出将变成毫无效用。”他热心研究古代的耕作方法，评价前人的见解和教导，检验前人的经验是否适合当时的农业。在书中，科鲁美拉还提倡奴隶主们应该努力参加管理，因地制宜地去种植农作物。

《论农业》一书范围之广和程度之深是前代同类作家所无可比拟的。因此，科鲁美拉的《论农业》堪称罗马农学史上的扛鼎之作，在世界农学史和古代科技史上均有重要地位。《论农业》一书对后世学者研究罗马大庄园经济的发生、发展和衰落的历史有重要价值。

罗马共和国时期政治家、演说家老加图，公元前195年任执政官，是第一个使用拉丁文撰写历史著作的罗马人，主要作品有《创世纪》《农业志》等，《农业志》最负盛名，保存至今。

世界第一部建筑学专著 维特鲁威的《建筑十书》

建筑师要具备多学问的知识和种种技艺。以各种技艺完成的一切作品都要依靠这种知识的判断来检查。

——维特鲁威

古代罗马在建筑理论方面也取得了很大的成就，公元前1世纪维特鲁威的《建筑十书》是世界上第一部建筑学专著。1986年，中国出版了《建筑十书》的第一个中文版本。2001年和2013年，中文译本《建筑十书》的一再问世，使我们需要回到建筑理论与建筑历史这一话题上面。

罗马帝国初期著名建筑师和工程师维特鲁威，博学通识，研究领域广泛，约公元前32—前22年写出《建筑十书》，对后世建筑学影响深远。

学识渊博，擅长建筑

维特鲁威（Marcus Vitruvius Pollio）具体的生卒年不详。不过，根据现有史料，我们知道他出身富有家庭，而且学识渊博，熟悉希腊语，能阅读希腊语文献，通晓建筑、市政、机械和军工等项技术，也钻研过几何学、物理学、天文学、哲学、历史、美学、音乐等方面的知识。他先后为两代统治者恺撒和屋大维服务过，任建筑师和工程师，并因建筑著作而受到嘉奖。他擅长写文章，对以往的城市建设和建筑工程的经验和教训都有很好的总结。约在公元前32—前22年间，维特鲁威撰写了一本关于建筑的论文集。在这本论文集中，维特鲁威斯探讨了十个问题，故此得名《建筑十书》。

《建筑十书》的内容和成就

《建筑十书》约于公元前14年出版，以拉丁文写成，共十书，每一书的大概内容如下：第一书论述建筑师的培养、建筑设计的基本原理和城市规划；第二书为各种基本的建筑材料，如砖、砂、石灰、火山灰、石材、木材等；第三书和第四书讲神庙和柱式；第五书论述广场、大会堂、剧场、浴室、体育场等各种公共建筑物的营造；第六书讲住

维特鲁威向屋大维展示《建筑十书》的情景。1684 年画作。

知识链接：古罗马的建筑类别

主要有五种：城防建筑、宗教圣地、娱乐场所、公共设施、纪念性建筑。城防建筑是罗马早期建筑，由城墙和城市要塞等组成，著名的有罗马城内的卡达托来山冈城堡要塞。宗教圣地的建筑特色主要表现在神庙和神殿上，最典型的是万神庙。娱乐场所主要是剧场和角斗场，哥罗赛姆大剧场最为典型。公共设施有公路、公共浴室、地上水道等。纪念性建筑主要有凯旋门和记功柱。

宅的建造；第七书论述室内装修的材料和颜色以及壁画；第八书讲供水工程；第九书为天文学以及日晷和水钟的内容；第十书为机械制造。

《建筑十书》总结了罗马共和国之前在建筑设计、工程技术和建筑机械方面的成就和经验，阐述了建筑科学的基本理论，主张一切建筑物都应当恰如其分地考虑“三要素”，即坚固、实用、美观，提出建筑物的“均衡”的关键在于它的局部。此外，在建筑师的教育方法修养方面，特别强调建筑师不仅要重视才能，更要重视德。具体而言，《建筑十书》对建筑发展的卓越贡献体现在以下几个方面。

《建筑十书》的第一个成就是，它比较系统地总结了希腊以及罗马早期在建筑方面的实践经验，并以此为基础，通过运用当时的自然科学和唯物主义学派的成果，理论性地阐释了这些建筑方面的经验。由此，在《建筑十书》中，维特鲁威对建筑师应该具备的素质提出了自己的观点。他认为，一个建筑师应接受广泛的知识教育才能胜任他的本职工作，他要能写作，还必须是绘图高手，应精通几何

《建筑十书》木刻插图。维特鲁威最早提出建筑三要素“实用、坚固、美观”，并总结人体结构比例规律，提出将人体自然比例应用到建筑丈量上。

学、光学、化学、天文学、算术、音乐、哲学，等等。甚至为了理解装饰纹样的含义，还必须掌握历史知识。

《建筑十书》的第二个成就是，维特鲁威相当全面地创立了各种城市规划以及建筑设计的基本原理，为后世制定了规范。他研究过的建筑类型很广泛，对神庙、祭坛、广场、元老院、剧场、浴室、体育场、住宅以及输水道等不同的建筑类型都有深入而周密的阐述，对建筑朝向、日照、声学、防潮等基本问题都提出了相应的处理方法，对应对地震、暴风、海浪和火灾也都有所考虑。他确实已经把设计原理当成了一门科学。

知识链接：古希腊柱式

古希腊柱式主要有三种：多立克式、爱奥尼式和科林斯式。多立克式没有柱础，直接置于阶座上，柱高为直径的6倍。这种柱式形态简洁，雄健威武，象征男性美。爱奥尼式柱身较长，上细下粗，给人一种优雅高贵、纤细秀美的女人气质。科林斯式特别追求精细匀称，它的四个侧面都刻有涡卷形的装饰纹样，并围有两排叶饰，给人一种纤巧华丽的感觉。

《建筑十书》的第三个成就体现在它第一次为建筑提出了评价标准和审美规范："一切建筑物都应当恰如其分地考虑到坚固耐久、便利实用、美丽悦目。"坚固是指建筑物的稳定性与持久性，它关系到静力学、结构以及材料的运用。实用是指建筑的有用性和功能性。美观则是指建筑要有优雅悦人的外观，其核心是比例与均衡。"当把基础挖到坚硬地基，对每种材料慎重选择充足的数量而不过度节约时，就会保持坚固原则；当正确无碍地布置供使用的场地，而且按照各自的种类朝着方向正确而适当地划分这些场地时，就会保持适用原则；当建筑物的外貌优美悦人，细节处的比例符合于正确的均衡时，就会保持美观原则。"这一原则成为后来广为流传的三要素，也是至今我们评判建筑优劣的基本原则。

古罗马万神庙，可以看出维特鲁威的建筑思想对罗马建筑的重要影响。

《建筑十书》的第四个成就体现在，维特鲁威依据古希腊的传统，将直观感受与理性原则相结合，将现实生活中的美与想象中的美相结合，对建筑艺术的一些基本原理做了具体而深入的阐释。维特鲁威特别强调建筑物整体、局部以及各个局部之间和局部与整体之间的比例关系，指出它们必须有一个共同的量度单位。在此基础上，维特鲁威详尽地总结了希腊晚期和罗马共和国时期人们在建造柱子时的实践经验。在说明这一点时，维特鲁威总是将以数的和谐为基础的毕达哥拉斯学派的理性主义，与以人体的美为依据的希腊人文主义思想相互结合使其统一。对维特鲁威来说，比例并非一个纯美学概念，还是一种数学关系，它与人体比例密切相关。他认为最完美的数字之一是10，与10只手指相对。6是另一个完美的数字，因为人身高是脸部高度的6倍，而两数之和的16又是一个 最完美的数字。一座神庙的所有部分都要以圆柱的底径为基础，形成相互间的比例关系，而这种数学关系也来源于人体比例。多立克式圆柱代表男人体，因此多立克式圆柱包括柱头在内的高度应该是底径的6倍；爱奥尼式为8倍，但后来这两种柱式变得更修长一些，多立克式为1∶7，爱奥尼式为1∶9。

工程师在罗马也是一个职业。图为测量员使用这个称为“葛罗码”的工具，以确认直线的水平面和曲线。

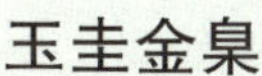

玉圭金臬

维特鲁威的《建筑十书》，作为世界上流传至今的第一部最完备的建筑学著作，不仅是欧洲建筑史上的经典著作，也是整个人类建筑史上的经典传世之作。

《建筑十书》在古罗马时期就有影响，中世纪时也并未完全失传。意大利文艺复兴时期，于1414年在一座修道院的古书堆里发现这本书的一个抄本，很快译出，成为文艺复兴时期建筑学的典范。从意大利开始，西欧国家纷纷刊行了维特鲁威《建筑十书》的拉丁文版本，并先后将它译成本民族语言。直至今日，《建筑十书》仍是一部极具参考价值的建筑科学著作。

该书还为后人了解西方古代建筑技术与风格提供了宝贵的资料，也是考古学家的重要参考书。从内容的科学性而言，《建筑十书》提出了建筑科学的基本内涵及其理论，从而奠定了欧洲建筑科学的基本体系。后来，经过两千年的考验，证明维特鲁威提出的这些内容都是科学的。

《建筑十书》的缺点，除当时科学发展水平的历史局限之外，主要是：第一，为迎合奥古斯都的复古主义倾向，维特鲁威对当时先进的券拱与天然火山灰混凝土技术有意忽视，并对其刻意加以贬低；第二，对柱式和一般的比例规则，作了过于苛细的量的规定；第三，文字稍显晦涩，有些地方语焉不详，以致后来有些人随意加以解释。

欧洲最早一部百科全书

老普林尼的《自然史》

1世纪的罗马，其雄心在于统治万民，《自然史》的雄心则在于研究万物。

想必很多人对公元79年那次维苏威火山大爆发有所耳闻。据说火山爆发时，火山灰笼罩了那不勒斯湾的整个天空。就在这时，一位将近花甲之年的老人怀着强烈的好奇心前去观测，孰料因为吸进了火山喷发出来的含硫气体而当场死亡。这位老人就是百科全书式巨著《自然史》的作者老普林尼。

行伍出身，敏而好学

老普林尼（Plinius，约公元23—79年）是罗马著名的百科全书式作家。为了与其同名的外甥相区别，人们常称他为老普林尼。老普林尼确切的出生地至今无确考。不过，根据他在《自然史》中引言部分的内容，有人说诗人卡图卢斯是他的同乡，推断他可能是高卢的维罗纳人。也有一些学者认为他可能出身于意大利北部科莫姆城（今天的科莫）。老普林尼的家庭属于骑士阶层，他有一个妹妹，即小普林尼的母亲。

老普林尼主要作品有《在马背上使用标枪的艺术》《日耳曼战争史》《自然史》等，其中《自然史》最负盛名，保存至今。

老普林尼小时候来到罗马，在他父亲的朋友，即诗人蓬波尼乌斯·塞孔杜斯门下求学。韦帕芗和提图斯在位时，老普林尼历任驻西班牙、高卢、北非等地的财政督察官，驻麦散那海军舰队司令等要职。

老普林尼从小就思维敏锐，对各种学科均表现出浓厚的兴趣。而且，老普林尼一生精力充沛，勤奋好学。他在忙碌的政治军事生涯中，几乎把全部空余时间都用于学习。他总是从夜晚一直学习到第二天早上。即使在旅途中，他也让伴读的奴隶拿着书和写字的木板跟在身旁。甚至在洗澡时，他还要听人朗读或口授文章。公元79年8月24日，意大利维苏威火山爆发，老普林尼不顾生命危险，怀着巨大的学术兴趣上岸考察，被火山喷出的含硫气体熏倒而去世。

据统计，老普林尼一生共发表了7部作品，分别是《在马背上使用标枪的艺术》《庞波尼乌斯·西孔图斯传》《日耳曼战争史》《学者》《语言学问题》

公元 79 年，维苏威火山大爆发。维苏威火山是一座位于欧洲大陆意大利南部那不勒斯湾东海岸的活火山，海拔 1280 米，被誉为“欧洲最危险的火山”，也是世界上最著名的火山之一。

《历史续编》《自然史》，其中以《自然史》最为著名。《自然史》成书于公元 77 年，作者死后由小普林尼出版。老普林尼只有这一部著作传世。

撰百科全书，显帝国品质

《自然史》共 37 卷，书中论及天文、地理、民族志、动物、植物学、农业、医学、冶金等许多方面，是一部百科全书式的著作。《自然史》的基本结构如下：第 1 卷是第 2 卷至第 37 卷的提纲，简介各卷的内容和材料来源；第 2—6 卷讲的是自然地理、历史地理和民族志；第 7 卷讲人类学、生理学和心理学；第 8—11 卷为动物学，包括哺乳动物、两栖动物、鱼和其他海生动物、鸟类、昆虫类；第 12—32 卷介绍药物学，包括药用植物和药用动物；第 33—37 卷为有关矿物学、冶金学、化学工艺学、建筑学和艺术史等方面的内容。

《自然史》的第 27 卷第 3 节中，老普林尼表示出自己对罗马帝国如今繁荣昌盛局面的自豪，并将罗马对已知世界的控制比作整个自然界的伟大力量，在大自然的统治原则即太阳那里看到了罗马帝国的影子。有此感慨，他如是写道：

知识链接：小普林尼

老普林尼的外甥，生卒年代大约是公元 61—113 年。小普林尼自幼聪慧，14 岁时就发表了文学作品。现在知道最多的是小普林尼收集和发表的 10 卷共 369 封书信。前 9 卷共 248 封书信，写给他的 105 个朋友、熟人以及当时的知名人士。第 10 卷是他与图拉真皇帝书信往来时的 12 封信件。这些书信涉及罗马上层社会几乎所有的生活问题，为后人全面了解当时的罗马社会、生活和政治大有裨益。

“金毛狗来自梅欧迪斯的沼泽，猩猩木来自阿特拉斯大山的绝顶和赫拉克勒斯之柱的另一端，那里堪称大自然的边界。旋覆花来自远离大陆、远居外海的岛屿，而非洲凤仙花则来自一片被太阳灼烤

图为描绘公元 79 年意大利维苏威火山爆发场景的一幅油画，由法国人瓦朗西纳绘制。

的热土。还有很多别的花卉草药，它们来自地极与四海，共同致力于人类的福祉，一如罗马的和平盛世，它无边的荣耀所展示的不仅是人口众多，而且还有地大物博。我祈愿这来自诸神的礼物将万古不朽，罗马的确是诸神馈赠给人类的第二个太阳。”

这段话充分展现了老普林尼这本《自然史》的“帝国品质”。实际上，他的这段话并非对罗马统治者的不切实际的歌功颂德或是阿谀奉承，而的确是对统治者能够拥有今日这般辉煌伟业的欣慰和肯定。但是，对帝国伟大功业的肯定，并非老普林尼的唯一目的。在他看来，罗马臣民应在帝国开拓的“新世界”的基础上，秉持一种开拓“新知识”的雄心壮志；而且，不仅应让罗马人的军事与法律传播至全世界，还应该让罗马人的智慧散播四海。

“如同自然本身一样缤纷”

《自然史》的巨大贡献主要不在于老普林尼自己的科学见解，而在于老普林尼在自然科学不受重视的古代，注意搜集和挖掘为当时一般人所忽视或轻视的广阔领域的知识材料，对古代科学知识做了比较完整的总结，保存了大量濒临散失的古代科学资料，是关于古代自然科学知识的基本材料源泉。在写作《自然史》的过程中，老普林尼共参考

《自然史》书影。老普林尼所著，该书共37卷，涉及天文、地理、民族志、动物、植物、农业、医学、冶金等许多方面，是一部百科全书式的著作。

分离亚麻纤维。15世纪意大利出版的《自然史》中的插图。

了146位罗马作家和327位非罗马作家的作品，并加上他在实践中考察研究的成果。可以说，《自然史》这部堪称百科全书的巨著是老普林尼留给人类的一份丰厚的科学遗产。小普林尼曾这样评价这部著作，说它“规模庞大，富有学识，如同自然本身一样缤纷”。

当然，《自然史》也存在着一些明显的缺点。这主要体现在：老普林尼对所收集的材料未作深入的研究，因而对材料缺乏分析性批评。如第5卷中，他记载了非洲一个部落的人没有脑袋，口和眼睛都长在胸上。又如他对中国制丝工艺的误解，认为中国的丝是一种树上结的绒，采下后经漂洗、晾晒而成。

尽管如此，《自然史》对我们今天研究古代的科学、历史和语言等仍有不可磨灭的价值。马克思、恩格斯在他们的许多重要著作中曾多次引用《自然史》的材料，并给予普林尼很高的评价。恩格斯甚至把他称为“罗马的百科全书式作家”。

时至今日，《自然史》有300多种版本问世，成为人们了解希腊罗马时代的物质和文化生活的重要资料。

斯特拉波的《地理学》

斯特拉波（Strabo，约公元前64—公元23年），古罗马最杰出的地理学家。斯特拉波出生于希腊本都地区的一个贵族家庭，从小受到良好教育。20岁时，他移居罗马，希望接触更多知名人物，吸收他们的学术成果和治学方法。公元前29年，斯特拉波结识了奥古斯都的亲信加卢斯，次年加卢斯出任埃及总督，他随同前往，游历了埃及的主要城市。他还和加卢斯一道沿尼罗河探险，直达西恩纳（今阿斯旺）和埃塞俄比亚边境。这些地理考察和探险活动不仅大大开阔了斯特拉波的眼界，还使他从此与地理学结下了不解之缘。晚年，他定居罗马，潜心《地理学》一书的写作，由此奠定了他在地理学上的一代宗师的地位。

《地理学》共17卷，描述已知世界地理的基本情况，是西方古代地理学的一部经典著作，也是古罗马给后世留下的篇幅最大、资料最丰富的地理学著作。《地理学》除第7卷外全部保存了下来。该书第1—2卷为绪论，讨论了以天文学和几何学为基础的数理地理以及研究地表和大气圈的自然地理学，提出了地理学家首先应确定地理学的研究对象等一些原则，描述了海、大陆和气候带等。第3—17卷分论当时欧洲人已知的世界各地区，按政治单元进行区域描述，内容包括自然特征、物产、城市、居民及其生活方式、风俗习惯等。其中8卷写欧洲，6卷写亚洲，另一卷可能写利比亚（今非洲，即第7卷）。

《地理学》文笔精练，如实反映了欧亚非地区的地理特征、物产资源、人文习俗等。作者还以文学形式改写了一些原始资料，引人入胜。这在古代地理学家中是少见的。该书出版后，一直被地理学界视为写作范本。直至今日，《地理学》对致力于古代地理学以及其他学科的研究学者，都是一个重要的资料来源。不过，《地理学》所记内容并非都是斯特拉波考察所得，其中不少资料是前人的成果。因而，很大程度上，《地理学》是对前人研究成果的大汇编。但正因如此，《地理学》又保留了古代地理学家记述的大量宝贵资料。

"地心说"的巅峰之作

托勒密的《天文学大成》

1 世纪的罗马，其雄心在于统治万民，托勒密在其《天文学大成》中阐释的主要观点"地心说体系"曾主导西方天文学千年之久。

托勒密（Ptolemaeus，约公元 90—168 年）是古代著名的天文学家、地理学家和数学家。他生于托勒密城，父母都是希腊人。127 年，年轻的托勒密被送到亚历山大去求学。在那里，他苦读天文学和地理学书籍，拜访名师大家，实地观测天象，为研究和探索宇宙奥秘打下了扎实的功底。此后，他长期住在亚历山大城，潜心著述《天文学大成》。

知识链接：托勒密的《地理学》

托勒密在《地理学》中第一次明确谈到地理位置的确定问题，提出一种等间距的坐标网格，用"度"确定经纬线。直至 16 世纪，此书仍是已知世界地理情况的最佳读本。《地理学》也有不少缺点甚至谬误，如托勒密标出的亚洲位置比它实际的位置更近，与哥伦布同时代的地图绘制者继承了他的错误观点，否则哥伦布也许就不会航行了。

横空出世的巨著

《天文学大成》共 13 卷。在书中，托勒密对古希腊天文学知识进行了总结，继承了前人的地球中心说并通过系统的几何学进一步加以完美，确立了地心宇宙体系。《天文学大成》最开始是托勒密用希腊文写成的。后来流传到阿拉伯人手中，于 827 年译成阿拉伯文，再于 12 世纪传到欧洲，被转译成拉丁文。元朝时，《天文学大成》传入中国。明末时，徐光启等人编写的《崇祯历书》，对《天文学大成》作了简要介绍。

古罗马帝国著名天文学家、地理学家、数学家托勒密，主要著作为《天文学大成》。

《天文学大成》论证宇宙按次序分成 9 层。大地是球形，位于宇宙中心，静止不动。其他天体，如日、月、五大行星都在绕地球的偏心圆上运转，各有各的轨道层次，分别是月亮天、水星天、金星天、太阳天、火星天、木星天、土星天、恒星天，恒星天以外是最高天，是诸位神灵的住所。除日、月直接绕地球运转外，其他五大行星都在一个称为"本轮"的小圆形轨道上匀速转动，本轮又在称为"均轮"的大圆轨道上绕地球匀速转动。

如何证明大地是圆的？托勒密举出一个形象案例。他说，比如我们观测同一次月食。大地西边的

托勒密在《天文学大成》中认为地球居于宇宙的中心，日、月、行星和恒星都围绕地球运行。该学说影响西方天文学千余年之久，后被哥白尼的“日心说”推翻。

知识链接：“日心说”

也称地动说，和“地心说”相对的关于天体运动的学说。其基本观点是：地球呈一球形；地球在永不停歇地自转，24 小时转一周；太阳不动且是宇宙的中心（而不是地球）。地球绕着自转轴转动，并与五大行星一起绕着太阳做圆周运动。而月亮则环绕地球运转，行星和月球都作匀速圆周运动。“日心说”取代了长期居于统治地位的“地心说”，从根本上实现了天文学的变革。

人认为月食在日落不久后出现，而大地东边的人认为月食在日落后很久后才出现。实际上，月食就在那一刻发生，无时间差。可为什么人们会有这样的认知呢？原因在于，西边的日落较晚，东边的日落较早，站在两边的人就会认为月食的发生时间是有先后的。托勒密据此推断，指出大地是球形的，而不是平的。在当时的人看来，这种说法有理有据。由此，其“地心说”流传甚广。

15 世纪根据托勒密描述绘制的地图。托勒密在其《地理学》中第一次谈到了用等间距的坐标网络确定地理位置，用“度”来确定经纬线，影响了 16 世纪西方地理的发展。

“地心体系”传久远

《天文学大成》是古希腊天文学和宇宙学思想的顶峰，其中心论点地心说是作为科学理论提出来的，但它后被基督教会所利用，神学家宣扬地球是“上帝选定的宇宙中心”，“最高天”是上帝居住的天堂。这种错误理论一直到 15 世纪才被哥白尼的“日心说”所推翻。

即使如此，在当时的历史条件下，托勒密提出的地心说体系仍具有重大价值。首先，它肯定了大地是一个悬空着的没有支柱的球体。其次，从恒星天体上区分出行星和日、月是离我们较近的一群天体，这是把太阳系从众星中识别出来的关键性一步。《天文学大成》至今仍具有重要的科学价值。托勒密在研究天体运动时建立的新坐标参考系和某种几何学模型，例如恒星位于被称为“恒星天”的固定球壳上，迄今为止，人们在观测天体时，仍保留了假想的“天球”概念。

罗马医学发展史上的里程碑

名医盖伦的医学成就

罗马医生盖伦是西方古典医学的集大成者，统治西方医学1500年之久。

在“医学之父”希波克拉底去世之后，罗马便继承了希腊医学的衣钵，医生开始成为一种重要职业，医学研究日趋兴盛起来。1世纪的塞尔苏斯等人首先成为这一领域的佼佼者。其后，盖伦在前人的基础上取得了令世人瞩目的伟大成就。

少时离家，经多见广

克劳迪亚斯·盖伦（Claudius Galenus，129—199年）出生于小亚的帕加马，所以也称他为帕加马的盖伦。盖伦的父亲是一位颇有名气的建筑师。

盖伦，古罗马帝国时期最负盛名的解剖学家，医学家，哲学家，希波拉底之后第二个医学权威，主要著作有《解剖过程》《身体各部的机能》等，深刻影响后世至16世纪。

盖伦从小就在父亲的指导下学习哲学、数学和修辞学，这些学识为他日后在医学方面取得重大成就奠定了基础。盖伦终生对父亲极为尊敬，但对母亲极为敌视，他写道：“她简直是个泼妇，不时殴打仆人，总是对父亲大喊大叫，还常常和他打架，比冉蒂佩对待苏格拉底还过分。”

14岁时，盖伦进入帕加马的一所学校，学习柏拉图学派、亚里士多德学派和斯多亚学派的哲学。盖伦17岁时，他的父亲做了一个梦，在梦中受到医神阿斯克勒庇俄斯的“指示”，从而决定让儿子学习医学。盖伦的第一个医学老师是希波克拉底学派的萨提洛斯，盖伦在其门下学了4年。

149年，盖伦20岁，他的父亲突然去世。盖伦觉得自己不能跟脾气暴躁的母亲一起生活，于是开始了长达9年的游学生涯。在此期间，他先后到士麦那和科林斯跟随珀罗普斯和纽弭撒纽斯学医。最后，他去亚历山大里亚学习医学。

29岁时，盖伦学成回到帕加马。次年，他成为当地角斗场的一名外科医生，负责治疗角斗士的伤。由此，盖伦在创伤外科治疗和康复营养方面获得了丰富的经验。161年，32岁的盖伦第一次来到罗马城在街头行医，并进行公开演讲和当众演示。盖伦一时声名鹊起，他的病人包括马可·奥勒留和康茂德两位皇帝以及许多达官贵人和社会名流。

164年，盖伦离开了罗马城。168年，奥勒留准备讨伐入侵北部边界的高卢人，希望盖伦随军出征。盖伦并未答应奥勒留的要求，于是，他被留在罗马担任康茂德王子的侍从医生。178年，奥勒留皇帝由于感染瘟疫而逝世，康茂德即位。192年，康茂德被暗杀，从而结束了安敦尼王朝，进入了战乱频仍、民不聊生的3世纪危机时期。此时，盖伦仍住在罗马，后来回到家乡一心著书立说。他的主要著作有《解剖过程》《身体各部的机能》等。

知识链接：安敦尼大瘟疫

指2世纪中期安敦尼（即上文的安敦尼·庇护）统治下的罗马帝国遭遇的伤寒、天花、麻疹以及中毒性休克综合征等多种瘟疫事件。此次瘟疫被认为是改变罗马帝国命运的大事件之一。瘟疫期间，罗马损失了1/3的人口，罗马帝国开始由盛转衰。罗马帝国皇帝奥勒留也在这次瘟疫中丧失性命。

择医而固执，上下而求索

盖伦在解剖学方面取得了许多成就。在那个严格禁止解剖人体的时期，盖伦转换思维，对各种动物如猪、羊、猴子和猿类等进行解剖，并将研究结果应用到人的身体上。有的时候，如果他能够解剖人的尸体，还会将之前的研究结果拿来再次验证。盖伦还考察了心脏的作用，对脑和脊椎作了研究，认识到神经起源于脊髓，同时也了解了人体有消化、呼吸和神经等系统。盖伦可能首次在动物身上制造脑损害的迹象并对脑叶脑干损害和小脑损害进行了区分。他识别出人的脑神经中12对中的7对，而且对脑运动神经和知觉神经做了区别。盖伦的这些医学发现与今日人们的认识基本相同。此外，盖伦在药物的应用价值上也颇有成效，他深入地研究了当时的各种植物、动物以及矿物的诸多药用价值。

盖伦认为，一位合格的医生，必须学习三门科学：逻辑学、物理学和伦理学，这些分别教会人们如何思考问题，知道自然怎么回事，知道如何去做事情。换句话说，一位医生不仅要有思考能力，还

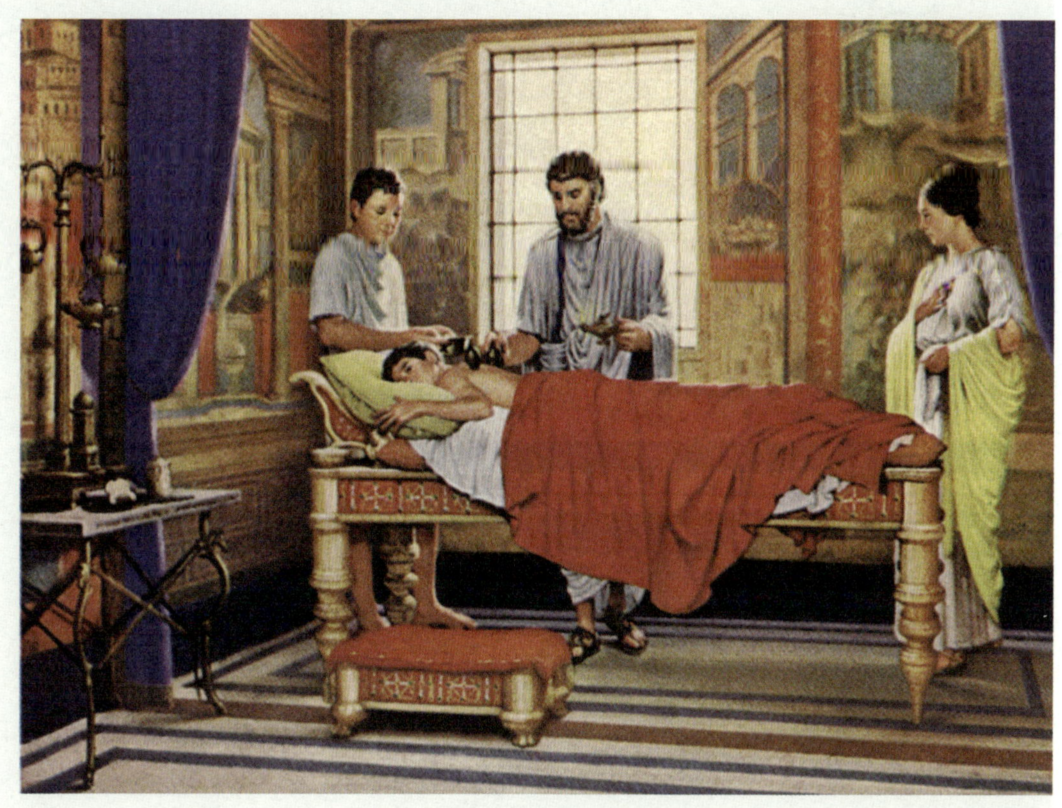

盖伦医治病人的情景

要学会反思，用心眼以辅助肉眼。盖伦通过推理，得出了许多结论。比如，他认为肝的黄胆汁被“分配到”脾脏，可以清除多余的黑胆汁。又如，好比磁石能吸引铁一样，胃可以吸引食物，肾会吸引尿液，胆囊会吸引胆汁，子宫会吸引精子。再如，盖伦还通过逻辑推理来诊断病人的病情。下面举两个案例加以说明。

第一个是有关一个女性失眠的病例。这位女性本是一个舞蹈演员，不知怎么回事，最近总是吃不下饭，睡不着觉。她的家人见她一日日憔悴消瘦下来，非常担心。于是，他们将盖伦请来。但这位舞蹈演员并不和盖伦说话，态度还非常恶劣。盖伦一时不知道怎么办。这时，他想出一个办法，让他的助手先对这位舞蹈演员的日常生活状况观察几日再说。通过观察，他的助手发现一个现象，那就是只要有谁提到某个人的名字，她的神情就会非常紧张。盖伦据此推断，这位女性的憔悴消瘦可能就是由于精神因素而非体液失衡引起的。但是他还不是十分确定。于是，他让他的助手在为那位女性把脉的时候，故意提起那位男性的名字，结果发现她的脉搏就会出现一阵紊乱。盖伦据此断定，这位舞蹈演员得了相思病。

再一个案例是一个小男孩患上了焦虑症，他不仅呕吐厌食，还焦躁失眠。盖伦通过仔细观察，发现当小男孩每次吃饭的时候，总不喜欢母亲为他准备的食物，而且似乎一点也不饿，但他的母亲总是强迫他吃准备好的食物。盖伦据此推断，小男孩可能在房间里藏着零食。结果，他们在房间里果真找到了小男孩藏起来的零食。盖伦嘱咐小男孩的母亲，不要硬给他吃他不喜欢的食物，这样，小男孩就不会偷偷吃零食了。不久之后，这个小男孩的焦虑症状就不存在了。

在以上两个案例中，盖伦好似一个侦探破案的专家，从细节入手，寻找可能的疑点，进而一步步推理，接近真相。这与盖伦一直倡导的理论是一致的，那就是医生必须学会逻辑推理，从脉搏、尿液

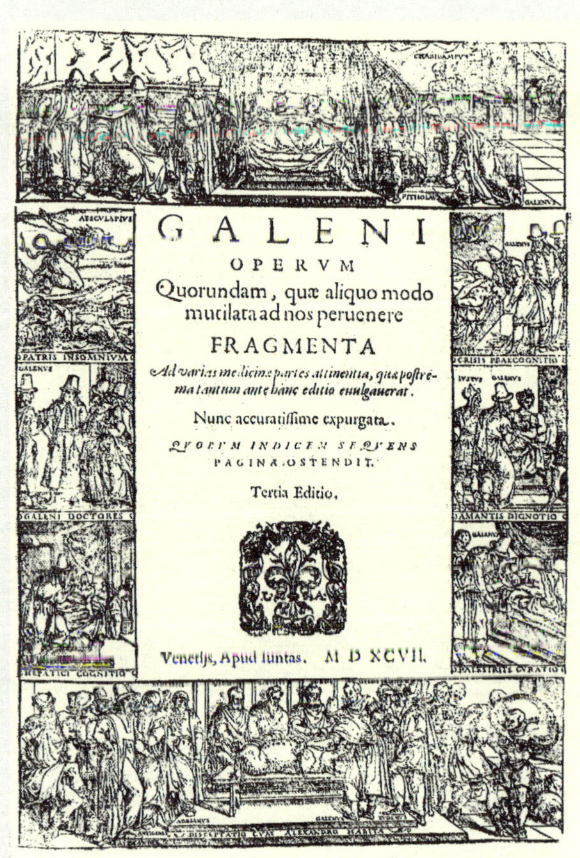
GALENI
OPERVM
Quorundam, quæ aliquo modo mutilata ad nos peruenere
FRAGMENTA
Ad varias medicinæ partes attinentia, quæ postrema tantum ante hanc editio euulgauerat.
Nunc accuratissime expurgata.
QVORVM INDICEM SEQVENS PAGINA OSTENDIT.
Tertia Editio.
Venetijs, Apud Iuntas. M D XCVII.

《盖伦著作集》书影，拉丁文版本。

知识链接：塞尔苏斯

塞尔苏斯（Celsus，约公元前35—公元45年）用拉丁文撰写了一部包括农学、医学、军事、修辞、哲学、法律等在内的百科全书，仅医学部分保存至今。在该部分，塞尔苏斯将希腊文的医学名词译成拉丁文，由此获得“医学上的西塞罗”之美誉。文艺复兴时期重印了塞尔苏斯的医学著作。今天在解剖学中使用的许多拉丁术语，也是塞尔苏斯确定的。

甚至表情等线索来进行推断，然后排除其他因素，最后诊断出病人得病的根本原因。他已经注意到精神对身体的影响，精神的紊乱会在身体上表现出某些症状。在那个时代，盖伦能提出这种思想，的确是一种伟大的创举。

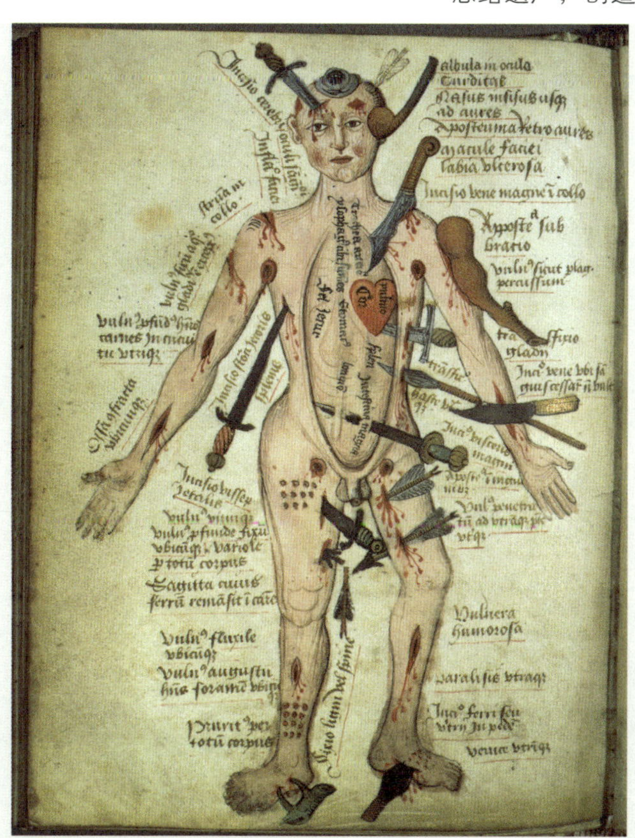

15 世纪和 16 世纪根据盖伦手稿和印刷书籍再现的“受伤的男子”解剖图。

医学界的“巨人”

不过，需要指出的是，盖伦的一些医学理论，如他在解剖学和生理学方面提出的一些观点是不正确的。后来的医学工作者发现，盖伦之所以会提出这些不正确的观点，主要是由于他是对动物而不是对人进行解剖的基础上得出的结论。

虽然如此，盖伦在解剖学、生理学、诊断学和病理学等诸多领域中取得的医学成就，对后世产生了重大影响，使得古罗马的医学光辉在以后的很长时间里都在延续。至少在 2—16 世纪，他的医学研究成果都被当时的人们奉为信条。

4—5 世纪，东方的拜占庭帝国处于由古典文化向拜占庭文化过渡的盛期，因此，拜占庭的文人学者转而热衷于了解和研究哲学和医学等各种古希腊文化。在这一背景下，盖伦的医学研究成果重新被发现，并由此传播至希腊和西亚，接着传入整个波斯和伊斯兰国家。

后来，直至文艺复兴时期，盖伦这位医学界的“巨人”才受到意大利著名的外科和解剖学教授安德烈·维萨里（Andreas Vesalius，1514—1564 年）和“现代医学之父”即英国的威廉·哈维（William Harvey，1578—1657 年）的挑战。

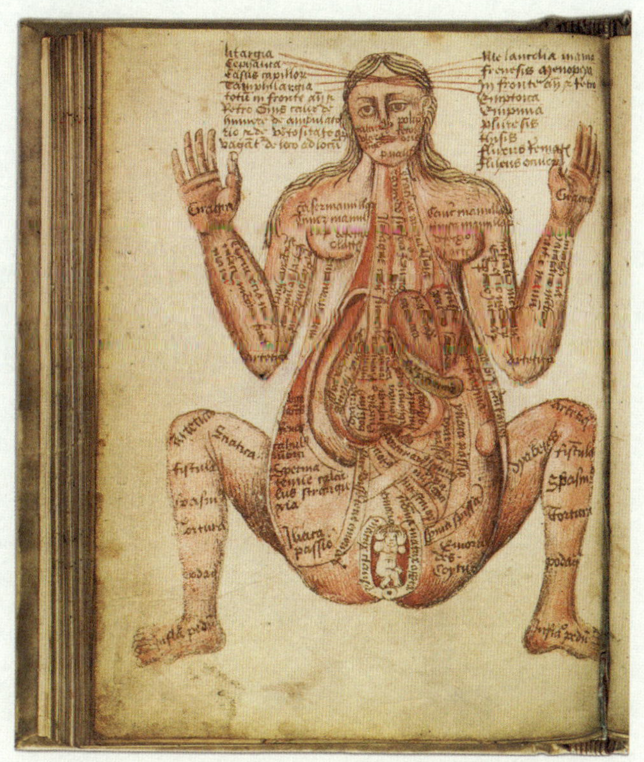

盖伦所绘的孕妇分娩图。盖伦通过对各种动物进行解剖，得出大量研究成果，通过印证后并应用到人体身上，对后世解剖学和医学产生了重大影响。

责任编辑：刘可扬
助理编辑：薛　晨
图文编辑：胡宇婕
责任校对：张红霞
封面设计：林芝玉
版式设计：汪　莹

图书在版编目（CIP）数据

罗马时代 / 魏静，胡伟达著 .—北京：人民出版社，2020.8
（话说世界 / 陈晓律，颜玉强主编）
ISBN 978－7－01－021373－6

I. ①罗…　II. ①魏…②胡…　III. ①古罗马－历史－通俗读物　IV. ① K126-49

中国版本图书馆 CIP 数据核字（2019）第 221652 号

罗 马 时 代
LUOMA SHIDAI

魏静　胡伟达　著

人民出版社 出版发行
（100706　北京市东城区隆福寺街 99 号）

北京华联印刷有限公司印刷　新华书店经销

2020 年 8 月第 1 版　2020 年 8 月北京第 1 次印刷
开本：889 毫米 ×1194 毫米 1/16　印张：18.5

ISBN 978－7－01－021373－6　定价：90.00 元

邮购地址 100706　北京市东城区隆福寺街 99 号
人民东方图书销售中心　电话（010）65250042　65289539